CONFISSÕES DE UM ATEU BUDISTA

Stephen Batchelor

CONFISSÕES DE UM ATEU BUDISTA

Tradução:
GILSON CÉSAR CARDOSO DE SOUSA

Editora Pensamento
SÃO PAULO

Título do original: *Confession of a Buddhist Atheist.*

Publicado nos Estados Unidos pela Spigel & Grau, um selo da The Random House Publishing Group, uma divisão da Random House, Inc, Nova York.

Texto de acordo com as novas regras ortográficas da língua portuguesa.

1ª edição 2012.

1ª reimpressão 2015.

Coordenação editorial: Denise de C. Rocha Delela e Roseli de S. Ferraz
Preparação de originais: Roseli de S. Ferraz
Design da capa: Christopher Sergio
Diagramação: Fama Editoração Eletrônica
Revisão: Claudete Agua de Melo

Dados Internacionais de Catalogação na Publicação (CIP)
(Câmara Brasileira do Livro, SP, Brasil)

Batchelor, Stephen
Confissões de um ateu budista / Stephen Batchelor ; tradução Gilson César Cardoso de Sousa. — São Paulo : Pensamento, 2012.

Título original: Confession of a Buddhist atheist.
Bibliografia.
ISBN 978-85-315-1806-5

1. Batchelor, Stephen 2. Biografia espiritual — Grã-Bretanha 3. Budistas — Autobiografia I. Título.

12-11034 CDD-294.3923092

Índices para catálogo sistemático:
1. Budistas : Autobiografia 294.3923092

Direitos de tradução para o Brasil
adquiridos com exclusividade pela
EDITORA PENSAMENTO-CULTRIX LTDA.
Rua Dr. Mário Vicente, 368 — 04270-000 — São Paulo, SP
Fone: (11) 2066-9000 — Fax: (11) 2066-9008
E-mail: atendimento@editorapensamento.com.br
http://www.editorapensamento.com.br
que se reserva a propriedade literária desta tradução.
Foi feito o depósito legal.

Não tenho apenas cem[1] nem quinhentos, mas um número bem maior de seguidores leigos, homens e mulheres, meus discípulos trajados de branco que gozam os prazeres sensuais, obedecem às minhas instruções e atendem aos meus conselhos depois de superar a dúvida, livrar-se da perplexidade, ganhar coragem e tornar-se independentes dos outros graças ao meu ensinamento.

— Sidarta Gautama

Histórias são impossíveis,[2] mas é impossível viver sem histórias. Que enrascada!

— Wim Wenders

SUMÁRIO

Apêndices

AGRADECIMENTOS

Devo muito a todas as pessoas, passadas e presentes, que menciono nas páginas subsequentes, sem as quais *Confissões de um Ateu Budista* não poderia ter sido escrito. Agradeço a Darius Cuplinskas, Chris Desser, Antonia Macaro, John Peacock, Marjorie Silverman, Mark Vernon e Gay Watson, que leram o livro todo em manuscrito e deram sugestões inestimáveis para melhorá-lo; a Allan Hunt Badiner e Shantum Seth por me mostrarem a Índia do Buda; a Richard Gombrich por me iniciar nos mistérios da língua páli; a Stephen Schettini por iluminar a trilha autobiográfica; a Peter Maddock por suas lembranças de Naavra Thera; a Ilona Wille por suas recordações de Fred Varley; a Anne Amos e Mike Smith pelos cafés da manhã além de toda expectativa; à minha agente Anne Edelstein por seu entusiasmo pelo livro desde o início; e à minha editora Cindy Spiegel por garantir que ele chegasse à forma final.

AGRADECIMENTOS

PREFÁCIO

Confissões de um Ateu Budista conta a história de uma jornada de 37 anos pela tradição do budismo. Começa com o meu encontro na Índia, aos 19 anos, com o Dalai Lama e os ensinamentos do budismo tibetano, terminando com as reflexões de um leigo de 56 anos, um budista secular e não sectário residente no interior da França. Uma vez que não fui criado como budista, esta é uma história de conversão. Fala de meu fascínio pelo budismo e de minha luta para chegar a bons termos com certas doutrinas — a reencarnação, por exemplo — que achava difícil aceitar e com instituições religiosas autoritárias que resistem à crítica e à inovação. Minhas lutas pessoais talvez espelhem um conflito cultural maior entre a perspectiva de uma religião asiática tradicional e as intuições da modernidade leiga.

Meu contato com as formas tradicionais do budismo me levou a perguntar, com crescente ansiedade: quem foi o homem Sidarta Gautama, o Buda? Em que espécie de ambiente viveu? Que há de distinto e original em seu ensinamento? Comecei a perceber que muitas coisas apresentadas, de boa-fé, como "budismo" não passavam de doutrinas e práticas desenvolvidas séculos depois da morte do Buda, em circunstâncias bem diversas das que o cercavam enquanto vivo. Ao longo de sua história, o budismo revelou uma notável capacidade de adaptar-se a situações novas e de reinventar-se sob formas apropriadas às necessidades dos novos adeptos. Entretanto, essa mesma capacidade de apresentar-se em roupagem diferente também serviu para obscurecer as origens da tradição e a figura de seu fundador. Hoje, em muitas escolas do budismo, raramente se estudam os discursos de Sidarta Gautama, enquanto o próprio homem costuma ser, com frequência, alçado à condição de um deus.

A busca das origens do budismo levou-me a estudar o cânone páli, corpo de ensinamentos na antiga língua páli atribuídos a Sidarta Gautama. Embora esses textos não sejam transcrições literais das palavras do Buda, ainda assim preservam os elementos mais primitivos de seu ensinamento e nos dão alguns vislumbres do complexo meio social e político de seu tempo. A busca também me levou de volta à Índia para visitar os lugares, mencionados no cânone páli, onde o Buda viveu e ensinou há quase 25 séculos. Esses estudos, as pesquisas de campo e o inestimável *Dictionary of Pali Proper Names*, de G. P. Malalasekera, permitiram-me reconstituir uma narrativa da vida do Buda alicerçada em suas relações com benfeitores, familiares e discípulos, no quadro das tensões políticas e sociais da época.

Muitas das pessoas que aparecem neste livro são ou foram monges budistas. Contudo, o termo "monge" (ou "monja") não significa no budismo exatamente a mesma coisa que no contexto cristão. A palavra páli para "monge" é *bhikkhu*, que quer dizer literalmente "mendigo". ("Monja" é *bhikkhuni*, com a mesma acepção.) Um *bhikkhu* ou uma *bhikkhuni* são pessoas que renunciaram à sociedade para se devotar à prática dos ensinamentos do Buda. Ao ser ordenados, os *bhikkhus* e *bhikkhunis* fazem mais de duzentos votos (muitos deles pequenas convenções comportamentais). Devotam-se a uma vida de castidade e pobreza, mas — ao menos tradicionalmente — são incentivados a levar uma vida errante e a sobreviver de esmolas. Além de cultivar a simplicidade, a solidão e a contemplação, *bhikkhus* e *bhikkhunis* também ensinam quando alguém a isso os convida, dando conselhos e assistência pastoral aos necessitados. O budismo não faz distinção entre monge e sacerdote.

Fui monge budista (primeiro noviço, depois *bhikkhu*) por dez anos; depois de despir o hábito, passei a viver como leigo casado. Como não pertenço a nenhuma instituição ou tradição budista, falta-me um "lar" no mundo do budismo. Tornei-me um professor itinerante *free-lance*, visitando qualquer ponto do globo onde seja convidado para compartilhar o que aprendi.

Confissões de um Ateu Budista é escrito a partir da perspectiva de um leigo que procura seriamente viver segundo os valores budistas num contexto secular e moderno. Não busco a preservação dos dogmas e instituições das formas tradicionais do budismo asiático, como se elas tivessem um valor intrínseco independente das condições nas quais surgiram. Em minha opinião, o budismo é como um organismo vivo. Para florescer fora dos guetos em que se enclausuram os adeptos, precisa enfrentar o desafio de compreender, interagindo e adaptando-se a um ambiente bem diverso daquele em que se desenvolveu.

Como o livro foi escrito para o público geral, omiti todos os acentos diacríticos das palavras pális. Eles aparecem, porém, nas notas, apêndices e glossário.

STEPHEN BATCHELOR

primeira parte

MONGE

Capítulo 1

UM BUDISTA FRACASSADO (I)

Dez de março de 1973. Lembro-me da data porque assinala o décimo quarto aniversário da revolta tibetana em Lhasa, em 1959, que ocasionou a fuga do Dalai Lama para o exterior, onde ainda permanece. Eu estudava budismo em Dharamsala, a capital tibetana no exílio, uma antiga estação de montanha inglesa no Himalaia. A manhã estava escura, úmida, agourenta. Pouco antes, as nuvens haviam despejado granizo do tamanho de bolas de golfe em miniatura, agora reunidas em montículos brancos ao lado da estrada que descia da aldeia de McLeod Ganj até a Biblioteca de Obras e Arquivos Tibetanos, onde seria comemorado o aniversário.

Uma tenda de lona clara, oscilando ao vento, erguia-se diante da biblioteca. Embaixo, sentados, um grupo de monges idosos com seus mantos cor de açafrão, aristocratas com longas *chubas* cinzentas e o superintendente de polícia indiano de Kotwali Bazaar. Juntei-me à multidão reunida num amplo terraço logo abaixo e esperei o início da solenidade. O Dalai Lama, um homem ágil de 38 anos, cabeça raspada, subiu a um palco improvisado. Todos, num movimento espontâneo, se prostraram como um só homem no chão lamacento. Ele leu um discurso que o assobio do vento mal deixava ouvir, no idioma tibetano que eu ainda não entendia e numa velocidade que jamais poderia igualar. De vez em quando, uma gota de chuva caía do céu pesado de nuvens.

Fui desviado de minhas reflexões sobre a má sina do Tibete por um som áspero, semelhante ao de uma trombeta. Agachado com as pernas abertas sobre uma saliência da encosta íngreme que ladeava a biblioteca, perto de uma fogueira enfumaçada, estava um lama de óculos, com os cabelos em desalinho amarrados num coque, soprando uma trompa de osso e agitando uma sineta. Trazia um manto branco, com apliques de vermelho, lançado descuidosamente sobre o ombro esquerdo. Quando não soprava o instrumento, resmungava algo que parecia uma série de imprecações contra as nuvens trovejantes, a mão direita estendida num *mudra* ameaçador, gesto ritual de advertência em caso de perigo. Vez por outra, pousando a trompa de osso, vibrava um rosário de sementes de mostarda na direção da neblina agourenta.

Ouviu-se então um barulho tremendo. A chuva martelou os tetos de ferro corrugado dos prédios residenciais na extremidade mais distante da biblioteca, encobrindo as palavras do Dalai Lama. O ruído persistiu por vários minutos. O lama, na encosta, bateu os pés, soprou a trompa e agitou a sineta com redobrado ânimo. As pesadas gotas que caíam sobre os dignitários e a multidão cessaram de súbito.

Depois que o Dalai Lama se foi e a multidão se dispersou, juntei-me a um pequeno grupo de colegas *injis*. Em tom respeitoso, discorremos sobre o modo como o lama da encosta — cujo nome era Yeshe Dorje — impedira que a tempestade nos encharcasse. Eu disse então: "E vocês ainda podem ouvir a chuva caindo à nossa volta, perto da biblioteca e nos prédios públicos lá atrás." Os outros concordaram e sorriram numa unanimidade cheia de admiração.

Enquanto eu falava, sabia muito bem que não dizia a verdade. Não ouvira chuva nenhuma nos tetos atrás de mim. Nem uma gota sequer. Mas, para me convencer de que o lama evitara mesmo a chuva com seus ritos e encantamentos, eu tinha de acreditar que ele criara um guarda-chuva mágico para proteger a multidão da água. Do contrário, o que acontecera não seria tão notável. Quem já não viu, em chão seco, a chuva cair a curta distância de onde estava? Talvez tivesse sido apenas uma chuvarada rápida de montanha nas colinas próximas. Nenhum de nós, porém, admitiria semelhante possibilidade, pois correríamos o risco de questionar a proeza do lama e, implicitamente, todo o elaborado sistema de crenças do budismo tibetano.

Por muitos anos, continuei a pregar a mesma mentira. Era meu exemplo favorito (e único) de uma experiência, em primeira mão, dos poderes sobrenaturais dos lamas tibetanos. Mas, estranhamente, sempre que a contava, não *sentia* que fosse uma mentira. Aceitara os preceitos budistas leigos e logo faria os votos monásticos. Levava bastante a sério a proibição de mentir. Em outras circunstâncias, evitaria escrupulosamente, e até neuroticamente, espalhar a mínima falsidade. No entanto, de algum modo, aquela parecia desculpável. Às vezes, tentava me persuadir de que talvez fosse verdade: a chuva caíra atrás de mim sem que eu me desse conta. Os outros — embora sugestionados por minhas palavras — haviam confirmado tudo. Mas esse malabarismo lógico não me convenceu por muito tempo.

Acho que minha mentira não soava como tal porque servia para reafirmar o que eu acreditava ser uma grande verdade. Minhas palavras eram a expressão sincera e espontânea de uma crença que compartilhávamos apaixonadamente. Circunstância curiosa, não sentia que "eu" as houvesse pronunciado: algo maior que todos nós devia tê-las extraído de meus lábios. Além disso, a verdade maior — a cujo serviço pusera aquela mentira — nos fora ensinada por homens de moral e intelecto irrepreensíveis. Monges tão afáveis, doutos e iluminados jamais nos enganariam. Eles mesmos sempre propunham que não aceitássemos suas lições sem antes testá-las tão cuidadosamente quanto um ourives ao avaliar o ouro. Uma vez que os próprios monges haviam submetido aqueles ensinamentos a rigoroso escrutínio durante seus anos de aprendizado e meditação, sem dúvida não falavam por mera convicção cega e sim com base em experiência e conhecimento diretos. *Ergo*: Yeshe Dorje estancara a chuva com sua trompa, sua sineta, suas sementes de mostarda e seus encantamentos.

Na manhã seguinte, alguém pediu ao mestre da biblioteca, Geshe Dhargyey, que dissesse alguma coisa sobre as práticas usadas para controlar o tempo. Geshe-la (como o chamávamos) pertencia à erudita escola Geluk em que o Dalai Lama fora educado. Além de um conhecimento enciclopédico da ortodoxia Geluk, era dono de uma jovialidade exuberante, que se transfundia em risadas sonoras. A pergunta pareceu perturbá-lo. Franziu o cenho e disse por fim, em tom de desaprovação: "Aquilo não foi bom. Nada compassivo. Magoa os *devas*." Os *devas* em questão pertencem a uma classe inferior de deuses que controlam os fenômenos meteorológicos. Pressioná-los com mantras, mudras e sementes de mostarda é ato de violência. Geshe-la, defensor da compaixão universal, não podia aceitar isso. Fiquei surpreso com sua presteza em criticar Yeshe Dorje, um membro da Nyingma, a antiga escola do budismo tibetano. E por que, perguntei-me, o Dalai Lama — encarnação viva da piedade — tolerava a prática de um ritual que ofendia os *devas*?

Os lamas tibetanos tinham uma visão de mundo totalmente contrária àquela em que eu havia sido criado. Recebendo toda a sua educação nos mosteiros do antigo Tibete, nada sabiam das descobertas das ciências naturais. Ignoravam por completo as modernas disciplinas da cosmologia, física e biologia. Também não tinham notícia das tradições literárias, filosóficas e religiosas que floresciam fora de sua terra. Para eles, todo o conhecimento necessário aos seres humanos já fora ensinado séculos antes pelo Buda e seus discípulos, ficando preservado no Kangyur e no Tengyur (o cânone budista tibetano). Ali se aprende que a Terra é um continente triangular num vasto oceano dominado pelo formidável monte Sumeru, em torno do qual o Sol, a Lua e os planetas orbitam. Impulsionados pelas forças das boas e más ações cometidas ao longo de incontáveis existências anteriores, os seres vão renascendo como deuses, titãs, humanos, animais, fantasmas e criaturas demoníacas até terem a sorte de conhecer e pôr em prática as lições do Buda, o que os capacitará a fugir do ciclo de renascimentos para sempre. Além disso, como seguidores do Mahayana (o Grande Veículo), os budistas tibetanos juram continuar reencarnando, a bem de todas as criaturas, até que a última delas seja libertada. Entre todas as religiões do mundo, acreditam que só o budismo seja capaz de pôr fim ao sofrimento. E, entre as várias espécies de budismo, a mais eficaz, rápida e completa é a preservada no Tibete.

Eu acreditava em tudo isso. Ou, mais exatamente: eu *queria* acreditar. Nunca antes me deparara com uma verdade em nome da qual desejasse mentir. No entanto, tal como a vejo hoje, a mentira não brotara da convicção e sim da dúvida. Fui atiçado pela ânsia de crer. Ao contrário de alguns contemporâneos, a quem invejava, eu jamais aceitaria incondicionalmente a tradicional visão de mundo dos budistas. Nem conseguiria substituir meus próprios juízos pela sujeição cega à autoridade de um lama "raiz" — indispensável para a prática dos tantras superiores e único caminho, alegava-se, para obter a perfeita iluminação nesta vida. Independentemente de quanto tentasse ignorá-la ou racionalizá-la, aquela insinceridade continuava me importunando num recesso escuro e hermético de minha mente. Pelos critérios de meus mestres tibetanos, eu era um budista fracassado.

Capítulo 2

COM O PÉ NA ESTRADA

Da cela monacal,[1] escavada no penhasco de arenito há séculos — onde eu passava os dias sem fazer outra coisa exceto fumar uma mistura poderosa de maconha, haxixe e tabaco —, uma estreita passagem levava a uma lôbrega escadaria interna que eu iluminava a poder de fósforos. Os íngremes degraus de pedra me conduziam, por um passadiço, ao interior da cabeça do Buda gigante, plantada a cerca de 35 metros do chão. No teto do nicho viam-se fragmentos de pinturas de Budas e bodhisattvas. Eu não as olhava por muito tempo com medo de perder o equilíbrio e cair lá de cima. Quando minha vista se habituava ao revérbero do sol, punha-me a contemplar o fértil vale de Bamiyan, uma colcha de retalhos de glebas pontilhadas por casinhas baixas, de teto achatado. Era o verão de 1972. Aquele era o meu primeiro contato com os restos de uma civilização budista extinta quando Mahmud de Ghazni conquistara o Afeganistão, no século XI.

À semelhança de outros *hippies* que visitavam a Índia, eu me via como viajante, não como turista empenhado numa busca vaga, sem princípio ou fim. Se me perguntassem o que eu estava procurando, não creio que minha resposta houvesse sido das mais coerentes. Não tinha destino — nem geográfico nem espiritual. Estava simplesmente "com o pé na estrada", no sentido anárquico e delirante celebrado por Jack Kerouac, Allen Ginsberg e outros ídolos que eu reverenciava na época.

Eu só queria ir a algum lugar, pouco importando qual fosse. Gostava de ver, pela janela embaçada e engordurada de um ônibus sacolejante, com cestos de galinhas pelo corredor, camponeses encurvados na labuta dos campos, mulheres com bebês às costas, crianças descalças brincando na poeira, velhos sentados à sombra fumando *hookahs*, todas aquelas aldeolas e cidadezinhas miseráveis onde parávamos para tomar chá e comer pão sem fermento. Mas, tão logo chegávamos aos subúrbios agitados da cidade de nosso destino, meu estômago se revolvia e eu começava a ficar irrequieto novamente. Não queria parar ali. Minha ânsia de movimento era quase um vício.

A primeira lembrança que conservo é a de estar no colo de minha mãe, aninhado nas dobras de seu casaco de peles e espiando por uma janela de avião as casas e carros em miniatura de Toronto. Tinha 3 anos de idade. Meus pais haviam emigrado da Escócia para o Canadá em 1957, na tentativa de salvar seu casamento. Separaram-se um ano depois e eu voltei para a Inglaterra com minha mãe e meu irmão mais novo, David. Crescemos em Watford, um subúrbio sem nenhum encanto na periferia de Londres. Minha mãe não se casou de novo e criou os filhos sozinha. Nunca mais tive contato com meu pai.

Quem nos sustentou de início foi meu avô materno, Alfred Craske, dono de uma empresa de fotogravuras em Covent Garden. O velho Alfred rompera com a atmosfera carola de sua infância e achava todas as religiões uma bobagem, enquanto minha avó, Mabel, era a filha escrupulosa do pastor wesleyano local. Mamãe adotou as opiniões do pai sobre religião e se considerava uma humanista. Emocionalmente, permanecia ligada à mãe e à irmã da mãe, Sophia, enfermeira que servira nos Dardanelos e em Flandres, nunca se casara e ia regularmente à igreja. Por trás de tudo alteava-se a sombra enigmática do irmão mais novo de Alfred, Leonard, que renunciara a uma promissora carreira de médico e a uma esposa jovem a fim de saciar sua paixão pelo teatro e a escultura nos Estados Unidos. Os Craskes não o viram mais. A descorada estátua de bronze de uma ninfa dançante, chamada "Alegria", nos fundos do quintal foi tudo o que restou dele.

Quando criança, eu não frequentava a igreja. Era dispensado das aulas de "Escritura Sagrada" na escola, de modo que não recebi a instrução cristã que fazia parte do currículo escolar britânico. Quando tinha 8 ou 9 anos, lembro-me bem, fiquei espantado ao ouvir num programa de rádio da BBC que os monges budistas não caminhavam sobre a grama para não matar os insetos. Sempre me perguntei se essa primeira impressão positiva dos monges budistas influenciou posteriormente minha opção pelo Budismo ou se a conservei na memória porque, em retrospecto, ela me ajudava a racionalizar a decisão pouco convencional de tornar-me, eu próprio, um monge budista.

Desde cedo me sentia perturbado pelo fato de poucas vezes experimentar um contentamento genuíno. Tinha plena consciência de que pequenos dissabores estavam sempre presentes, quer no centro, quer na periferia de minha autopercepção. De noite, na cama, ficava acordado tentando estancar o fluxo incessante de pensamentos incômodos. Intrigava-me a incapacidade dos professores, na escola, de explicar o que me parecia a questão mais importante de todas: a assustadora e revoltante insegurança de estar vivo. As matérias convencionais — história, geografia, matemática e inglês — pareciam ignorar de propósito os problemas que realmente importavam. Desde que entendi mais ou menos o significado de "filosofia", quebrei a cabeça para descobrir por que ela não nos era ensinada. E meu ceticismo sobre religião só aumentou quando não consegui explicar o que pastores e padres ganhavam com sua fé. Eles me pareciam, ou insinceros e beatos, ou indiferentes e brincalhões.

Nos anos 1960, senti-me irresistivelmente atraído pela contracultura que ironizava e rejeitava a sociedade burguesa "quadrada" da Grã-Bretanha. Pela primeira vez, ouvi vozes solidárias entoando suas frustrações e esperanças em cantigas melancólicas, que falavam de amor e liberdade, ou em manifestos pobremente impressos que incitavam à revolução. E havia as drogas. Maconha e LSD proporcionavam uma consciência aguda, arrebatadora, como eu jamais experimentara antes. Ao contrário das informações secas dos livros, as drogas pareciam oferecer uma entrada direta para o jogo cambiante e multifacetado da vida. Como *hippie* bucólico (e não cósmico), eu vagava horas e horas por Whippendell Woods, cheio de ácido, estudando minuciosamente teias de aranhas e ranhuras delicadas de folhas, maravilhando-me ante o espetáculo de um besouro rastejante e depois, estirado na campina, contemplando o redemoinho das nuvens com sua auréola multicolorida.

O envolvimento com essas atividades extracurriculares me fez abandonar um pouco os estudos. Ainda assim, lia vorazmente: *As Portas da Percepção*, de Aldous Huxley; *O Lobo da Estepe*, *O Jogo das Contas de Vidro* e *Sidarta*, de Hermann Hesse; *O Caminho do Zen*, de Alan Watts — ao mesmo tempo que folheava o *Bhagavad-Gita*, o

Tao-Te King e o *Livro Tibetano dos Mortos*. Deixei crescer os cabelos, usava colares e ia a concertos psicodélicos de rock que varavam a noite em Parliament Hill Fields, para ouvir Soft Machine, Pink Floyd e a Edgar Broughton Band.

Em abril de 1971, tive um sonho dentro de um sonho. Acabara de completar 18 anos e me preparava, a contragosto, para ingressar na universidade. Sonhei que estava acampado na França, sob a chuva. Quando adormeci na barraca, sonhei que sonhava outro sonho. Eis o que escrevi a respeito:

> Um tapete cinzento se desdobrava por um corredor sem fim; a encosta parecia agora mais íngreme e logo surgiram corrimões de bronze montados em madeira envernizada. Quanto mais se alongava, mais difícil ia se tornando o caminho, até que ficou quase na perpendicular. Impunha-se uma força hercúlea para atingir o topo, mas, com determinação e vontade, ele conseguiu chegar lá. Tudo o que havia era um corredor pequeno; a luz, porém, era estranha: muito clara e transparente. Em volta dele, bonitos vasos pelo chão e, no canto, uma escada branca em espiral, de madeira. Subiu por ela e chegou a outro patamar, só que dessa vez a luz era ainda mais clara, mais intensa, e a atmosfera, embora maravilhosamente pura, começava a oprimi-lo, a subjugá-lo.
>
> Entrou num quarto, onde havia uma cama. Puxou o lençol; e, ali deitada, estava um garota muito jovem, ainda não plenamente desenvolvida, nua. A expressão de seu rosto era vaga e seus cabelos, castanhos. Ele a cobriu de novo e saiu do quarto.
>
> Passou por uma fileira de vasos e ornamentos exóticos, por princesas orientais despidas, por todas as formas de tentação terrena e resolveu galgar outro nível. Este se parecia muito com os outros, distinguindo-se apenas pelo piso menos profusamente adornado. Contou quatro ou cinco portas simples de madeira. Num dos quartos, o ar era quase

> irrespirável, doce a ponto de embriagar, com um colorido e uma consistência semelhantes aos do creme de menta. Nas paredes, cores sem brilho, mas naturalmente cálidas; tudo estava um pouco fora de foco, luz e atmosfera pareciam vivas, com milhões de moléculas tentando em desespero espalhar-se.
>
> Aos poucos, a fonte dessa energia foi se revelando. Uma das paredes começou a se abrir como uma porta maciça; pela fresta cada vez maior, irrompeu um feixe dourado de raios solares; e, abrindo-se ainda mais, surgiu ali um homem, ou o que parecia ser um homem. A criatura, porém, era assombrosamente alta e irradiava uma espécie de poder sobrenatural, um fulgor de vida e luminosidade. Vestia uma túnica alva, esvoaçante, e um manto cor de açafrão. Seus cabelos estavam presos como os da Vênus de Botticelli.

Por algum motivo, talvez o fato de ter apresentado o texto como trabalho escolar (daí a terceira pessoa, "ele"), não registrei o que o estranho homem alto me disse. No entanto, suas palavras vêm ecoando em minha mente, como um enigma, desde então. Ainda me assombram depois de quarenta anos. Ele disse: "Sou o seu duplo." Logo em seguida, acordei.

Fui reprovado em todas as matérias, menos em francês, perdendo assim a vaga que me haviam oferecido na Regent Street Polytechnic, de Londres, para estudar fotografia. Minha mãe ficou furiosa. Mas eu, de repente, estava livre da perspectiva de voltar à droga de outra escola naquele outono. Podia continuar tirando fotografias sem ter de submetê-las ao julgamento de um sistema acadêmico que não respeitava. Resolvi passar um ano viajando pela Europa, com a desculpa de estudar arte e cultura. Depois, voltando à Inglaterra, retomaria os estudos preparatórios de que necessitava para ingressar no curso de fotografia. Odiava, porém, a ideia de mais aulas e exames. A simples perspectiva de fazer uma carreira convencional me deprimia.

Ainda naquele verão, um amigo americano de um amigo veio da Califórnia e deu-me um exemplar do recém-publicado *Be Here Now*, do "Baba" Ram Dass. Ram Dass (pseudônimo de Richard Alpert) fora expulso de Harvard juntamente com Timothy Leary em 1963, por distribuir psilocibina a seus alunos. Em 1967, viajou para a Índia, onde viveu durante dois anos com Neem Karoli Baba e outros gurus, antes de regressar aos Estados Unidos e escrever um relato de sua jornada das substâncias psicodélicas às práticas yogue-devocionais do hinduísmo. Para muitos de minha geração, esse texto acessível, escrito em forma de história em quadrinhos, lançava uma ponte bastante oportuna entre os sonhos desatinados da cultura da droga e as tradições espirituais da Ásia.

Pelos seis meses seguintes, trabalhei como faxineiro numa fábrica de amianto até economizar dinheiro suficiente para fugir das Ilhas Britânicas, que eu então considerava a fonte única de meu descontentamento. Abri um mapa da Europa, cerrei os olhos e deixei que meu dedo pousasse onde bem entendesse. Ele pousou em Toulouse, sudoeste da França. Comprei a passagem e parti em fevereiro de 1972. Peguei carona até a Itália, onde visitei obedientemente igrejas famosas e galerias de arte em Florença e Roma — mas, a despeito de tanta beleza, todo aquele exercício me pareceu vazio e falso. Logo renunciei à pretensão de perseguir objetivos culturais superiores e, daí por diante, simplesmente me deixava levar aonde a próxima carona me conduzisse. Circunstância talvez inevitável, avançava sempre para leste. De Atenas, passei a Istambul e depois, atravessando o sul da Turquia, à Síria, ao Líbano, a Israel e à Jordânia. Cruzei o deserto até Bagdá, desci para Basra e penetrei no Irã. Conheci Xiraz, Isfaã, Teerã e Meshed, chegando finalmente ao Afeganistão em junho.

Quanto mais me deslocava para leste, mais mergulhava num tempo que já não era o da Europa do século XX. Em dois momentos cruciais — ao atravessar o Bósforo para a Anatólia e a fronteira afegã para a cidade de Herat —, senti como se séculos houvessem sido apagados em menos de uma hora. A fuga de minha pátria se transformou numa viagem ao passado, como se neste nada de mal pudesse acontecer. Em Herat, estirei-me na cama do hotel, ouvindo o ruído dos cascos dos pôneis que puxavam carrocinhas ao som de sinetas, os apelos dos vendedores de rua e os alegres gritinhos das crianças, tudo muito longe da cacofonia do tráfego motorizado. Pelos padrões do Ocidente, os afegãos são pobres e "subdesenvolvidos", mas possuem uma dignidade: não se perturbam quando os olhamos nos olhos, não parecem ter nada a esconder ou de que se envergonhar. E essa dignidade, apesar de minha educação privilegiada, eu para ser franco nunca conhecera.

Depois de admirar os Budas gigantescos de Bamiyan, voltei a Kabul e prossegui rumo leste para o Paquistão. De Peshawar, meu companheiro de viagem, Gary Zazula, e eu partimos num jipe repleto de corpos e mochilas balouçantes em direção a Chitral, uma cidade encarapitada no Hindu Kush que era ainda a residência de um príncipe. Com a permissão dele, acampamos nas imediações do palácio, ao lado de um rio turbulento que desce do monte Tirich Mir. Saindo de Chitral, caminhamos o dia inteiro até os vales remotos do Cafiristão, um território tribal sem estradas, eletricidade ou islamismo, cujo povo se diz descendente dos gregos que por ali passaram com Alexandre, o Grande. Mas calculamos mal a distância e ficamos sem água no calor do meio-dia, quando já nos aproximávamos do passo de onde se avista, lá embaixo, o estreito vale verdejante de Bumburet, que serpenteia entre montanhas nuas. Depois de tropeçar e escorregar pela encosta até o vale, estávamos sedentos demais para ter prudência e bebemos à farta de um canal de irrigação. À noitinha, sentíamo-nos muito doentes.

Não havia médicos, clínicas, água limpa, saneamento e comida suficiente no Cafiristão. Por quatro dias ficamos suando, com febre, num quarto escuro e sujo, piorando cada vez mais. Só saíamos daquele tugúrio no frescor da noite, para nos sentar sob uma amoreira, diante do perfil aquilino de uma montanha, e admirar as meninas e moças do vale que, de braços dados, dançavam e cantavam, enquanto velhotas encarquilhadas, de cócoras ao longo de um muro de barro, lançavam-nos olhares suspeitosos. Como sairíamos daquele lugar? Não tínhamos forças para subir até o passo. A única alternativa seria ladear o rio a jusante até Chitral — mas uma ponte providencial fora arrebatada pelas águas revoltas de uma cheia recente. Certa manhã, um bando de *hippies* enrolado em sedas e turbantes, olhos enegrecidos com *kohl*, surgiu à porta de nosso antro. Os aldeões lhes haviam dito que o rio agora era vadeável. Como incentivo para a viagem de volta, eles deram a cada um de nós uma pílula vermelha de LSD, engolida com certa sofreguidão.

Quando chegamos ao local onde a ponte deveria estar, vimos apenas os pilares de cada lado. Ali, o rio se contorcia e espumava alegremente por um estreito desfiladeiro entre paredões de rocha a pique. Rimos como idiotas e ficamos a perambular pela margem, tentando recobrar o bom-senso. Surgido como que de lugar nenhum, um sujeito magricela, queimado de sol, de tanga de lã e sandálias de couro, postou-se à nossa frente. Sorriu e, com o cajado, fez sinal para que o seguíssemos. Avançou em linha reta para o paredão rochoso e pôs-se a escalá-lo agilmente, por uma fenda que mal se podia ver direito. Nós, em silêncio, fomos atrás dele. No meio da escalada, detive-me e olhei diretamente para o rio lá embaixo. Agora, suas águas emitiam apenas um leve murmúrio. Quando, de novo, ergui os olhos, nosso guia desaparecera: estávamos sós como duas moscas, dependurados numa rocha e suportando o peso de nossas mochilas de nylon. Então, a parede à qual eu me agarrava começou a me parecer um tanto maleável. Mal conseguia distinguir minhas mãos e pés da íngreme encosta. Pareceu-me fascinante o modo como meus membros se confundiam com a pedra. Em seguida, num acesso de enjoo, percebi que estava prestes a morrer. Vi-me despencando paredão abaixo até as profundezas, de boca escancarada.

Depois do que me pareceu uma eternidade, a cabeça de nosso salvador ressurgiu. Desceu pelo paredão e ajudou-nos passo a passo, trêmulos, a alcançar o topo. Ainda assustados, prodigalizamos-lhe nossos mais calorosos agradecimentos. O homem riu, acenou e abriu a marcha. Logo depois, no caminho de volta a Chitral, Zazula observou: "É como disse o Buda. Viver é sofrer." A despeito de tudo por que passáramos, fiquei perturbado. Minha leitura precária do budismo não conseguira passar-me essa ideia. Achei a observação enigmática e chocante, verdadeira mas inaceitável. Despertou em mim, pela primeira vez, a curiosidade por saber o que aquele homem, o Buda, quisera nos ensinar.

Cheguei à Índia no final de agosto. Da cidade fronteiriça de Amritsar, subi diretamente a montanha até Dharamsala, onde, segundo ouvira, o

Dalai Lama vivia exilado com sua comunidade de seguidores tibetanos. Era ainda a época das monções. Nuvens pairavam sobre a planície, envolvendo em névoa as árvores e as veredas. Aproximando-me da aldeia sossegada e sonolenta de McLeod Ganj, a abóbada branca de uma *stupa*, onde badalava um sino intermitente, avolumou-se diante de mim. Tibetanas encurvadas, com aventais coloridos e madeixas retorcidas, iam e vinham em torno daquele símbolo de iluminação, girando as rodas rangentes de prece fixadas em suas paredes.

Dois dias depois, compareci à audiência semanal do Dalai Lama. Uns quinze de nós nos alinhamos diante dos degraus de sua residência de teto verde, num outeiro ao pé de MacLeod Ganj. Tinham vindo também tibetanos de outros assentamentos da Índia, com seus enfeites vistosos e empunhando lenços de seda para oferecer a Sua Santidade. Não faltavam, ainda, alguns ocidentais irrequietos e pouco educados. O jovem Dalai Lama surgiu de súbito no alto da escada e desceu para nos cumprimentar, braços estendidos e muito sorridente. Seus olhos passeavam de rosto em rosto. Parecia ter grande interesse por cada um de nós. Depois de aceitar e devolver os lenços aos tibetanos, alguns dos quais agora soluçavam incontrolavelmente, voltou-se para os estrangeiros. "De onde são?", perguntou. Dissemos os nomes de nossos países e foi então que o cabeludo na ponta da fila, com seu sorriso alvar, gritou: "Para isso vim aqui, cara!" Intrigado, o Dalai Lama pediu uma tradução e logo rompeu numa gargalhada, enquanto segurava efusivamente as mãos do *hippie* nas suas. "Ha, ha! Muito bom, muito bom!", disse ele. Eu estava impressionado. Imaginara-o uma criatura remota, um prelado severo, não aquela profusão jovial de calma inteligente.

Minhas andanças foram interrompidas por algum tempo. A briga com a doença e a morte começava a me enervar. Sentia uma necessidade incontrolável de refletir sobre o significado desta existência frágil e transitória. A 4 de setembro, matriculei-me no curso introdutório ao budismo que Geshe Dhargyey ministrava durante dois meses na Biblioteca de Obras e Arquivos Tibetanos.[2]

Minha conversão ao budismo foi, pode-se dizer, imediata. Não precisei ser persuadido por argumentos filosóficos ou ponderações religiosas. Geshe Dhargyey irradiava uma bondade que não era nem devota nem paternalista. Podia ser durão num instante e, no outro, explodir em gargalhadas. Dava-me atenção incondicional, a mim, um completo estranho de uma terra longínqua da qual ele nada sabia. Suas palavras, muitas vezes em tradução macarrônica, soavam instintivamente verdadeiras. Eu encontrara alguém que discorria sem reservas ou dificuldades sobre os assuntos de meu interesse. O vocábulo *dharma*, explicou ele, vem da raiz sânscrita *dhr-*, que significa "impedir": as lições do Buda são como uma rede de segurança que "impede" a pessoa de precipitar-se no inferno ou em outras esferas de sofrimento. Eu podia ter lá minhas dúvidas quanto à existência literal do inferno, mas não quanto à espécie de queda livre em que minha vida se transformara.

Por todo esse tempo minha câmera e lentes permaneceram intocadas no fundo da mochila. A viagem à Índia abrira meus olhos para o mundo de um modo impossível de capturar em filme. Graças ao encorajamento de Geshe Dhargyey, vi-me a perscrutar os escaninhos invisíveis de minha alma, onde a arte parecia não ter grande valor. Assim, resolvi desfazer-me do equipamento fotográfico para financiar meus estudos em Dharamsala. Gastei o último rolo de filme e pedi que meu amigo Ray James fosse vender a câmera no mercado negro de Nova Délhi. Mas antes que aparecesse o primeiro comprador, roubaram-na de seu quarto num hotel barato de Pahar Ganj.

Não foi só Geshe Dhargyey que me impressionou. A fé e a coragem das mulheres e homens tibetanos comuns me incentivaram muito. Moravam em casebres feitos com ripas de madeira encontradas no lixo e chapas de latas de óleo, sobrevivendo da venda, pelas ruas, de agasalhos doados por instituições de caridade ocidentais aos indianos. Com o Dalai Lama, atravessaram o Himalaia para a Índia, praticamente só com a roupa do corpo, muitos deles doentes e exaustos, achando difícil suportar o calor e a umidade das planícies. Agora viviam na miséria num dos países mais pobres do mundo. Mas, a despeito de tudo isso, irradiavam uma extraordinária cordialidade, lucidez e alegria de viver.

O que em grande parte me animou na época, reconheço-o hoje, foi a ânsia romântica de um jovem idealista, alienado e sem rumo. Atribuí àquele povo estranho, exótico, do qual eu não sabia quase nada, todas as virtudes que minha própria cultura parecia não possuir. Educado só por minha mãe, suspeitava estar também na pista de um pai ausente. Entretanto, no âmago de minha busca desnorteada, jazia a tranquila certeza de que me deparara com algo de autêntico e verdadeiro, cujo nome me escapava, mas do qual não podia duvidar. Pela primeira vez na vida, achara um caminho: uma trajetória carregada de sentido que conduzia da perplexidade e da angústia à "iluminação". Embora só tivesse uma ideia muito vaga do que seria essa "iluminação", encetei o caminho que levava até ela.

Capítulo 3

O SEMINARISTA

Aluguei um estábulo abandonado, de teto em ruínas e paredes oscilantes, num aterro ao pé de Glenmore, uma enorme mas negligenciada residência da era Raj na floresta perto de McLeod Ganj. Cortei o cabelo, então à altura do ombro e infestado de piolhos, reduzi o consumo de haxixe, comprei um rosário e pus-me a decifrar o alfabeto tibetano. Construí um altar com uma velha caixa de frutas, onde instalei uma estatueta barata do Buda e, em volta, uma série de fotos em branco e preto amarrotadas do Dalai Lama, seus assistentes jovens e velhos, e Geshe Dhargyey. Toda manhã, enchia de água sete potes de latão e oferecia-os, juntamente com uma lâmpada de sebo e uma vareta de incenso, aos Budas e bodhisattvas dos dez pontos cardeais. Tornei-me, quase da noite para o dia, um seminarista verdadeiramente sério e devoto. Recitando mantras, com uma mochila cheia de livros e tabuinhas de escrita ao ombro, descia pelo íngreme caminho pedregoso até a biblioteca, onde ficava sentado, de pernas cruzadas, a manhã inteira diante de Geshe Dhargyey, transcrevendo atarantadamente tudo o que ele dizia. À tarde, depois de trocar lições de inglês por lições de tibetano na aldeia, voltava ao meu estábulo a fim de estudar as anotações à luz mortiça de uma lamparina de querosene, memorizar vocabulário e fazer experimentos com meditação.

Aprendi que a vida humana[1] era coisa dificílima de obter. Segundo Geshe-la, a chance de reencarnar num corpo humano pode ser considerada tão remota quanto a de uma tartaruga cega, que vem à superfície apenas uma vez a cada cem anos, enfiar o pescoço num laço de ouro atirado às águas do oceano. De todas as formas possíveis em que se renasce, a humana é a mais preciosa, pois só ela proporciona o lazer e o ensejo de praticar o Dharma: o caminho conducente ao fim do sofrimento. A vida humana, porém, é curta e pode terminar de súbito a qualquer instante. Urge, pois, reunir todas as nossas energias e concentrá-las sem hesitar na tarefa de obter a iluminação, não apenas para nós mesmos, mas também para todas as criaturas animadas que sofrem tanto quanto o homem.

A certeza apaixonada com que Geshe Dhargyey ministrava esses ensinamentos instilou em mim a ânsia de captar-lhes a verdade por mim mesmo. O Dharma revelava panoramas novos e insuspeitos. Sim, minha existência devia ser algo mais que esse curto e trágico lapso de tempo na terra. A consciência que me animava vinha me acompanhando ao longo de uma série de nascimentos e mortes desde a eternidade. Fui deus, titã, animal, homem, mulher, pássaro, inseto e fantasma vezes sem conta. Agora conhecia, talvez pela primeira vez em éons, um mestre capaz de apontar-me o caminho para fora desse ciclo de existências repetitivas, as quais, com todos os seus altos e baixos, no final das contas não levam a lugar nenhum. Precisamos, portanto, abandonar não apenas o gosto pelas alegrias passageiras da vida, mas também a esperança de recompensas dadas no céu ao comportamento virtuoso. Assim, aspiramos ao nirvana, à "extinção" cabal da ignorância e do desejo responsáveis pelos atos que nos mantêm presos ao ciclo enganador dos renascimentos.

Ponderando todos os dias essas ideias, revolvendo-as na mente e examinando-as pelos mais diversos ângulos, eu era estimulado a indagar com a máxima seriedade para que servia a vida, o que mais importava para mim e meus semelhantes, por quais valores não negociáveis estaria disposto a morrer. Ao mesmo tempo, comecei a notar a assustadora transitoriedade das coisas. Senti a imanência da morte em meus ossos. Constatei a necessidade urgente de reconhecer que este dia na terra pode ser o meu último. No entanto, longe de me tornar deprimido e mórbido, essas reflexões intensificavam minha sensação de estar vivo. Elas induziam uma espécie de êxtase que me arrancava à dura rotina do conhecido e me punha diante do milagre da existência a desdobrar-se e desvanecer-se a cada instante. Absorvi as lições como um homem sedento bebe água fresca. Nunca antes eu me interessara por essas questões morais e existenciais. Agora, via-me em presença de uma tradição que não só lhes realçava a importância como oferecia um método sistemático para eu me concentrar nelas a ponto de fazê-las penetrar no âmago de minha autopercepção.

Geshe Dhargyey ensinou-me que toda criatura viva já foi alguma vez, no curso de suas existências infinitas, minha mãe. Como, então, poderia eu querer me livrar da sequência infindável de reencarnações se aqueles que me nutriram quando criança e sacrificaram seu bem-estar por mim ainda permaneciam presos ao círculo vicioso do nascimento e morte? Sem dúvida, eu tinha obrigação de pagar tamanha benevolência — e a melhor maneira de fazer isso seria obter a iluminação tanto para mim mesmo quanto para aquelas pessoas. Eu estava mesmo decidido a aliviar-lhes as angústias, a colocá-las no caminho que leva ao fim dos nascimentos e, portanto, ao fim da dor. Mas conseguir guiar alguém ao longo dessa vereda exigia que eu próprio a conhecesse. Eu precisava, pois, dedicar minha vida à tarefa de obter a iluminação para todos os "seres animados" e não renunciar a meus esforços até que cada um deles, sem exceção, se libertasse do ciclo de nascimento e morte. Esse é o voto do bodhisattva, o compromisso altruístico na base do Budismo Mahayana (Grande Veículo) em oposição ao Hinayana ("Pequeno Veículo"), que conduz unicamente à salvação pessoal.

Eu era humilde e inspirado pela visão da compaixão universal desprendida. Impus-me um senso profundo de finalidade, uma vocação que se estendia infinitamente, para além dos confins desta vida, até as múltiplas existências futuras. Assim, na presença de Geshe Dhargyey, fiz o voto do bodhisattva de banir o egoísmo e dedicar-me para todo o sempre à felicidade dos outros.

Fora esse desprendimento, concluí, que dera aos tibetanos coragem para enfrentar e vencer as adversidades de sua história recente. Não pareciam infelizes demais no exílio. Haviam perdido tudo, mas nem de longe se sentiam derrotados. Sustinha-os uma visão maior, mas vasta do que a vida poderia ser. Não importava quão pungentes parecessem às vezes as mazelas deste mundo injusto, elas se reduziam a nada em comparação com os sofrimentos de todas as criaturas ao longo do tempo e do espaço.

Para se tornar Budas o mais rápida e eficientemente possível, os tibetanos praticam um corpo de ensinamentos exclusivos herdados da Índia, o "Veículo do Diamante" (Vajrayana, isto é, budismo tântrico). Ao contrário dos sutras do Buda, que são discursos para o público geral, os tantras só podem ser ensinados a discípulos escolhidos. Trata-se de ensinamentos secretos, que a pessoa só recebe e pratica depois de "capacitada" por um mestre tântrico idôneo, o qual, por sua vez, o foi por uma linhagem ininterrupta de mestres que remonta ao Buda em pessoa. O nível mais alto do tantra pressupõe que nos imaginemos "deuses" no âmago de um mandala resplandecente, substituindo assim nossa "percepção comum" de um ego mundano pelo "orgulho divino" de um Buda plenamente iluminado. Concluída essa mudança de percepção, a pessoa pode continuar promovendo sua metamorfose concreta em um Buda por meio de práticas yogues que envolvem energias sutis, canais nervosos e chakras. Feito o voto do bodhisattva e obtido um adequado entendimento das lições dos sutras, éramos vivamente encorajados a receber a capacitação tântrica a fim de ingressar no "caminho suave" que leva à iluminação completa.

Estando eu já há mais ou menos um ano em Dharamsala, Geshe Dhargyey conseguiu que alguns de nós recebêssemos a capacitação tântrica Yamantaka de Tsenshap Serkong Rinpoche, um dos mais veneráveis conselheiros do Dalai Lama. Serkong Rinpoche era um velho lama muito tranquilo, de olhos brilhantes numa face encarquilhada como terra ressequida, que vivia num bangalô junto à agência de correios de McLeod Ganj com dois serviçais e um cozinheiro. A cerimônia exigiu várias horas, entremeada de visualizações, cânticos, badalar de sinos e toques de tambor. Depois de iniciado no mandala de Yamantaka, assumi solenemente o compromisso de recitar todos os dias, pelo resto da vida, o texto que descrevia minha transformação nesse deus tântrico. Assim, a cada manhã, eu me tornaria o glorioso e formidável Yamantaka de cabeça de touro

> com um corpo azul-escuro, nove faces, 34 braços e dezesseis pernas, as direitas dobradas e as esquerdas, estendidas. Minha língua se encurva para cima, meus caninos estão à mostra, meu rosto se contrai de cólera, meu cabelo alaranjado se eriça (...). Devoro gordura, medula, linfa e sangue humano. Minha cabeça aparece coroada com cinco assustadores crânios lívidos e enfeito-me com uma guirlanda de cinquenta cabeças humanas gotejantes de suor. Como distintivo brâmane, envolve-me uma serpente negra. Estou nu, ventre adiposo e pênis ereto. Cílios, sobrancelhas, barba e pelos do corpo fulgem como o fogo do final dos dias.

Nos meses seguintes, recebi novos poderes de Serkong Rinpoche, de Trijang Rinpoche — o assistente mais novo do Dalai Lama — e do Dalai Lama em pessoa. Logo eu tinha de gastar pelo menos uma hora por dia salmodiando textos rituais a fim de honrar os compromissos assumidos.

Absorvi-me inteiramente no mundo do budismo tibetano. Só o Dharma me importava agora. Convencera-me de que essa era a única maneira de realizar o potencial de uma vida humana. Para fazer jus à capacitação, eu tinha de ver no lama oficiante, não um homem comum, mas um Buda vivo que nascera neste mundo movido unicamente por amor a criaturas desiludidas como eu mesmo. Qualquer falha que eu detectasse nele seria uma projeção negativa de mim mesmo, consequência de uma visão impura que enxergava mal sua perfeição radiante. Jurei não decepcionar nunca semelhante mestre. Romper meu compromisso tântrico com ele resultaria em renascimento no pior dos infernos possíveis. É que somente pela inspiração e as bênçãos daqueles homens extraordinários havia possibilidade de progredir no caminho da iluminação.

Tornar-me monge foi o resultado natural dessa dedicação apaixonada ao budismo. Para um rapaz sem vínculos nem obrigações, que desejava concentrar-se inteiramente no Dharma, uma vida de simplicidade monástica, celibato e abstinência criaria o ambiente ideal para o estudo, a reflexão e a meditação. Da primeira vez que pedi a Geshe Dhargyey para me ordenar, pouco depois de meu vigésimo aniversário, ele se recusou. Mandou-me refletir mais um pouco antes de dar semelhante passo. Um ano depois, fiz novo pedido. Dessa vez, ele aceitou. Então, raspei a cabeça, deixando apenas uma madeixa para ser simbolicamente cortada durante a cerimônia, e mandei fazer alguns mantos num alfaiate de McLeod Ganj. Diante de cinco monges, fui ordenado noviço (*sramanera*) às três horas da tarde do dia 6 de junho de 1974, nos aposentos particulares de Geshe Dhargyey na Biblioteca de Obras e Arquivos Tibetanos. Acabara de completar 21 anos de idade e era budista há menos de dois. Agora lá estava eu, careca, de manto vermelho e celibatário.

Embora escrevesse regularmente para minha mãe de Dharamsala, nada lhe dizia de meu envolvimento pessoal cada vez mais profundo com o Budismo. Pelo que ela sabia, eu estava fazendo um curso acadêmico meio excêntrico num campo de refugiados tibetanos da Índia. Alegrava-se pelo fato de o filho ter, enfim, descoberto algo de seu interesse e deixado de perambular pela Ásia consumindo drogas. Sua única preocupação era se os tais estudos me assegurariam uma carreira profissional respeitável. Ignorava totalmente o que eu andava planejando nesse sentido. Uns dois dias antes da ordenação, escrevi-lhe uma longa carta explicando o passo que ia dar. Justificava-

-me recorrendo ao jargão da doutrina budista, que eu bem sabia não significar nada para ela. Quando recebeu a carta, seu filho já estava envergando o manto. Ante essa notícia, ela desabafou: "Meu coração caiu aos meus pés."

Eu, porém, era um monge sem mosteiro. Exceto pela Namgyal Dratsang, a comunidade monástica de elite que servia ao Dalai Lama, não havia mosteiros em Dharamsala. Cada monge devia se virar por conta própria. Afora a novidade da roupa e do penteado, exteriormente minha vida continuava quase a mesma de antes. Depois que me acostumei ao novo papel e as pessoas pararam de comentar o caso, percebi que, também por dentro, pouca coisa mudara. Eu ainda era a mesma pessoa, sujeita às mesmas emoções, desejos e ansiedades. De barba comprida e sem tomar banho, vagava por McLeod Ganj com ânimo firme, olhos fixos num ponto do chão dois metros à frente, tentando em desespero não espiar as garotas *hippies* com suas saias diáfanas. A interioridade do monasticismo me atraía, parecendo legitimar minha crescente tendência à introspecção e à solidão.

Três meses depois de me tornar monge, participei, na Biblioteca, de um retiro Vipassana de dez dias, orientado pelo mestre indiano S. N. Goenka. O sr. Goenka, empresário bem-sucedido que nascera e fora criado em Mandalay, aprendera a meditação Vipassana com U Ba Khin, ministro do primeiro governo independente da Birmânia (Myanmar). Com 50 anos, grandes bochechas e voz profunda de baixo, sentava-se de pernas cruzadas, trajando um sarongue, ao lado da esposa, que nunca dizia uma palavra. Eu ignorava por que aquele curso de meditação "hinayana" viera substituir as aulas diárias no Instituto Budista Mahayana, mas a medida parecia ter sido aprovada por Dalai Lama. Geshe Dhargyey aproveitou a chance para gozar as fontes termais de Manali enquanto durasse o retiro.

Nos primeiros três dias, praticamos os movimentos respiratórios, restringindo gradativamente a atenção ao contato do ar com o lábio superior. Isso fazia com que nos concentrássemos melhor. Pelos sete dias restantes, "varremos" o corpo à cata de sensações, descendo do alto da cabeça à ponta dos pés e voltando. Ao praticar a "varredura corporal", atentávamos principalmente para a transitoriedade de cada sensação. Depois de fazer esse exercício durante horas todos os dias, numa atmosfera de completo silêncio só quebrada por uma boa conversa de manhã, comecei a me sentir como nunca antes.

Sem recorrer a deuses, mantras ou mandalas e sem ter de esmiuçar as complexidades de uma doutrina ou filosofia, compreendi claramente o que significava ser uma criatura frágil e passageira num mundo passageiro e frágil. Isso aguçou minha percepção de tudo quanto ocorria dentro e em volta de mim. Meu corpo se tornou uma massa vibrante de sensações. Às vezes, sentado ao ar livre, parecia que a brisa me atravessava. A relva era mais brilhante e o farfalhar das folhas entoava o coro de uma sinfonia sem fim. Ao mesmo tempo, no âmago dessa percepção vital, havia uma profunda paz e equilíbrio. A intensidade da experiência, porém, não durou muito. Findo o curso, logo hábitos mentais mais mundanos se instalaram. Mas eu havia aprendido uma maneira de conhecer aquilo que hoje considero o próprio fundamento da vida. E, por isso, serei sempre grato ao sr. Goenka.

Meu encontro com a meditação Vipassana foi inteiramente fortuito. Caso ela não me houvesse sido apresentada ali mesmo na instituição tibetana onde eu estudava, duvido que, na época, a fosse buscar em outra parte. O retiro abriu a primeira brecha na muralha de minha fé no budismo tibetano. O sr. Goenka se formara na escola theravada birmanesa, que se alicerça nos ensinamentos do Cânone Páli. Logo ficou claro que no Cânone Tibetano — o qual, segundo me asseguraram, contém todos os discursos proferidos pelo Buda — falta a maioria dos textos preservados em páli, inclusive o *Discurso sobre os Fundamentos da Plena Atenção*[2] (*Satipatthana Sutta*). E foi nele que o sr. Goenka havia baseado suas aulas.

Depois do meu contato com a meditação Vipassana, considerei durante algum tempo a possibilidade de ir para um mosteiro na Birmânia, na Tailândia ou no Sri Lanka, a fim de aprimorar essa prática. No entanto, meu compromisso com a tradição na qual fora ordenado monge, iniciando-me no Vajrayana, permanecia sólido, tanto quanto a devoção aos meus mestres tibetanos. Além disso, o aguçamento da percepção proporcionado pela prática que o sr. Goenka nos ensinara devia-se, até certo ponto, às minhas reflexões sobre os fundamentos do budismo inspiradas por Geshe Dhargyey. Antes de sair para explorar outra forma de budismo, concluí, eu deveria firmar-me um pouco mais naquela a que pertencia. Mas, na verdade, o verme da dúvida já começara sub-repticiamente a abrir caminho dentro de mim.

As pessoas que foram ter a Dharamsala no início dos anos 1970 viram-se transportadas a um bolsão intacto do Tibete medieval, a uma sociedade quase imune às influências modernas — onde se preservavam tradições completas de lógica, epistemologia, filosofia, psicologia, meditação, medicina, astrologia e arte do budismo indiano. O mesmo ocorreria caso um grupo de *hippies* italianos, vagueando pelos Apeninos, descobrisse num vale remoto uma corte papal do século XIV em pleno funcionamento, que de algum modo houvesse sido ultrapassada pela história. O eixo de toda aquela comunidade era o próprio Dalai Lama, encarregado da difícil tarefa de supervisionar o assentamento onde se comprimiam cem mil refugiados tibetanos, enquanto chamava a atenção do mundo para a tragédia de seu país.

O mundo, porém, o ignorou. Quando cheguei a Dharamsala, em 1972, ele não fora ainda nem à Europa nem aos Estados Unidos. Depois da histórica visita do presidente Nixon à China, em fevereiro daquele ano, o pouco apoio que os Estados Unidos vinha dando aos tibetanos foi suspenso. Isolado na Índia e sem amigos influentes, o Dalai Lama só podia ouvir, horrorizado, as notícias que, insinuando-se pela fronteira, falavam da destruição de sua pátria empreendida sistematicamente pelos Guardas Vermelhos. Embora houvesse sido convidado a Londres e outras capitais europeias em 1974, teve de esperar até 1979 — uns bons vintes anos após sua fuga do Tibete — para que o Departamento de Estado americano, já na administração Carter, lhe concedesse o visto de entrada e enfrentasse a cólera da China, que acusava os Estados Unidos de "interferir nos negócios internos da Mãe Pátria".

No outono de 1974, eu pertencia a um grupo de estudantes da Biblioteca que se encontrou com o Dalai Lama a fim de lhe pedir conselho sobre um projeto para traduzir o *Guia do Modo de Vida do Bodhisattva* (*Bodhicaryavatara*), de Shantideva, um texto clássico do budismo mahayana indiano muito apreciado pelos tibetanos. Sua Santidade entusiasmou-se pela ideia e incentivou-nos a levar adiante o empreendimento. Durante todo o ano seguinte, Geshe Dhargyey debruçou-se sem descanso sobre o texto em tibetano, explicando-nos cada palavra e cada frase para que pudéssemos produzir uma versão inglesa.

Pouco se sabe sobre Shantideva, o autor anárquico e enigmático do texto. Deve ter vivido no século XVIII, na Índia, e acredita-se que compôs o *Guia* quando era monge na célebre universidade monástica de Nalanda, o maior centro de ensino budista da época na Ásia. Segundo a lenda, Shantideva era um preguiçoso cujas únicas atividades consistiam em "comer, dormir e defecar". Para que o mosteiro se visse livre desses trastes, organizou-se um exame público a fim de testar os conhecimentos e a competência dos monges. Quem não passasse seria expulso. Chegada a sua vez, Shantideva subiu à tribuna e, para espanto de todos, recitou de cor esse texto sânscrito altamente poético e original. Já perto do final da declamação, começou a levitar, a voz cada vez mais sumida, e desapareceu entre as nuvens. Os monges de Nalanda conseguiram puxá-lo de volta, mas ele se recusou a continuar no mosteiro e passou o resto da vida na obscuridade, como um leigo.

Ao contrário de muitos escritos budistas clássicos, que tendem a ser um tanto secos e abstratos, o *Guia* de Shantideva é a história extremamente pessoal de sua luta para entender e praticar o Dharma. Falando na primeira pessoa, o autor não nutre ilusões quanto às próprias deficiências. Longe de apresentar o caminho como uma trajetória de autoaperfeiçoamento constante, mostra que ele serpenteia entre a alegria e a tristeza, que a mais profunda confusão é às vezes aclarada por raios momentâneos de luz e que a dor do semelhante pode parecer tão real quanto a nossa — mas, no instante seguinte, ser esquecida num assomo repentino de narcisismo. Achei isso reconfortante. Correspondia à minha própria experiência, que não se coadunava bem com a rígida hierarquia da "evolução espiritual" proposta em quase todos os textos budistas. Hesitação e dúvida pareciam engalfinhadas numa luta perene contra a fé e a certeza. Como monge, eu dispunha de pouquíssimas saídas para esse dilema. Era obrigado a continuar cavalgando aquele corcel irrequieto, por mais que ele me atormentasse e exaurisse.

O *Guia* de Shantideva, por intermédio de seus versos e da experiência do autor, fornece uma descrição do tipo de caráter humano mais apto a enfrentar com êxito o sofrimento próprio e alheio. Esse caráter é uma sensibilidade que escapa a quaisquer definições simples, ou seja, exatamente aquilo que tanto me impressionou no Dalai Lama. Refletindo bem, concluí que não o admirava por possuir algum dom espiritual, como "compaixão" ou "sabedoria", e sim por responder às mais diversas situações com uma integridade e uma espontaneidade projetadas por seu ser total. No centro dessa sensibilidade alojava-se uma empatia profunda pelo sofrimento dos outros, que parecia jorrar dele sem esforço e em abundância. Segundo Shantideva, essa empatia requer que a pessoa opere um esvaziamento radical de si mesma, de tal sorte que, em vez de se julgar um ego fixo e separado, ela comece a perceber quão inextricavelmente está embebida na urdidura do mundo.

O eu não existe "de seu próprio lado", como dizem os tibetanos, qual objeto que se possa isolar e definir. Por mais que o procuremos — pela meditação, indagação filosófica, análise psicológica ou dissecação do cérebro —, jamais nos será dado encontrar "algo" que lhe corresponda. Contudo, não se nega que ele exista. Ele existe — mas não do modo como, instintivamente, o concebemos. Um eu vazio é um eu mutável, em evolução, dinâmico e ético. De fato — e eis o seu aspecto intrigante —, se o eu *não* estiver vazio, não conseguirá fazer coisa alguma. Com efeito, um eu assim hipotético ficaria completamente dissociado de tudo o que há no mundo vivo e só existiria numa esfera puramente metafísica, incapaz de se mostrar ativo ou passivo.

Passei boa parte do meu último ano em Dharamsala estudando a doutrina budista do vazio no *Guia* de Shantideva e seus comentários tibetanos. Teoricamente, eu entendia o significado de "vazio", que, no entanto, pouco ou nenhum impacto tinha em minha experiência real de ser. Então, numa tarde quente depois das aulas, sentei-me de pernas cruzadas à sombra de uma árvore junto à Biblioteca, ora contemplando as planícies nevoentas, ora tentando meditar. Súbito, vi-me arrebatado pela torrente borbulhante e límpida da própria vida. A sensação morosa e opaca que sempre me invadia quando eu fechava os olhos para meditar abrira espaço para algo extraordinariamente rico e fluido. Era como se alguém houvesse soltado a trava que impedia o motor de funcionar e o automóvel, de repente, ganhasse vida exuberante. No entanto, tudo era silêncio e tranquilidade. Eu ia aos poucos desaparecendo e me desintegrando, mas, ao mesmo tempo, ressurgindo e me recompondo. Subjugava-me a sensação inequívoca de avançar ao longo de uma trajetória, mas sem fazer movimento algum. Durante ou logo depois dessa experiência, que deve ter durado uns poucos segundos apenas, murmurei: "Não vou chegar a lugar nenhum. Nunca conseguirei nada. O vazio é a infinitude das coisas."

Aquilo me lembrou uma cena — eu teria 5 ou 6 anos de idade — à beira do lago da aldeia de Sarratt. Estava de mãos dadas com minha mãe e ela me perguntou: "Suponhamos que haja uma rã a um metro da margem. Se cada um de seus saltos tiver metade da extensão do anterior, quantos saltos precisará ela dar para chegar à água?" Essa versão infantil do paradoxo de Zenão, reforçada pela transitoriedade do sr. Goenka e pela doutrina budista do vazio, era, percebo-o agora, um prelúdio à "infinitude das coisas".

Por essa época, habitávamos um anexo à Elysium House, uma antiga fazenda inglesa nos montes cobertos de florestas de onde se avista, bem embaixo, McLeod Ganj. Eu gostava do ar diáfano da montanha, dos bandos de macacos de caras pretas, das pegas azuis e brancas do Himalaia. Perto, numa choupana, vivia Geshe Rabten, um mestre com quem eu estudara e a quem muito admirava. Logo o acompanharia à Suíça, para fazer um curso de filosofia budista. Elysium House era também a base, em Dharamsala, para uma pequena comunidade de praticantes da meditação Vipassana. Junto deles eu me sentava, de manhã e à noite, para vigiar minha respiração e "varrer" meu corpo da cabeça aos pés.

Certa tarde, ao crepúsculo, regressava ao meu quartinho por uma trilha na floresta de pinheiros, carregando um balde de plástico azul cheio de água que recolhera numa fonte próxima. De repente, estaquei ao peso da esmagadora sensação de que tudo era estranho. Foi como se me visse alçado à crista de uma onda gigantesca, surgida do oceano da própria vida, e pela primeira vez constatasse quão misterioso era o fato de alguma coisa existir em vez de não existir nada. "Como", perguntei-me, "pode uma pessoa não se dar conta *disto*? Como podem todos passar a vida sem responder a *isto*? Por que eu mesmo nunca percebi *isto* antes?" Lembro-me bem: fiquei ali parado, trêmulo e confuso, com lágrimas nos olhos. Depois, prossegui caminho a fim de não ser surpreendido pela noite.

Essa experiência me deixou penosamente consciente do abismo entre meus estudos e algum episódio de minha vida que devia ter sido muito importante. Os textos budistas com que me familiarizara não pareciam discutir, nem tampouco valorizar, experiências como a que acabava de me ocorrer. Achei difícil encontrar palavras, em tibetano, para exprimi-la. E quando a relatei ao Lama Yeshe,[3] um discípulo carismático de Geshe Rabten, proficiente em inglês e com muitos seguidores ocidentais no Nepal, ele pareceu não entender nem o que eu dizia nem o motivo pelo qual dava tanta importância ao assunto. Qual era a autoridade maior? Os escritos sagrados do Budismo tais quais os lia orientado por homens a quem devotava enorme respeito? Ou minhas próprias intuições viscerais, que em vez de dar respostas suscitavam novas perguntas? Eu acreditava (ou queria acreditar) que o aparente conflito entre essas duas coisas poderia ser resolvido caso me dedicasse com afinco e paciência aos estudos e ao treinamento. Jovem noviço ocidental de 23 anos, sentia-me inclinado a crer mais na sabedoria da tradição do que em meu juízo precário.

Capítulo 4

ENGUIA COLEANTE

O rosto de Geshe Rabten parecia esculpido em pedra. Quando entrávamos em seu quarto, lá estava ele sentado na cama, balançando-se ligeiramente de um lado para o outro e desfiando seu rosário de contas. Logo erguia a cabeça e seus olhos nos penetravam como lâminas de aço. O homem me enervava; eu não conseguia esconder nada dele. A última palavra que alguém empregaria para descrever Geshe Rabten seria *vazio*. Contudo, era exatamente o que ele nos ensinava: o ser humano não passa de uma configuração transitória dos elementos fugazes do corpo e do espírito; nele, nada há de substancial, duradouro, constante. Mas, com tudo isso, Geshe Rabten era a própria encarnação da solidez e da imutabilidade: resistira e parecia firmemente empenhado em continuar resistindo.

Quando lhe perguntei se podia ir com ele estudar filosofia budista na Suíça, lançou-me um olhar demorado, zombeteiro, e resmungou seu assentimento. Geshe tinha uma missão. Fundaria no Ocidente materialista uma comunidade monástica para preservar a verdadeira palavra do Buda tal qual lhe fora transmitida ao longo de uma linhagem ininterrupta de mestres iluminados. Nós o comparávamos a Atisha, o missionário indiano que levara o budismo ao Tibete no século XI. Geshe queria uma comunidade moldada à imagem de sua própria escola monacal de Sera Je, em Lhasa, Tibete. Eu faria parte de um pequeno grupo de especialistas, algo como uma vanguarda jesuítica, e com minha mente afiada nas sutilezas da dialética, espalharia o Dharma pela Europa e mais além. Tínhamos de memorizar textos, receber instrução oral, estudar comentários e debater o significado de tudo aquilo em tibetano (língua que eu ainda me esforçava para dominar). Geshe adquirira fama de exímio polemista. Em Sera, às vezes debatia a noite inteira e suas mãos rachavam a ponto de pingar sangue, por causa do frio. Em Dharamsala, fora nomeado assistente filosófico e colaborador de debates do Dalai Lama.

Geluk, a tradição erudita do budismo tibetano a que Geshe pertencia, sustentava que, por meio do estudo da lógica formal e da prática do debate, é possível obter certeza racional quanto a doutrinas budistas fundamentais como o karma e a reencarnação. Eu esperava que aquele treinamento eliminasse minhas derradeiras dúvidas sobre tais questões e fornecesse uma base sólida intelectual à minha vocação de monge budista. "Examinai minhas palavras", reza uma célebre passagem atribuída ao Buda, "da mesma forma que o ourives avalia o ouro[1] — friccionando-o, cortando-o, submetendo-o ao fogo. Não as aceiteis unicamente pela fé que depositais em mim." Tamanha abertura para a investigação crítica me impressionou muito, e ainda me impressiona, como elemento central de todo o empreendimento budista. E, dado que essa investigação era considerada, tanto quanto a meditação e a ética, parte do caminho para o despertar, não se podia encará-la como mero exercício acadêmico de lógica. Achei essa abordagem das mais atraentes. O budismo, ao que parecia, era uma religião racional e suas pretensões à verdade passariam fácil no teste da razão.

Estudei cinco anos na Europa, sob a orientação de Geshe Rabten, a maior parte deles em Tharpa Choeling, o mosteiro que esse mestre fundou[2] na aldeia suíça de Le Mont-Pèlerin, perto da cidade de Vevey. Lá do alto, avistavam-se o lago de Genebra e as montanhas do vale do Ródano. Durante os dois primeiros anos, nosso grupo de uns doze monges e leigos estudou uma versão simplificada da filosofia de Dharmakirti,[3] o monge indiano erudito do século VII cuja obra, nos mosteiros tibetanos, constitui a base da análise lógica, epistemológica e crítica a partir das quais se evolui para o Madhyamaka (Caminho do Meio), que é a filosofia do vazio.

Quanto mais eu me familiarizava com a abordagem de Dharmakirti, mais aplaudia seu rigor e clareza verdadeiramente práticos. Ao contrário de muitos pensadores budistas posteriores, propensos a um idealismo místico, achei Dharmakirti realista e pragmático. Sua filosofia me proporcionou um instrumento conceitual excelente para interpretar minha prática da percepção e outras experiências que tivera em Dharamsala.

Longe de afirmar que, em última instância, nada existe por si mesmo, conforme me haviam ensinado até então, Dharmakirti sustentava que o mundo mutável, dinâmico, causal e condicionado, objeto da experiência mental e sensorial comum, constitui, no final das contas, a verdadeira realidade — entendida, nos termos de Dharmakirti, como aquilo que pode gerar efeitos na esfera concreta. São, pois, reais uma semente, um jarro, a brisa nas árvores, um desejo, um pensamento, uma dor no joelho, uma outra pessoa. Em contrapartida, o vazio da existência em si não passa de abstração conceitual e linguística. Talvez sirva como ideia estratégica, mas falta-lhe a concretude vital do botão de rosa, das batidas do coração ou do choro da criança. Para Dharmakirti, não se medita para apurar a visão mística do vazio e sim para viver a experiência direta de nosso mundo flutuante, contingente e sofrido.

O que nos impede de vivenciar o mundo dessa maneira? O problema reside na convicção humana instintiva de que somos um eu permanente, íntegro e autônomo, alheio ao fluxo da contingência. Essa convicção pode proporcionar um senso de segurança e estabilidade num mundo instável e inseguro — mas o preço que se paga é o da alienação, desencanto e tédio. A pessoa se sente isolada da vida em derredor, à deriva num universo autorreferencial criado por ela mesma. Para Dharmakirti, contudo, em vez de insistir na ausência ou no vazio desse ego desconectado, devemos abraçar o mundo fenomênico em toda a sua vitalidade e imediaticidade, tão logo essa concepção do eu comece a diluir-se.

Tentarei ilustrar melhor esse ponto com um exemplo. Quando minha esposa e eu compramos nossa casa na França, um grande galpão de madeira atravancava o jardim, bloqueando a luz e a paisagem. Além disso, trepadeiras e madressilvas haviam-no tornado ainda mais volumoso a cada ano, adensando a sombra que lançava e aumentando a umidade no corredor entre ele e a casa. Lá dentro, apenas velhas máquinas industriais alemãs em que ninguém mexia há décadas. Sua única vantagem, e o principal argumento para conservá-lo, era que as gatas ariscas da vizinhança iam ali parir seus filhotes.

Finalmente, livramo-nos do galpão. Depois que a ninhada de gatinhos daquele ano se foi, vendemos as máquinas como sucata e convidamos nosso amigo Paco, que precisava da madeira, para desmantelá-lo. No prazo de uma tarde, uma presença há tanto tempo indesejável já não estava mais lá. Pelos dias que se seguiram, eu me postava de pé no lugar onde ela se erguera e gozava conscientemente sua ausência. O corredor escuro e úmido, que o galpão criara, se desvanecera. Casa e jardim sofreram uma mudança. A luz jorrava pelas janelas do andar térreo; panoramas até então desconhecidos do jardim e dos campos circundantes agora se estendiam a perder de vista.

Não passou muito tempo, a experiência arrebatadora do "não galpão" se diluiu. Esqueci o galpão que ali existira e não mais me impressionei com sua ausência. Apenas aceitava o jardim e a casa tais como eram. Para Dharmakirti, ocorre o mesmo com nossa postura frente ao "vazio" e ao "não eu". Constatar a falta de um ego permanente, íntegro e autônomo permite que se descortinem panoramas antes desconhecidos. A perspectiva escura e opaca do eu como centro de tudo cede lugar a uma percepção mais clara e delicada dos processos mutáveis, contingentes, tanto do corpo quanto do espírito. Uma vez habituados a isso, já não notamos a ausência daquele eu, substituído por outra maneira de viver no mundo com os semelhantes, a qual, depois de algum tempo, chega a passar despercebida. Enfatizar o "vazio" como algo sagrado e especial seria o mesmo que erigir no jardim um santuário à ausência do galpão, em vez de cultivar as flores.

Apreciei muito aqueles estudos. Geshe Rabten comunicava suas ideias de maneira clara e sucinta, separando-nos em duplas para discutirmos à parte os detalhes do que ele acabara de ensinar — sem dúvida, uma excelente disciplina intelectual. Ela me fez perceber quão confusos eram às vezes meus pensamentos. Quando não submetemos nossas ideias a esse tipo de escrutínio, torna-se mais fácil e seguro alimentar opiniões que, no fim, descobrimos terem por base apenas pressupostos vagos, nunca examinados a fundo. Esse treinamento em análise filosófica era, porém, uma faca de dois gumes. Só funcionava até certo ponto. Perante uma crença budista que não se enquadrasse bem à sua crítica, podia minar facilmente a fé da pessoa. Eu jamais teria imaginado, no auge de meu entusiasmo por Dharmakirti, que meses depois acordaria no meio da noite, banhado em suor, perguntando-me em desespero se a causa primária de um estado mental era por força outro estado mental.

A crise eclodiu[4] porque, quando finalmente analisamos a prova da reencarnação, ela não me convenceu em absoluto. Ei-la:

> *sujeito:* a mente de um recém-nascido
> *predicado:* existia antes
> *razão:* porque é uma mente
> *exemplo:* como esta

A mente, para Dharmakirti, é "clara e arguta". *Clara* porque destituída de propriedades materiais: não pode ser vista, ouvida, cheirada, degustada ou tocada. Não se deve considerá-la, entretanto, simples abstração, pois tem a capacidade de conhecer coisas e iniciar ações — isto é, de produzir efeitos no mundo. Por sua natureza imaterial, não se concebe que ela seja, em princípio, fruto da matéria como o são um corpo ou um cérebro. Em consequência, a mente do recém-

-nascido deve se encadear a uma série de mentes anteriores: não pode emergir apenas de fontes físicas, destituídas de espírito.

Duvidei. Face ao atual conhecimento científico do cérebro, não me parecia difícil acreditar que esse órgão fosse capaz de produzir ideias, sentimentos e percepções. — uma hipótese inteiramente razoável para explicar a origem dos fenômenos mentais. Dharmakirti, porém, sequer mencionava o cérebro. Desconhecia-o por completo. Indagado sobre como alguém pode saber com certeza que a mente é imaterial e — dedução lógica — gerada por outra mente imaterial, Geshe Rabten replicava que, nos estados superiores de meditação, podemos conhecê-la graças à experiência própria direta. Portanto, a "prova" do renascimento depende da percepção subjetiva, em estado alterado de consciência, de uma entidade não física. Do contrário, só nos resta dar fé à palavra de pessoas mais versadas que nós na arte da meditação.

Mas, se a prova do renascimento depende, no final das contas, da fé nos relatos que outros fizeram de suas experiências subjetivas, não deveríamos do mesmo modo proclamar a existência de Deus porque os místicos alegam ter tido contato direto com Ele? (Haveria razões para os místicos mentirem?) Por que eu iria acreditar num praticante de meditação budista e não num místico cristão ou, se é para exagerar, em alguém que garante ter sido abduzido por alienígenas numa espaçonave ancorada além da Alfa Centauro? Todos eles podem muito bem ser éticos, sinceros e honestos, apaixonadamente seguros da verdade de sua experiência; mas suas afirmações em geral só convencem quem já está disposto a acreditar nelas.

Qual a importância de tudo isso? Por que me fez ficar tantas noites sem dormir? A resposta é que o edifício inteiro do pensamento budista tradicional tem por alicerce a crença no renascimento. Se ele não existisse, seria inútil despender qualquer esforço na tentativa de escapar ao ciclo de nascimento e morte para atingir o nirvana, objetivo final do budismo. Caso não houvesse renascimento, como os atos morais que não amadurecem antes da morte da pessoa iriam dar frutos? Nesse caso, concedendo-se que não fosse apanhada e punida nesta vida, essa pessoa poderia tranquilamente cometer crimes sem ter de encarar as consequências. Se não houvesse renascimento, com que finalidade juraríamos obter a iluminação em benefício de nossos semelhantes, tarefa que exige vidas incontáveis para completar-se? Se não houvesse renascimento, significaria alguma coisa dizer que o Dalai Lama é a décima quarta reencarnação numa linha de monges tibetanos, o primeiro dos quais nasceu em 1391? Caso não haja renascimento, por que gerações e gerações de mestres budistas supostamente iluminados sempre disseram que há?

Mas, para que o renascimento seja possível, algo deve sobreviver à morte do corpo e do cérebro. E, para fugir à morte física, esse "algo" tem de ser, além de não físico, capaz de armazenar as "sementes" de atos morais cometidos no passado (karma), que irão "amadurecer" em vidas futuras. Ora, como rejeitam a existência de um eu permanente, que persiste de vida para vida, os budistas postulam um processo mental transitório, não físico, para explicar aquilo que renasce. Isso leva, inevitavelmente, ao dualismo corpo-espírito. A "mente clara e arguta" de Dharmakirti, que habita um corpo material, não parece diferir muito da *res cogitans* (coisa pensante) de Descartes, que anima a *res extensa* (coisa extensa, isto é, o corpo).

Como pode essa mente imaterial se conectar com um corpo físico? Imaterial, não é possível vê-la, ouvi-la, cheirá-la, degustá-la ou *tocá-la.* E se é impossível tocá-la, de que modo irá ela própria "tocar" um cérebro ou ter alguma ligação com ele? Como a mente se conecta a um neurônio e um neurônio se conecta à mente? No filme hollywoodiano *Ghost*, há uma sequência de perseguição em que o herói (fantasma desencarnado) salta através de um trem de metrô em movimento e vai pousar na plataforma oposta. Mas, se conseguiu atravessar as paredes do vagão, por que, com o impulso, não atravessou também a parede de cimento da plataforma? Que resistência um objeto material apresenta a uma entidade imaterial? A mente não física teria tanta dificuldade em se ligar a um corpo físico quanto aquele fantasma em fazer contato com a parede de cimento.

A ideia em si do dualismo corpo-espírito me repugnava. Não podia crer que minha experiência se dividisse em duas esferas incomensuráveis, material e espiritual. Racionalmente, achava essa ideia absurda. Mas era nela que me pediam para acreditar. Parecia-me inaceitável que, para ser budista, devesse tomar por pacífico uma afirmação sobre a natureza do mundo empírico e, depois de absorver essa crença, apegar-me a ela independentemente de quaisquer evidências posteriores quanto à relação entre o cérebro e o espírito. A crença budista num agente não físico equivalia, constatava eu, à fé cristã num Deus transcendental.

Se você dividir o mundo em duas partes — uma física e a outra, espiritual —, com quase certeza passará a privilegiar a mente em detrimento da matéria. Uma vez que a mente — mesmo a transitória dos budistas — sobrevive à morte do corpo e atua como instrumento da escolha moral, ela não só é mais duradoura e "real" do que a simples matéria como se constitui em árbitro do destino da pessoa. Quanto mais você valorizar a mente e o espírito, mais propenso se sentirá a denegrir a matéria. Em pouco, a mente se alça à condição de Mente, com *M* maiúsculo, enquanto a matéria se transforma em lixo do mundo. E, quando você menos espera, essa Mente começa a desempenhar o papel de Deus, origem e fundamento das coisas, inteligência cósmica que anima todas as formas de vida.

Geshe Rabten pedia que submetêssemos os textos[5] em estudo ao escrutínio racional e à crítica, embora ressalvasse que seus autores haviam sido criaturas plenamente iluminadas. Logo percebi que não iríamos usar a lógica e o debate para descobrir se a doutrina do renascimento era verdadeira ou falsa e sim para provar, da melhor maneira possível, aquilo que os fundadores da tradição já haviam estabelecido como verdade indiscutível. Pouco importava que os argumentos não nos convencessem, pois, no final das contas, a razão devia sujeitar-se à fé. Geshe insistia para continuarmos investigando esses tópicos; mas, se não chegássemos às mesmas conclusões do pensamento tradicional, então, obviamente, não teríamos investigado o bastante. "Não aceiteis minhas palavras só por causa de vossa fé em mim", advertira o Buda — mas, na verdade, era justamente isso o que se esperava de nós. Assim, para persistir em minha vocação como monge tibetano, a crença no renascimento era obrigatória e não opcional.

Não se tratava de questões meramente acadêmicas. Elas influíam de forma direta em minha identidade social como monge, tanto quanto em minha sobrevivência material no mundo. Eu não poderia, sem ser hipócrita, apresentar-me aos outros como monge budista (Geshe me pedira para instruir turmas de leigos e jovens noviços) quando, no meu íntimo, não aceitava um dos postulados básicos do Budismo. Pressentia um abismo desconcertante entre minha personalidade exterior e minha mentalidade interior. Quando olho para as fotografias que tirei em Tharpa Choeling, meus olhos brilham e meus lábios se abrem num sorriso; mas, quando percorro meus diários, fico impressionado com o tempo que perdi imerso em ansiedade, dúvida, insegurança e inquietude.

Então, numa noite insone, cheguei à conclusão de que: mesmo não havendo vida após a morte, mesmo sendo a mente apenas uma propriedade nova do cérebro e mesmo não existindo uma lei moral do karma para governar meu destino, nada disso teria qualquer efeito em minha dedicação à prática do Dharma. Precisava reconhecer que, embora houvesse fingido cultivar essas ideias, não me interessava absolutamente por vidas futuras ou libertação do ciclo de renascimentos. Segundo o budismo tibetano, ninguém pode se considerar budista caso valorize mais esta vida que seu destino após a morte. Mas eu o fazia. Por maiores que fossem meus esforços, era incapaz de dar importância a uma existência *post mortem* hipotética em detrimento do aqui-e-agora real. Com efeito, as lições e práticas budistas que mais me impressionavam deviam esse poder justamente ao fato de robustecerem meu senso de estar plenamente vivo num mundo para com o qual tinha também responsabilidades.

Quando falei a Geshe Rabten de minha dificuldade em acreditar no renascimento, ele se mostrou chocado. A ideia de submeter semelhante doutrina à análise racional unicamente para testar sua veracidade era, na opinião de Geshe, *nyon-pa*: "maluca". Franziu o cenho e olhou-me com uma expressão perturbada, atônita. Não parecia estar entendendo qual era o meu problema. Por fim, disse: "Este é um mosteiro budista. Se você não acredita no renascimento, então" — e apontou para a janela, estendendo os braços para abarcar as aldeias e cidades que jaziam lá longe, às bordas do lago de Genebra — "seremos iguais a toda aquela gente?" No entender de Geshe, a crença no renascimento não era simples preferência do intelecto, mas parte integrante de sua identidade moral. Se você não acreditar que seus atos gerarão consequências após a morte, terá motivos para agir a não ser de maneira egoísta durante o pouco tempo de vida que passará na terra?

Por fim — embora eu nunca dissesse isso a Geshe —, resolvi o dilema adotando uma posição agnóstica frente ao renascimento. Caso fosse questionado a respeito, a única resposta honesta seria que ignorava se existe ou não vida após a morte. Essa postura agnóstica tinha a dupla vantagem de oferecer-me uma oportunidade de escapar à acusação de hipocrisia sem repelir o que a tradição encarava como um axioma da fé budista. Sidarta Gautama, o próprio Buda, talvez chamasse de "enguia coleante"[6] esse sofisma oportunista — que, no entanto, me poupava dos tormentos da dúvida, permitindo assim a continuidade, pelo menos durante algum tempo ainda, de minha formação como monge budista tibetano.

Em dezembro de 1978, consegui finalmente uma trégua nessa luta interior. Fui convidado a visitar o Manjushri Institute, um centro budista tibetano no norte da Inglaterra. O mestre residente, Geshe Kelsang Gyatso,[7] colega de Geshe Rabten em Sera, precisava de alguém que traduzisse para o tibetano as transcrições em inglês de suas palestras sobre o conceito de vazio na filosofia de Shantideva, a fim de elaborar em seguida um texto publicável. Fiquei contente em ajudar. Era o tipo de desafio intelectual que me atraía.

Voei de Genebra para Londres e em seguida, de trem, fui para Church Stretton, uma aldeia do Shropshire, nos Pântanos Galeses, onde minha mãe então morava depois de ter-se aposentado como terapeuta ocupacional, naquele ano, a fim de saciar sua paixão por caminhadas nas montanhas. Ela me esperava na plataforma. Um vento frio me envolveu quando desci do trem, levantando e agitando minhas vestes vermelhas. Embora trocássemos cartas e telefonemas, aquela era a primeira vez que ela punha os olhos em mim desde minha partida para a Índia, seis anos antes. Acolheu-me com uma efusão de amor materno que logo baniu todas as minhas ansiedades quanto ao que pudesse pensar a meu respeito depois de tão longa e tensa separação. Tranquilizava-a saber que eu agora vivia na limpa e ordeira Suíça, e não na Índia, embora mal compreendesse os motivos que levavam o filho a agir daquela maneira. Sua grande preocupação era ainda a maneira como eu sobreviveria quando ficasse mais velho, caso persistisse naquela vocação marginal e bizarra de monge budista na Europa. Lembro-me de ouvi-la dizer: "Querido, você não pode ficar no nirvana para sempre."

Acompanhando-a pela cidadezinha-mercado inglesa (mamãe, a todo instante, cumprimentava vizinhos e conhecidos que passeavam com seus cães), consegui ver-me pelos olhos dela. Apesar de todo aquele verniz de civilidade afável e polida que os ingleses ostentam com tanta habilidade, eram visíveis as agonias do constrangimento que ela era obrigada a engolir por minha causa. Na Suíça, eu sempre podia me refugiar no privilégio da distância concedida aos forasteiros; aqui, entre minha própria gente, ficava exposto e sem lugar para me esconder. Ao mesmo tempo, senti um prazer perverso ao notar que minha figura abalava a complacência e os preconceitos da classe média inglesa. Meu monasticismo budista deitava raízes na rebelião juvenil contra o terror de não me enquadrar nos moldes da geração de minha mãe. De um modo ou de outro, porém, esse senso exacerbado de alienação social apenas agravou ainda mais minha crise de fé, que, obviamente, eu nunca mencionara a mamãe.

O Manjushri Institute situava-se perto da cidade cumbriana de Ulverston, numa imensa e arruinada construção suntuosa chamada Conishead Priory, em estilo vitoriano. Deserta há anos, fora comprada em 1975 por discípulos ingleses do Lama Yeshe, que agora se esforçavam dia e noite para eliminar do edifício a praga dos cupins. Embora houvesse passado menos de uma semana com mamãe, sentia-me feliz por voltar à reconfortante familiaridade de outro gueto budista. Uma vez instalado em meu quartinho frio e úmido, passava a maior parte do dia a sós com Geshe Kelsang Gyatso, examinando demoradamente os transcritos para corrigi-los e revisá-los onde fosse necessário. Era trabalho penoso, mas gratificante. "Geshe Kelsang", anotei em meu diário logo após chegar, "é sem dúvida um lama excepcional. Esbanja jovialidade e otimismo por baixo de sua humilde carinha de rato." Era também um intelectual criterioso, que interpretava o texto de Shantideva com argúcia e precisão. Ao fim da primeira semana, escrevi: "Sinto-me fortemente ligado a este homem muitíssimo amável."

Um estudante rico havia deixado ali um Alfa Romeo branco para uso exclusivo de Geshe Kelsang (que não sabia dirigir). Nos fins de semana, eu o levava a passeio pelo Lake District, margeando o Windermere até Ambleside, onde parávamos para um chá com torradas. Ou então descíamos para a cidadezinha dos estaleiros, Barrow-in-Furness, junto à costa — e ali nós dois, com nossos mantos vermelhos, percorríamos ruas sombrias por entre homens de bonés e capas de chuva, que sequer pareciam notar nossa presença.

As semanas em Cúmbria deram-me a oportunidade de reexaminar minha vocação como monge e meu compromisso com a tradição budista tibetana. As anotações de meu diário me mostram hesitando desesperadamente entre desejos conflitantes, incapaz de definir com precisão o que realmente buscava. Às vezes, ocorria-me que talvez fosse boa ideia tornar-me um monge cristão. Outras, receava que o monasticismo despertasse em mim atração sexual por homens. Não raro, à noite, ficava até altas horas conversando com os outros residentes, que me fizeram desejar viver de novo na Inglaterra. Em certas ocasiões, evitava a todos e permanecia em meu quarto lendo *Com a Morte na Alma*, de Jean-Paul Sartre, *A Peste*, de Albert Camus, e *Existencialismo*, de John Macquarrie. Mas então me pediam para dar palestras à comunidade sobre lógica e epistemologia budista, o que reanimava todos os meus anseios por reconhecimento e prestígio.

Voltei a Church Stretton a fim de passar o Natal com minha mãe e meu irmão David, que estudava belas-artes na Trent Polytechnic, Nottingham. A "arte" de David nada tinha a ver com pintura e desenho, considerados por ele atividades burguesas. Tanto quanto seus colegas, parecia gastar a maior parte do tempo compondo panfletos políticos subversivos, que incitavam à revolução. Ouviu, mal conseguindo disfarçar o desdém, minhas tentativas desajeitadas de expor a visão budista de uma vida animada pela piedade universal e a sabedoria do vazio. Nossas posturas frente ao mundo eram tão diferentes que logo mergulhamos num silêncio obstinado e embaraçoso. Num exame retrospectivo, talvez tivéssemos mais coisas em comum do que supúnhamos: ambos nos dedicávamos de corpo e alma a ideais superiores, mas sem saber como concretizá-las. Mamãe tentou ressuscitar o espírito do Natal decorando a casa com ramos de pinheiro e fitas coloridas. Naquela noite, sentamo-nos diante do televisor para assistir ao *Eric and Ernie's Xmas Show*, uma patuscada natalina com seus comediantes favoritos que apresentou Harold Wilson, o ex-primeiro-ministro fumante inveterado de cachimbo, como alvo das pilhérias de Eric e Ernie. Ao fim dessa permanência na Inglaterra, meu conflito interior continuava tão insolúvel quanto no dia da chegada. Talvez houvesse até piorado.

Capítulo 5

O ESTAR-NO-MUNDO

Doutrinavam-me. Apesar do verniz da investigação livre e crítica, Geshe Rabten não esperava seriamente que seus discípulos adotassem uma visão do budismo diversa, nos aspectos fundamentais, da ortodoxia Geluk. Reconheci que, para continuar estudando sob sua orientação, teria de aderir sem hesitações ao "partido". Aquilo me parecia uma camisa de força. Não aceitava que uma visão do budismo formulada por Tsongkhapa no Tibete do século XIV fosse a interpretação definitiva do Dharma, válida em todos os lugares e em todos os tempos. Além disso, chegar a conclusões que contrariavam a ortodoxia era, para Geshe, não apenas anátema, mas também *imoralidade*. Não crer que haja renascimento e lei de causação na esfera da ética significava um ato de perversidade mental que só poderia levar ao conflito e à angústia, tanto nesta vida quanto no mundo vindouro. E não era sequer necessário cometer tais atos ou propalá-los em voz alta: bastava que eu alimentasse uma opinião incorreta nos recessos de minha própria mente. Com efeito, a "visão errônea" constitui um crime hediondo, equiparado nos textos clássicos ao assassinato, roubo e estupro. Diz-se até que é a pior das más ações, pois abre caminho para todos os outros delitos.

No dia 9 de junho de 1978 — eu tinha então 25 anos —, lancei em meu diário: "Nova crise, já que a fraqueza e a desordem desta comunidade manifestam-se por si mesmas [*sic*]. Devo encarar o fato de que minha confiança nos Geshes vai desaparecendo rapidamente — percebo, com muita clareza, inúmeras contradições. Vim para cá a fim de empreender uma busca espiritual genuína; mas, honestamente, não é bem isso que se estimula por aqui. A falta de alternativa e o envolvimento constante com os outros me aborrecem. Preciso caminhar com meus próprios pés." E não era só eu que tinha dúvidas quanto à validade da tentativa de transplantar um ramo do mosteiro Sera Je para o cantão suíço de Vaud. O desgaste produzido pelo estudo de epistemologia e lógica em língua tibetana, pela recitação infindável de fórmulas rituais tântricas e pela necessidade de memorizar textos num centro budista que, além do mais, ia crescendo a olhos vistos mostrou-se insuportável para muitos de nós. A 12 de setembro, escrevi: "Terei de tomar agora uma decisão que afetará toda a minha vida futura. Reivindicarei uma posição de independência relativa, tentando agir como 'sintetizador' e privilegiando cada vez mais o retiro, ou ajudarei a transformar este lugar no melhor centro da Europa — potencial que decerto não lhe falta. Intuitivamente, dou preferência à primeira opção, mas o atrativo da segurança me arrasta para a segunda."

Em 1979, o impasse. Quando voltei de Cúmbria no início do ano, Geshe Rabten pediu que eu o ajudasse a organizar a visita do Dalai Lama à região francófona da Suíça, prevista para julho. Tharpa Choeling seria a primeira parada na histórica primeira viagem de Sua Santidade à Europa. Minhas únicas qualificações para uma tarefa administrativa tão complexa eram o domínio de alguns idiomas (inglês, francês e tibetano) e a capacidade de dirigir um carro. Haveria trabalho a valer e meus estudos budistas teriam de ser suspensos. De certa forma, aquilo era um alívio. Por alguns meses, eu seria poupado da dura tarefa cotidiana de destrinçar as minúcias da metafísica budista. Mas vislumbrava também a oportunidade, como outros discípulos, de discutir com o Dalai Lama os problemas colocados pela maneira tradicional e (para muitos) inflexível com que estávamos sendo instruídos.

Até certo ponto, eu assumira as rédeas. Poucos meses depois de minha chegada à Suíça, comecei a fazer terapia junguiana com Dora Kalff,[1] uma psicoterapeuta de Zollikon, perto de Zurique. *Frau* Kalff estudara com Emma Jung — esposa de Carl Jung — e desenvolvera seu próprio método de análise, a que dera o nome de "jogo de areia". Consistia na elaboração descontraída de cenas imaginárias numa caixa de areia, a seguir examinadas mais ou menos da mesma maneira como se interpretam os sonhos. A despeito da reserva de Carl Jung quanto a ocidentais praticarem religiões do Oriente, Dora Kalff era budista. Conhecera o mestre zen japonês D. T. Suzuki por ocasião das conferências de Eranos, em Ascona, inspiradas nas ideias de Jung. Visitou-o depois no Japão, durante a década de 1960, e ele lhe recomendou que fosse visitar o Dalai Lama na Índia. O Dalai Lama, por sua vez, sugeriu que Dora estudasse com Geshe Rabten, o que fez dela a primeira ocidental a receber instrução desse mestre em sua cabana em Dharamsala.

Dora Kalff, acreditando que a psicologia junguiana poderia servir de ponte entre a cultura do Ocidente e o budismo, ansiava por apresentar sua terapia do jogo de areia aos lamas tibetanos e seus discípulos ocidentais. Meu próprio interesse em psicoterapia, contudo, tinha mais a ver com a necessidade de encontrar meios para dirimir alguns de meus conflitos íntimos.

Intrigava-me, principalmente, o fato de todo aquele aprendizado monástico não ter tido nenhuma eficácia no controle de minha sexualidade. Quando levantei essa questão, Geshe Rabten me aconselhou a refletir sobre a precariedade do corpo humano visualizando-o como um amontoado de sangue, órgãos, pus, excrementos e vísceras. Essa meditação budista tradicional deveria produzir em mim um sentimento de repulsa capaz de sufocar quaisquer desejos sexuais. Mas me pareceu não só cruelmente limitadora como, na prática, inócua por mais que alguns períodos curtíssimos de tempo. Uma bonita pintura é composta de minúsculas pinceladas de tinta, mas avaliá-la apenas por esses elementos não afeta de modo algum sua beleza geral. Do mesmo modo, por mais que eu praticasse essa meditação, ela não conseguia impedir-me de cair de amores pelas mulheres formosas que assistiam às aulas em Tharpa Choeling.

Dora Kalff ponderou que, talvez, a raiz desse dilema não estivesse no erotismo insatisfeito, mas na incapacidade de integrar meu lado feminino à vida psíquica. Eu então transferia, romanticamente, meu senso de incompletude aos membros de carne e osso do belo sexo, na crença fútil de que a união com as mulheres pudesse me transformar num ser completo. Para *Frau* Kalff, essa "doença" era sintomática da cultura em tudo e por tudo racional, abstrata e tecnológica do Ocidente, baseada na repressão coletiva do feminino — isto é, da dimensão intuitiva, emocional, solidária e criativa da existência humana. Ela acreditava, ao contrário, que as práticas tântricas do budismo tibetano, nas quais os monges se visualizam como divindades femininas dançantes, as sensuais *dakinis*, corrigissem esse desequilíbrio, produzindo uma pessoa mais plena e realizada. A seu ver, os lamas tibetanos psicologicamente integrados que conhecera ao longo dos anos constituíam sólida confirmação de sua teoria. No meu caso, embora diariamente me visualizasse como Vajrayogini — uma *dakini* de 16 anos, menstruada e de tez rósea —, a prática não parecia funcionar. *Frau* Kalff sugeriu que talvez a psicoterapia ajudasse a curar a disfunção de minha psique ocidental, facilitando-me a prática das meditações tântricas.

Pelo resto de minha estada na Suíça, visitei *Frau* Kalff em Zollikon para fazer a terapia do jogo de areia na medida em que meus estudos e outros deveres o permitiam. Gostava da espontaneidade infantil de criar cenas na caixa com os montes de brinquedos e demais objetos que atulhavam as prateleiras de seu consultório, cenas que depois nos sentávamos para analisar. Ela não interferia e deixava que eu mesmo interpretasse o simbolismo das cenas, em vez de impor uma explicação junguiana formal. Mais que qualquer outra coisa, passei a valorizar aquele "espaço livre e aconchegante" onde agora explorava problemas em minha vida que acharia difícil, se não impossível, discutir com Geshe Rabten. Apreciei muito sua condescendência maternal e sua simpatia inteligente por minha situação.

Se essas sessões de terapia conseguiram integrar a dimensão feminina reprimida de minha psique, honestamente não sei dizer. Depois de quatro anos de jogo de areia, eu continuava incapaz de resistir às mulheres — e imaginar-me uma *dakini* todas as manhãs parecia não fazer nenhuma diferença. No fim, a ideia mais importante que absorvi da psicologia junguiana foi o conceito de "individuação". Para Jung, uma vez suprimidas as neuroses do inconsciente da pessoa, a tarefa psicoterapêutica consiste em diferenciar seu senso do "eu" de sua sujeição ao que ele chama de "arquétipos" do inconsciente coletivo da humanidade. Em vez de aferrar-se à ideia de ser "mãe", "sábio", "criança" ou, no meu caso, "monge", o paciente procura transformar-se num indivíduo único e complexo, pois tem capacidade para tanto. Superficialmente, isso talvez pareça entrar em conflito com a ideia budista do "vazio do eu". Descobri, porém, que o conceito de individuação na verdade enriquece e trabalha melhor a importante noção Geluk de um eu fluido, ético e contingente. Como Geshe Rabten tantas vezes nos explicou, afirmar que o eu é "vazio" não significa negar sua existência. Sou vazio apenas na medida em que não há nada de fixo ou intrinsecamente real no âmago de minha identidade como pessoa. Assim, o reconhecimento do vazio torna possível que mudemos. E, ao que parece, é justamente isso o que a teoria junguiana da individuação descreve, embora em linguagem afirmativa e não negativa.

Pela mesma época em que iniciei as sessões de terapia, pus-me também a estudar filosofia e teologia ocidentais. Um misto de frustração e curiosidade levou-me a procurar pensadores de minha própria cultura que tratavam das questões mais urgentes para mim — exemplificadas por aquela vívida experiência de perplexidade radical que tive na floresta de Dharamsala, pouco antes de deixar a Índia —, mas aparentemente pouco importantes aos olhos de meus mestres budistas. *Por que existe alguma coisa em vez de não existir nada?* Um arrepio nos percorre a espinha quando fazemos essa pergunta, a qual, conforme descobri, remonta a Platão e tem ressurgido no pensamento ocidental desde que ele a propôs. Para mim, ela era mais intrigante do que qualquer das respostas religiosas tradicionais, como "Deus" nas crenças monoteístas ou as "ações" (karma) dos seres animados no budismo. Fui atraído de início pelo existencialismo, que me encaminhou para os escritos fenomenológicos do filósofo alemão Martin Heidegger, em particular *Ser e Tempo*.

As ideias de Heidegger, escrevi a 27 de abril de 1979, "são excitantes como uma viagem a regiões inexploradas; às vezes, os passos a dar geram medo e sensação de perigo, mas não raro suas palavras lembram a entrada de um vale". Heidegger abandonou de todo o pressuposto dualista da separação entre espírito e matéria. Em *Ser e Tempo*, sustenta que a experiência humana primária é a do "estar-no-mundo". A partir dela são, posteriormente, impostas distinções como "sujeito" e "objeto", "espírito" e "matéria". Pelo fato de nos termos familiarizado tanto com semelhantes distinções, supomos que elas integrem a própria estrutura do ser. Mas, para Heidegger, nossa condição não implica nenhuma divisão, desta ou de qualquer outra natureza.

Isso condizia com minha experiência pessoal na prática do aguçamento da percepção. Observara que, ouvindo o canto de um pássaro, não me era possível distinguir o arrulho do pombo silvestre, de um lado, e a audição desse arrulho, por outro. Conceitualmente, os dois eram sem dúvida coisas diversas; mas, na experiência imediata, não conseguia ter uma sem a outra, traçar uma linha entre elas, dizer onde o canto se interrompia e a audição começava. Só havia um "eu-ouvindo-o-canto", único, primário e indistinto. O mesmo se poderá dizer de "eu-sentado-de-pernas-cruzadas-numa-almofada": impossível dizer onde o traseiro acaba e onde a almofada começa. Os dois se confundem de forma misteriosa. (Fique sentado por alguns instantes, feche os olhos e descubra por si mesmo.) Essas experiências tornavam ainda mais difícil para mim aceitar que espírito e matéria fossem coisas separadas. Não via sentido na ideia de um espírito existindo independentemente da matéria como uma espécie de "conhecedor" informe e fantasmagórico.

Estar-no-mundo significa pertencer à trama inextricável dessa realidade fluida, indivisível e contingente da qual todos fazemos parte. Não é possível que uma alma ou espírito desencarnado, embora sutil, flutue livremente para longe dessa condição e, adotando um ponto de vista arquimediano hipotético, contemple-a de fora. Sem o espírito ou alma, dificilmente se conceberia algo capaz de ir para outra vida após o fim desta. Meus atos, como as palavras dos filósofos mortos, talvez continuem reverberando e dando frutos depois que eu morrer — mas eu não estarei aqui para ver isso.

Segundo Heidegger, o estar-no-mundo é permeado por uma "tendência" à ansiedade que nos induz a "fugir" e a apegar-nos a certas coisas deste mundo, na tentativa desesperada de encontrar estabilidade e segurança. No entender de Heidegger, o "estar-no-mundo" é uma condição precária: ele descreve, em detalhe, como a vida humana é um perpétuo "avançar-para-a-morte". A morte não é um acontecimento entre outros, algo que sobrevirá algum dia como tudo o mais, e sim uma possibilidade onipresente dentro de nós. Essas ideias confirmavam as lições do budismo, porém numa linguagem que para mim soava mais vívida. Heidegger, embora enfatizasse a estranheza de simplesmente estarmos aqui, nunca apelou para as conhecidas, mas enganosas dicotomias de realidade e aparência, sujeito e objeto, espírito e matéria. A linguagem de Heidegger é muitas vezes obscura e pesada, o que, no entanto, parece condizente com a natureza radical de sua filosofia. Acreditava que o projeto do pensamento ocidental, iniciado por Platão, chegara ao fim. Por isso, era necessário recomeçar tudo e assumir uma nova maneira de pensar a que chamou de *besinnliches Denken*: reflexão contemplativa.

As obras de Heidegger e outros pensadores ocidentais logo atraíram mais meu interesse que os textos budistas sugeridos para estudo no mosteiro. Geshe Rabten não condenava essas obras, mas era difícil discuti-las com ele em profundidade. À medida que ia adquirindo maior fluência em tibetano, tornava-me cada vez mais consciente das limitações dessa língua: era boa para o estudo do budismo indiano clássico (objetivo para o qual a forma escrita fora inventada), mas sua precariedade de vocabulário, contexto e alcance impedia que se conversasse sobre a alienação existencial ou o significado de Kafka e Beckett.

Os preparativos para a visita do Dalai Lama estavam consumindo praticamente todas as minhas horas de vigília. Mas, ainda assim, consegui achar tempo para ir a Friburgo com meu amigo Charles Genoud — um aluno leigo de Tharpa Choeling — a fim de ouvir a palestra de Emmanuel Levinas sobre Edmund Husserl, mestre de Heidegger e fundador da fenomenologia. O próprio Levinas havia estudado com Heidegger nos anos 1920 e era agora um dos principais representantes da filosofia "continental" (por oposição ao pensamento analítico anglo-americano). Eu ansiava por conhecer um membro dessa escola, um "mantenedor de linhagem" (como diriam os tibetanos) em carne e osso. Queria saber como uma pessoa versada nesse tipo de pensamento incorporava-o a seu cotidiano.

"Pela primeira vez em muito tempo", escrevi a 8 de maio, "sentei--me num banco de escola" e achei a atmosfera da classe "vigorosamente intelectual." Emmanuel Levinas, trajando terno preto e gravata, era um homenzinho de ar severo, que falava em tom enfático e seguro. Explicou que Husserl desenvolvera um modo de recuperar o senso do "mundo da vida" (*Lebenswelt*) eliminando sistematicamente conceitos e opiniões até chegar à concretude da própria existência. A crise atual da humanidade, segundo Husserl, deve-se a que tomamos o mundo vivo como realidade inconteste e, inadvertidamente, erigimos sobre ele os edifícios conceituais da lógica, da matemática e da ciência. Com o avanço da ciência e da tecnologia, os seres humanos perderam contato com os fundamentos do mundo da vida e dedicaram-se unicamente às realizações técnicas. Como disse Heidegger em seus escritos posteriores, isso criou uma situação em que a tecnologia não é mais uma ferramenta nas mãos das pessoas, mas um poder irrefreável que vai arrastando a humanidade para o abismo de sua própria ruína. "Só um deus", proclamou Heidegger numa famosa entrevista publicada pela *Der Spiegel* depois de sua morte, em 1976, "pode agora nos salvar."

O "mundo da vida" me interessou tanto quanto o "estar-no-mundo" de Heidegger, mas não logrei perceber como, na prática, Husserl e seus seguidores levaram a cabo a "eliminação" de conceitos que ensejava o reaparecimento do mundo da vida. Lévinas não esclareceu a questão. Quando pressionado, ficava confuso. Essa aparente falta de método não parecia ser problema para ele. Era-lhe absolutamente estranha a ideia de que a pessoa talvez precisasse cultivar uma rigorosa disciplina meditativa para promover a tal "eliminação".

Depois da palestra, juntei-me a um grupo de estudantes que ia cear com Lévinas. O homem parecia farto de budismo — e ficar diante de um sujeito de cabeça raspada, óculos de aros grossos e longa túnica vermelha provavelmente não contribuiu muito para aliviar-lhe o enfado. Sem dúvida já tirara suas conclusões sobre os credos orientais em geral e não revelava interesse algum em explorar essa matéria a fundo. Considerei sua atitude fútil e arrogante. A seu modo, ele era também uma pessoa fechada. Quase nunca ria. Passou a maior parte da noite discursando para o grupinho de colegiais embasbacados reunidos à sua volta, que não perdiam uma palavra sequer do mestre. Como boa parte da discussão (em francês) girou em torno de problemas técnicos da fenomenologia, não me foi fácil acompanhá-la. Mas então, a certa altura, depois de elogiar um ponto da filosofia de Heidegger, Levinas subitamente se pôs de pé e declarou: "*Mais je détestais Heidegger. C'était un nazi!*" ("Mas eu detestava Heidegger. Era um nazista!"). Levinas, como Husserl, tinha sangue judeu.

Quando finalmente Levinas se dignou abordar o tema do budismo, percebemos que sua principal reserva era quanto ao fato de este negar o caráter definitivo da morte, a seu ver axiomática para um pensador ocidental. Tenho refletido muito sobre essa observação. Não sei bem o que ele quis dizer, mas de qualquer modo lançou ainda mais luz sobre minha incapacidade de aceitar a doutrina do renascimento. Fez-me concluir que a crença em outra vida significava a negação da morte. Ora, eliminando o caráter definitivo da morte, privamo-la de seu maior poder, que é o de afetar nossa vida aqui e agora.

O encontro com o professor Levinas me deixou decepcionado. Evaporaram-se de vez quaisquer projetos que eu porventura ainda alimentasse de voltar à universidade e obter um diploma. Passei em revista tudo quanto rejeitara nas escolas da Inglaterra: a ênfase exagerada no acúmulo de informações, a abordagem puramente cerebral do aprendizado, o descaso para com a experiência concreta. E isso era tanto mais irônico quanto o objeto da palestra fora justamente o mundo da vida, em oposição aos conceitos alienantes que lhe impingimos. Em suma, independentemente de quanto as ideias do senhor Levinas me atraíssem, compreendi que mantinha laços bem mais sólidos com a sensibilidade budista.

Aproximava-se rapidamente o momento da visita do Dalai Lama. Voltei às tarefas complicadas de alugar uma grande tenda, organizar o serviço de ônibus a partir de Vevey, inspecionar banheiros e restaurantes, fazer a lista dos convidados para a recepção privada, manter contato com o prefeito e a polícia, e rechaçar os pedidos das pessoas que insistiam num encontro pessoal com Sua Santidade. Dois dias antes da chegada prevista do Dalai Lama, Geshe Rabten chamou-nos a todos para seu quarto. Exigiu que as perguntas a serem feitas a Sua Santidade fossem antes submetidas à sua aprovação. Não queria que nenhum de nós passasse por cima dele e apelasse a uma autoridade superior a fim de solucionar questões pessoais. Desejava também que seu mosteiro e programa de instrução fossem apresentados ao líder espiritual e temporal do Tibete à luz mais favorável possível. Em retrospecto, foi sem dúvida pueril de minha parte imaginar que o Dalai Lama quisesse ou pudesse se ocupar de nossos problemas.

A visita foi um enorme sucesso. Por três dias, centenas de pessoas ouviram as palestras do Dalai Lama sobre *The Eight Verses of Training the Mind*[2] numa esplêndida tenda armada perto do mosteiro. Findos os trabalhos, fui convidado a juntar-me ao pequeno grupo que acompanharia Sua Santidade num giro turístico por Zermatt. Depois de um magnífico almoço com carne de vitela ao molho de creme, tomamos o trem montanha acima até Gornergrat e sentamo-nos num terraço de onde se avistava o perfil ligeiramente turvo das geleiras, para tomar café. O Dalai Lama era o que mais se divertia vendo as marmotas entrando e saindo de suas tocas no chão.

"Pela primeira vez", escrevi no meu diário aquela noite, "pude ter um vislumbre dele como pessoa, desligado da instituição a que está preso. É de uma lucidez singela, mas incrível. Não parece haver entraves em sua mente. Exibe uma humildade cativante, carismática. Era curioso vê-lo andando pela rua no meio das pessoas, longe de quaisquer demonstrações de subserviência ou pompa." No entanto, por mais que o admirasse, o Dalai Lama continuava sendo para mim um ícone e não uma pessoa com quem eu pudesse compartilhar preocupações íntimas. Ao contrário de alguns colegas, não pedi formalmente para ser seu discípulo, em parte devido à minha timidez e baixa autoestima, mas, em parte, também por perceber realisticamente que, em razão de seus outros compromissos, semelhante relacionamento só poderia ser simbólico.

Dois dias depois (18 de julho), meu diário registra: "Firme decisão de ir embora ao final do ano. Primeiro para a Índia, a fim de estudar a Dzogchen, e mais tarde para o Japão." A Dzogchen (Grande Perfeição), prática de aprimoramento da consciência semelhante em muitos pontos à Vipassana, é ensinada na escola Nyingma do budismo tibetano. Minha vontade de ir ao Japão era motivada também pelo interesse em aprender os tipos menos elaborados e mais diretos da meditação zen-budista. Em ambos os casos, era atraído por práticas do budismo que não exigiam visualizações de divindades exóticas, mandalas e repetições infindáveis de mantras. Já não via grande sentido no dever cotidiano de entoar *pujas* devocionais ou recitar *sadhanas* tântricas de Yamantaka e Vajrayogini. Continuei a fazê-lo antes por lealdade que por convicção. Nada daquilo tinha efeito discernível na qualidade de minha experiência vivida.

No dia seguinte, 19 de julho, peguei carona numa motocicleta e percorri a sinuosa estrada para Saanen, cidadezinha nas montanhas acima do lago de Genebra, a fim de ouvir o antiguru indiano, Jiddu Krishnamurti, falar a um público ainda maior em outra tenda. Quando criança, Krishnamurti fora declarado o novo "Mestre do Mundo" pela Sociedade Teosófica de Madame Blavatsky e devidamente instruído para essa missão. Em 1929, aos 34 anos, rompeu formalmente com a Sociedade declarando que "A verdade é uma terra sem caminhos"[3] e não pode, em razão de sua própria natureza, ser erigida num sistema ou controlada por uma igreja. Desde então passou a percorrer incansavelmente o mundo, pregando sua mensagem com o intuito exclusivo de "libertar o homem. Quero livrá-lo de todas as cadeias, de todos os medos, e não fundar religiões ou seitas, nem disseminar novas teorias ou ideias filosóficas".

Krishnamurti era então um ancião frágil de 84 anos, impecavelmente vestido. Sentado numa cadeira simples de madeira, discursou com paixão e sem descanso por duas horas. Eu nunca estivera em presença de alguém com tamanha habilidade para manter o público em transe durante tanto tempo. Escrevi no meu diário: "[Ele disse:] 'As pessoas vestem mantos para levar uma vida singela, mas o estardalhaço de sua simplicidade impede que sejam simples.' Sua palestra foi instigante do princípio ao fim e fez-me questionar muitas coisas." Simpatizei com a visão profética de Krishnamurti do fim de todos os credos e instituições religiosas; mas, ao mesmo tempo, algo em sua abordagem parecia contradizer o ponto central de seu ensinamento. "Isso não é uma afirmativa dogmática", disse ele a certa altura, "mas um *fato*." Quando, na plateia, um homem citou algo que um guru lhe ensinara, Krishnamurti ergueu uma mão trêmula e fulminou-o com estas palavras: "Senhor, jamais se curve à autoridade de ninguém." A menos, é claro, que essa autoridade fosse Krishnamurti.

A 8 de agosto, recebi o primeiro exemplar da minha tradução de Shantideva, *A Guide to the Bodhisattva's Way of Life*, publicada pela Biblioteca de Obras e Arquivos Tibetanos, Dharamsala. Foi bem gratificante ter em mãos o fruto de cinco anos de trabalho e ver meu nome impresso pela primeira vez. A despeito de toda a ênfase budista na importância de cultivar as virtudes do espírito, como fonte única da felicidade, aquele reconhecimento mundano de meu valor — na forma de um livro de bolso indiano fragilmente encadernado — aumentou minha autoestima e senso de realização, coisa que a prática de meditação, por si só, jamais conseguira fazer.

Aí pelo fim do verão, compreendi que estava numa terra de ninguém, com Geshe Rabten e o Dalai Lama de um lado, Heidegger e Levinas de outro. "Tenho os pés nos dois setores do campo de batalha", escrevi, "e às vezes isso é extremamente incômodo." Mas, apesar de minha resolução, não deixei o mosteiro ao final do ano (nem cheguei a estudar a Dzogchen em profundidade ou a permanecer muito tempo no Japão). Falara a Geshe Rabten de meu interesse em voltar à Ásia para prosseguir no estudo e prática do budismo. "Nem é preciso dizer", anotei a 20 de agosto, "ele não deu pulos de alegria a essa ideia, mas também não a descartou — é tudo uma questão de tempo.

Senti-me mais confiante — afinal, a razão estava do meu lado — e não cedi." Isso talvez fosse racionalização de desejo. Geshe Rabten não via com bons olhos a Dzogchen e o Zen, os quais, da perspectiva Geluk ortodoxa, pouco mais eram que heresias.

Acabei ficando na Europa por mais um ano e meio, trabalhando como tradutor para Geshe Thubten Ngawang,[4] um discípulo de Geshe Rabten chegado há pouco da Índia a fim de ensinar no novo centro educacional de seu mestre em Hamburgo.

No dia 25 de agosto, compareci ao Tibetisches Zentrum, localizado no bairro nobre de Blankenese, às margens do Elba. Era uma solução provisória para o meu dilema. Precisava traduzir apenas duas noites por semana; Geshe Thubten me instruiria todas as tardes no pensamento Madhyamaka; e o resto do tempo seria para meus próprios estudos e meditação. Assim, embora continuasse a servir Geshe Rabten, ficaria convenientemente distanciado do mosteiro suíço. Geshe Rabten, é provável, esperava que o peso do isolamento numa remota cidade alemã, sob o olhar atento de seu discípulo, esfriasse meu ardor rebelde.

Eu, não. Dispunha agora de muitas horas livres para ler como nunca, refletir criticamente sobre aquilo que estava fazendo e organizar enfim minhas próprias ideias. A 22 de outubro, registrei no diário: "Antes de ir para a cama, ontem à noite, o absurdo que é recitar da boca para fora todas essas preces e mantras me esmagou com toda a sua força. Parei imediatamente. Hoje, não recitei nada e não senti nenhuma culpa. Em espírito, há muito já interrompera essa prática; o derradeiro vestígio de vocalização mecânica desapareceu. Também não creio que o fogo do inferno esteja à minha espera. Acho impossível justificar a insistência numa rotina que não ajuda a produzir vida em abundância. Religião é vida em si, não repetição automática de dogmas motivada pelo medo e pela ameaça." Assim, renunciei a todos os compromissos solenes que assumira por força de minhas iniciações tântricas durante os últimos sete anos. Nunca mais me visualizaria como o Yamantaka de cabeça de touro ou a Vajrayogini sedenta de sangue em suas mansões celestes, banhadas de luz. E foi desse modo que rompi com a autoridade da tradição budista tibetana, passando a agir unicamente segundo minhas próprias convicções.

Comecei a escrever no dia 12 de dezembro — e não parei desde então. As notas para um curso que fora convidado a ministrar na Holanda em janeiro do ano seguinte tomaram forma no ensaio intitulado "The Existential Foundations of Buddhism" ["As Bases Existenciais do Budismo"], minha primeira tentativa de articular a compreensão que tinha da doutrina budista na linguagem do moderno pensamento ocidental. Escrevi: "Quando uma religião plasmada em formas cultural e historicamente estranhas procura deitar raízes em outra cultura ou época, faz-se necessário que seus conceitos e símbolos passem por uma reformulação radical a fim de adequar-se ao 'espírito dos tempos' vigente." Procurei, no ensaio, descobrir a base comum sobre a qual repousam tanto o budismo quanto o existencialismo. "O que", perguntava eu, "bem no fundo de nosso ser, nos impele para a religião? O fato de a vida se apresentar como problema insolúvel, de oprimir o ser humano como um mistério, um enigma. Essa experiência repercute dentro de nós, produzindo os sons 'por quê?' e 'o quê?'. As doutrinas religiosas do mundo são formulações sistemáticas de respostas a essas perguntas."

Inspirei-me no exemplo de inúmeros teólogos modernos que também tentaram interpretar sua fé à luz do pensamento fenomenológico e existencialista. Em especial, fui influenciado pela obra de Martin Buber, Gabriel Marcel, Paul Tillich e John Macquarrie. Senti-me atraído igualmente pela ideia de Rudolf Bultmann de "demitologizar" a tradição cristã, purgando-a de elementos míticos e sobrenaturais para, assim, captar melhor o significado das lições originais no contexto da época de Jesus. Lendo esses autores, concluí que um método similar poderia ser aplicado proveitosamente ao budismo. Em vez de manter intacto o que durante séculos se ensinou nos mosteiros da Ásia, mais valeria rearticular os principais conceitos budistas numa linguagem contemporânea que respondesse diretamente às preocupações dos homens e mulheres da Europa e América modernas.

"The Existential Foundations of Buddhism" forneceu a base para um estudo mais amplo desse tópico, *Alone with Others: An Existential Approach to Buddhism*, que completei em Hamburgo em agosto de 1980. Apreciei imensamente a experiência de escrever, que, iluminando e estimulando meus pensamentos, proporcionava-me ao mesmo tempo uma sensação nova de progresso pessoal. Já não me sentia tão isolado e solitário. Via-me, talvez de maneira um tanto arrogante, como participante de um experimento revolucionário para redefinir o pensamento religioso tradicional em termos que transcendessem as identidades sectárias. Esse experimento não era cristão, judaico ou budista, significando antes uma tentativa de humanizar e secularizar a religião, libertá-la das cadeias da metafísica e das crenças sobrenaturais, dar-lhe uma voz clara, apaixonada e responsável. Na época em que concluí *Alone with Others*, achava inconcebível voltar aos meus estudos de budismo tibetano ortodoxo na Suíça.

Em meados de 1980 (as anotações no diário, durante esse período, são esporádicas), comuniquei a Geshe Rabten meus planos de deixar Hamburgo no final do ano e ir para um mosteiro da Coreia do Sul a fim de aprender o zen. Ele me lançou um olhar severo e disse: "*Dé Hoshang gi tawa, ma réwa?*" ("É o que pensa Hoshang, não?"). Por qual motivo, deve ter-se perguntado, eu interromperia meu aprendizado com ele para praticar numa escola banida do Tibete desde que o pandita indiano Kamalashila derrotara inapelavelmente, em debate, o mestre zen chinês Hoshang Mahayana? O debate ocorrera no mosteiro Samye, ao sul de Lhasa, em fins do século VIII, mas para Geshe poderia ter ocorrido uma semana antes. Estendeu lentamente os antebraços, com os punhos cerrados. "Você e Jhampa Kelsang", disse, "são estes meus dois membros." Jhampa Kelsang deixara o mosteiro há alguns meses, de modo que a implicação era clara: um braço já fora amputado, iria eu agora amputar o outro? Baixei os olhos em silêncio. Não tinha resposta para aquilo. Cheio de culpa e remorso, gaguejei alguma coisa sobre voltar depois de um ano ou coisa assim, sabendo muito bem que nenhum dos dois acreditava nessa possibilidade. Por fim, ele disse: "*Drig gi maré zer gi maré*" — "Não estou me opondo."

Capítulo 6

GRANDE DÚVIDA

Sou despertado — e o serei todas as manhãs nos próximos três anos e meio — pelo *toc, toc, toc* do *moktak* que um monge percute com sua bengala. Acompanhando essa batida, o monge entoa um cântico litúrgico em voz profunda, lamuriosa, que se avoluma e decresce enquanto ele percorre o negro pátio externo. Ofuscado pela luz, tateio em busca dos óculos e, descalço sobre o piso tépido coberto de papel, visto apressadamente as calças e o casaco na cor cinza. Saio para o *maru* de madeira, arrastando as alpargatas de borracha, e corro ao tanque de cimento onde, tiritando, borrifo o rosto com água fria. Dois minutos depois, ao som insistente dos sinos que badalam no pátio, perambulo, com outros nove monges de cabeça raspada e trajes cinzentos, em sentido anti-horário à volta da galeria, esperando que Ibseung Sunim, com seu *djukpi*, anuncie o início de nossa primeira meditação do dia, das 3 às 5 da manhã.

Ficamos sentados por cinquenta minutos e em seguida, por dez, percorremos a passo rápido a galeria, até que o som agudo do *djukpi* nos mande sentar de novo. Afora um pequeno santuário dedicado a Munsu Bosal (Manjushri — o bodhisattva da sabedoria), a um canto, só se veem no recinto de paredes brancas, sobre o piso amarelo-ocre fosco, dez almofadas quadradas dispostas em duas fileiras. Suspensa do teto, há uma haste de bambu na qual penduramos nossas túnicas cinzentas pregueadas, de mangas largas, e nossos *kesas* cerimoniais marrons (mantos de monge). As portas de treliça (janelas não há) são revestidas de papel de arroz claro. Abrindo bem os olhos, vejo apenas uma parede toda branca diante de mim. E só o que faço, hora após hora, é perguntar-me: "*O que é isto?*."

Há muito me sentia atraído pelo zen e suas perguntas impossíveis. O primeiro livro sobre budismo que li foi *O Caminho do Zen*, de Alan Watts, difícil de entender para meus 18 anos (acabara de completar o curso secundário em Watford). Gostava dos ditos enigmáticos e incisivos do zen, de sua simplicidade prática, de sua estética severa, de sua honestidade absoluta. Quando monge estudante na Suíça, compulsava às vezes um livro de poemas zen de Ryokan ou Basho, que sempre me impressionavam com suas imagens cristalinas de veredas montanhosas, folhas de relva e bules de chá. Entre todas as escolas de budismo, o zen me parecia a única que englobava todas as artes — poesia, pintura, caligrafia, paisagismo — em sua prática, da qual eram partes integrantes e não meros adornos para rituais e crenças.

Já desgostoso com as formas de meditação ensinadas na escola Geluk do budismo tibetano, comecei a buscar outra prática que atendesse melhor às minhas necessidades e algum lugar onde pudesse, enfim, fazer um retiro em regra. No verão de 1976, seis meses depois de chegar à Suíça, visitei o Château de Plaige perto de Autun, Borgonha, onde o eminente lama Kalu Rinpoche,[1] da escola tibetana

Kagyu, preparava um pequeno grupo de ocidentais para um retiro Vajrayana de três anos e três meses, o primeiro desse tipo fora da Ásia. Mas, ao saber que boa parte do retiro consistiria na aquisição de um conhecimento enciclopédico dos rituais tântricos, práticas de devoção e purificação, recitações de mantras e por aí além, logo perdi o interesse.

Em 1979 Charles Genoud, voltando de uma visita à Ásia oriental, falou-me de um mosteiro na Coreia do Sul chamado Songgwangsa, onde alguns monges e monjas ocidentais estudavam sob a orientação do mestre zen Kusan Sunim. Ao contrário dos "mosteiros" zen japoneses, essencialmente seminários para o treinamento de sacerdotes casados, na Coreia os internos ainda seguiam a regra monástica do celibato prescrita pelo Buda, mais ou menos à maneira do que se observava no Tibete e no sudeste da Ásia. Além disso, enquanto no Japão o treinamento zen consistia em *sesshins* intensivos de uma semana, na Coreia os monges ficavam sentados em retiros de meditação ininterruptos por três meses no verão e outros tantos no inverno. Charles me deu um exemplar do livro de Kusan Sunim *Nine Mountains* [*Nove Montanhas*], transcrições de suas palestras sobre zen. Embora a obra fosse largamente incompreensível, a prática principal ensinada pelo autor me intrigou: repetir para si mesmo, inúmeras vezes, o koan "O que é isto?", como meio de cultivar o que ele chamava de "grande dúvida". Esse exercício parecia feito sob medida para minha mente cética e perplexa.

Do Tibetisches Zentrum em Hamburgo, escrevi aos monges de Songgwangsa indagando sobre a possibilidade de juntar-me a eles. Semanas depois, chegou a resposta de uma monja francesa de nome Songil, que fazia serviços de tradução para Kusan Sunim. Informava-

-me de que no momento nenhum monge ocidental estudava no mosteiro, mas ainda assim eu seria bem recebido. Confirmou também que ali reconheceriam minha ordenação monástica tibetana, ficando eu dispensado do período obrigatório de testes (seis meses de trabalho na cozinha e na horta do mosteiro, de sol a sol).

Na primavera seguinte, findo o meu compromisso como tradutor em Hamburgo, voltei à Suíça, despedi-me formalmente de Geshe Rabten e tomei um avião em Zurique para Seul. Sobrevoei as vastidões geladas do Ártico dominado por sentimentos de culpa e medo. Rompera com o mundo budista tibetano, onde passara boa parte de minha vida adulta, e estava agora a caminho de um mosteiro desconhecido, num país distante, para aprender com um mestre que nunca vira numa língua que não sabia ler nem falar.

Songil, a monja francesa com quem me correspondera, foi me receber no aeroporto Kimpo, em Seul. Era uma mulher ágil, dinâmica, com mais ou menos a minha idade e fluente em coreano. Como eu próprio, fora para a Ásia numa vaga busca espiritual, mas não gostara da Índia e prosseguira caminho até a Coreia, onde vivia há seis anos como monja. Chovia enquanto percorríamos ruas compridas e escuras, ladeadas de modernos edifícios de concreto, em direção a Pomyong-sa, um pequeno templo num bloco de casinhas tradicional, onde passamos a noite. No dia seguinte, fizemos de ônibus a jornada de seis horas para Kwangju, capital da província de Cholla-namdo, na ponta sudoeste da península. Um veículo desconjuntado de roça, repleto de camponeses e crianças de escola, depositou-nos na aldeia perto do mosteiro. Ao peso de uma mochila cheia de livros, entrei no pátio de Songgwangsa na noite de 13 de maio de 1981, cinco dias antes do início do retiro zen anual de verão, que era de três meses.

Songgwangsa — "Templo dos Grandes Pinheiros" — era um aglomerado de edifícios de madeira coloridos dentro de um círculo de colinas arborizadas, junto a um rio de curso rápido que descia das montanhas. O templo foi fundado em 1205 pelo monge Chinul, uma das figuras principais do budismo coreano. No verão e no inverno, cerca de quarenta monges de toda a Coreia do Sul se reúnem para meditar, durante três meses, sob a orientação de Kusan Sunim. Na primavera e no outono, fica quase vazio. Somente o abade, a equipe de administradores, os noviços e os *ko jaengi* (como os coreanos nos chamam) continuam lá. Na época, Songgwangsa era o único mosteiro do país que recebia estrangeiros.

Songil morava com outras duas monjas ocidentais num quartinho de um conjunto separado do complexo principal pelo rio. Na qualidade de monge, alojei-me em Munsu Jon, um recinto murado com seu próprio Songpang (sala de meditação), dentro do terreno do mosteiro. Songil entregou-me alguns mantos coreanos marrons e cinzentos em substituição aos vermelhos do Tibete, que eu vestia ao chegar. Além disso, ensinou-me a mesura "certa" e o modo de usar as quatro tigelas no refeitório, não se esquecendo de me instruir devidamente nas boas maneiras, para que eu não ofendesse os coreanos com minha grosseria ocidental. Em seguida, levou-me — já trajado em poliéster impecável — a conhecer Kusan Sunim, o mestre zen, em seus aposentos acima do pátio. Escrevi: "É um homenzinho magro e jovial de uns 70 anos de idade, cabeça recém-raspada e luzidia. Sorriu com imensa doçura, mas percebi um lampejo de anarquia em seus olhos. Vestia roupas folgadas de algodão cinzento e estava sentado de pernas cruzadas atrás de uma mesa baixa de madeira nodosa, artisticamente esculpida no tronco de uma árvore. Ficou ouvindo, com a maior paciência e um ar divertido, enquanto eu explicava nervosamente os motivos de minha vinda à Coreia e exprimia o desejo de aprender com ele. Em tom confidencial, disse-me apenas para examinar a natureza de minha mente, perguntando sempre a mim mesmo: 'O que é isto?'"

Quando o retiro começou e decidi refletir seriamente sobre a pergunta "O que é isto?", minha mente não parava de engendrar respostas capciosas. Toda vez que tentava discutir minha última teoria com Kusan Sunim, ele, depois de ouvir pacientemente por algum tempo, dava uma risada curta e dizia: "Bopchon [meu nome coreano], você sabe o que é isto? Não? Então vá sentar-se." Independentemente de quão enigmáticas pudessem parecer, minhas respostas eram sempre banais ou previsíveis. Depois de algum tempo, simplesmente desisti de encontrar uma solução. "O que é isto?" é uma pergunta impossível: destina-se apenas a confundir o cérebro, que teima em responder a tudo, e deixar-nos num estado de tranquilo embaraço. Essa dúvida ou "perplexidade", como eu preferia chamá-la, começa então a invadir, pouco a pouco, nossa consciência. Em vez de brigar com as palavras da pergunta, mergulhamos num estado de serena expectativa aparvalhada, no qual permanecemos atentos somente ao silêncio esmagador que sobrevém quando as palavras se dissipam.

Minha única atividade, dez horas por dia durante os três meses seguintes, era fazer aquela pergunta a mim mesmo. Os períodos mais difíceis foram as duas primeiras semanas, quando minhas costas doíam e minha mente flutuava entre o devaneio e a preguiça, e os últimos dias, em que me esforçava para não antegozar o fim do retiro. Entre esses dois momentos, porém, experimentei uma satisfação sem precedentes. Então, meditar não era atividade que me ocupasse apenas uma hora ou pouco mais por dia: todo o meu cotidiano fora absorvido pela meditação. Essa prática não pressupunha mais o domínio de uma técnica. Tratava-se, antes, de desenvolver uma sensibilidade capaz de abranger tudo o que eu fizesse. Depois de mais ou menos um mês, cheguei a um ponto em que a meditação mal era percebida, mal se podia considerar algo de especial.

Quando deixei a Suíça, perguntar já me parecia mais importante que responder. Por oito anos, mestres tibetanos tentaram convencer-me de que as soluções para os grandes problemas da vida estavam entesouradas em seu hermético sistema de crenças. O objetivo de seu ensino era obter certezas: chegar a um ponto em que todas as questões fossem resolvidas e todas as dúvidas, dissipadas. Na opinião deles, eu fracassara. Embora valorizasse o rico acervo das ideias budistas que me haviam transmitido, não podia nem me submeter por inteiro à autoridade dos lamas nem aceitar, sem senso crítico, sua visão do mundo e do lugar que nele os humanos ocupavam. O defeito da certeza é ser estática: só faz reafirmar-se perpetuamente. A incerteza, ao contrário, está repleta de elementos desconhecidos, possibilidades e riscos. As convicções do budismo tibetano me sufocaram, ao passo que as dúvidas celebradas no zen coreano me devolveram entusiasticamente, e até com uma certa dose de ansiedade, à vida.

"Uma grande dúvida", reza um aforismo muito repisado por Kusan Sunim, "produz um grande despertar." Eis a chave. A profundidade da compreensão está intimamente ligada à gravidade da confusão; o grande despertar ressoa na mesma "altura" da grande dúvida. Assim, longe de negar essa dúvida substituindo-a pela crença — procedimento-padrão das religiões —, o zen nos encoraja a cultivá-la até que ela se "coagule" numa massa viva de perplexidade. Deve ter sido isso o que me aconteceu em Dharamsala quando voltava à Elysium House carregando aquele balde de plástico azul cheio de água. A grande dúvida não é mero estado mental ou espiritual: repercute pelo corpo inteiro e pelo mundo afora. Coloca *tudo* em questão. Alimentando a dúvida, você é instado a questionar "com a medula dos ossos e os poros da pele", a "despir-se totalmente de conhecimento e compreensão, como uma criança de 3 anos".

Perguntar implica não saber. A pergunta "Quem é o abade?" revela que você não o conhece. Indagar "O que é isto?" pressupõe que não saiba o que *isto* seja. Cultivar a dúvida, portanto, resume-se a valorizar o desconhecido. Dizer "Não sei" não é admitir fraqueza ou ignorância, mas respeitar a verdade: um reconhecimento honesto dos limites da condição humana em face do "mistério profundo que é nascer e morrer". Esse agnosticismo absoluto vai muito além da recusa típica dos agnósticos convencionais a decidir se Deus existe ou se a mente sobrevive ao corpo. Ele toma o espanto visceral de uma criatura finita e falível como ponto de partida para uma existência não mais dependente das consolações superficiais que a certeza fornece.

Chegando à Coreia, constatei que nenhuma forma asiática de budismo seria eficaz como tratamento para as doenças peculiares a um existencialista secular e pós-cristão como eu, fruto do século XX tardio. Tendo aprendido bem essa dura lição graças à experiência decepcionante com o budismo tibetano, cuidei para não repetir o erro com o zen coreano. Ouvia o que me ensinavam sem aquele fervor literalista com o qual abraçara a tradição do Tibete. Mantinha uma distância irônica, mas respeitosa, da ortodoxia zen coreana. Punha em prática as instruções de Kusan Sunim, mas de um modo que correspondia aos meus interesses e necessidades.

Para minha surpresa, Kusan Sunim lembrava muito Geshe Rabten. Eram parecidos em tudo, menos em suas visões largamente incompatíveis do budismo. Ambos, de humilde origem camponesa, haviam alcançado por esforço próprio uma dignidade equivalente à de bispo; mostravam-se conservadores, decididos a preservar e transmitir o que aprenderam dos mestres e antepassados; insistiam firmemente em que só sua abordagem era verdadeira e não queriam saber de outra; e encarnavam uma constância, integridade moral e nobreza diante das quais eu me sentia muito pequeno. Posso ter tido alguns desentendimentos com Geshe Rabten, que contudo jamais afetaram meu respeito por ele. E quando não conseguia aceitar certas coisas que Kusan Sunim ensinava, isso também não o diminuía em minha estima.

Em outubro de 1980, escrevera a meu amigo Alan Wallace, um colega do mosteiro de Tharpa Choeling: "Se tudo sair conforme o planejado e o mundo não acabar antes da próxima primavera, irei para a Coreia a fim de aprimorar minha confusão tentando responder a algumas perguntas totalmente ilógicas. Às vezes, encaro essa aventura como uma espécie de koan; e temo que vá ficar muitíssimo entediado. Bem, veremos; pelo menos, satisfarei minha curiosidade." Mas não ficara de modo algum entediado e toda a minha curiosidade só aumentava em vez de diminuir. Sentia-me em casa naquela península remota.

Meu "zen", confesso-o, era uma mixórdia. Baseava-se no esforço de perceber a respiração e o corpo, prática que segundo Kusan Sunim era tão absurda quanto tentar descobrir se um cadáver respira. A pergunta "O que é isto?" lembrava-me muito a *Seinsfrage* — a esquecida "questão do ser" — de Heidegger, bem como o vigoroso comentário ao final de seu ensaio sobre tecnologia: "Indagar é ser fiel ao pensamento."[2] Também não olvidava o que aprendera de meus mestres tibetanos sobre filosofia Madhyamaka: o vazio é a impossibilidade de assimilar as coisas, alcançado quando procedemos a uma "investigação cabal" de sua natureza. Assim, toda vez que perguntava "O que é isto?", eu fazia essas associações. Mas, no curso de sete retiros de três meses, nunca tive nenhuma das visões de impacto ou ruptura pelas quais o zen é tão famoso. Quando fui para a Coreia, pouco me interessava por essas coisas. O que pretendia era apurar meu senso do mistério insondável da vida para que ele permeasse cada segundo de minhas horas de vigília, servindo assim de base para uma reação mais franca e vigorosa ao que quer que acontecesse.

Para mim, várias eram as dificuldades na filosofia subjacente ao ensinamento de Kusan Sunim. Difícil aceitar que o "isto" da pergunta, conforme ele pretendia, fosse uma Mente transcendental ou "Senhor do corpo", como também a chamava. Consultei o texto chinês que traz a primeira menção da pergunta "O que é isto?" e não vi ali nenhuma referência a Mente ou Senhor do corpo; dizia apenas: "Que *coisa* é esta e como surgiu?". A palavra "coisa" me agradou por sua concretude tosca, que não dava espaço a elaborações metafísicas. Eis como Kusan Sunim explicava o que fazíamos: "A finalidade da meditação zen[3] é despertar-nos para a Mente (...). O Senhor que governa este corpo não é o rótulo 'mente', o Buda, uma coisa material ou o espaço vazio. Negadas essas quatro possibilidades, surge a questão de saber quem é de fato o Senhor. Se você continuar investigando dessa maneira, a pergunta se dilatará até sua massa, atingido o ponto crítico, explodir subitamente. O universo inteiro desaparecerá, subsistindo diante de você apenas sua natureza original. É o despertar."

De novo, lá estava eu às voltas com o espectro de um espírito desencarnado. A lógica do argumento de Kusan Sunim não me convencia de modo algum. Pressupunha a existência de "algo" (a Mente) que comandava o corpo, para além do alcance dos conceitos e da linguagem. Ao mesmo tempo, esse "algo" era também minha verdadeira natureza original, meu rosto antes de eu nascer, que de certo modo me infundia vida. Isso lembrava muito o tal Atman (Eu/Deus) da tradição hindu, que o Buda rejeitara. Eu não podia conciliar o amor zen-budista à neve nos bambuzais, aos ciprestes no quintal ou ao *plop!* da rã saltando num lago com a experiência mística de uma Mente transcendental só revelada depois que rãs, ciprestes e bambuzais "desaparecem". Sendo a Mente inconcebível, Kusan Sunim aconselhou-nos a abandonar quaisquer noções sobre aquilo que buscávamos com a pergunta "O que é isto?" — pois, na qualidade de seres ainda não despertos, não teríamos nenhuma chance de descobrir o que fosse. Mas, então, perguntar "O que é ksldkfja?"seria a mesma coisa!

Apesar da ênfase constante no questionamento e na dúvida, eu estava de novo sendo induzido a aceitar uma visão que confirmasse os velhos postulados da ortodoxia. Ironicamente, as doutrinas tradicionais do zen coreano se remetiam à escola idealista da Mente Única cultivada pelo budismo da Índia, que meus mestres tibetanos tanto se esforçaram para refutar com o conceito de vazio do Caminho do Meio. Vi-me, pois, na curiosa posição de meditar numa escola cuja filosofia condenara, enquanto acatava as ideias de outra escola cujas práticas de meditação me pareciam inaceitáveis.

O budismo, vindo da China, chegou à Coreia no século IV d. C. Viver em Songgwangsa me tornou consciente, pela primeira vez, do que era praticar o Dharma num país onde a doutrina budista já tinha uma longa história. Até então, morara em comunidades de refugiados tibetanos na Índia, país de que o budismo estivera ausente por um milênio, ou na Suíça e na Alemanha, onde essa doutrina só há pouco fora introduzida.

Os coreanos se tornavam monges budistas por uma série de razões. Muitos não queriam ou não conseguiam adaptar-se às exigências de uma sociedade conservadora, fundada no confucionismo e com crescentes aspirações materialistas. Mas poucos se sentiam atraídos pelos rigores dos retiros zen semestrais. Essas pessoas assumiam tarefas administrativas e cerimoniais, cuidavam das plantações do mosteiro, supervisionavam projetos de construção, cumpriam deveres pastorais, zelavam por pequenos templos ou se envolviam nas maquinações bizantinas da sede da ordem Chogye, em Seul. A comunidade era um espelho da sociedade coreana: havia ali jovens órfãos e nonagenários frágeis, intelectuais e ex-lojistas, adolescentes rejeitados e clérigos de carreira. Quem só conhecera o budismo entre exilados tibetanos e rebeldes ocidentais, de classe média e na quadra dos 20 anos, agora percebia como o Dharma, rebaixado de seu imponente pedestal místico, afetava a vida de pessoas com as mais diversas formações e carências.

A vida num mosteiro zen coreano se pautava pela noção de "espírito de grupo". Não havia lugar ali para as "frescuras" do individualismo ocidental, como a "necessidade" de um quarto separado. "Se o grupo resolver ir para o inferno", explicou-me um monge em tom grave, "então é para o inferno que você deve ir." Independentemente de sua posição no mosteiro, todos viviam, comiam e trabalhavam juntos. A qualquer tempo, os monges poderiam ser convocados para alguma tarefa. Cada qual, de Kusan Sunim ao noviço mais jovem, recebia uma foice para roçar a cevada ou uma enxada para carpir o mato entre as plantações de soja. Descarregávamos pilhas de telhas de cerâmica dos caminhões ou, formando uma corrente, dragávamos com baldes o leito do rio após um furacão. Ao primeiro sinal de geada, passávamos dois dias transportando sacos de repolho chinês dos campos para a cozinha. Depois de lavados e salgados, nós os deixávamos de molho durante toda a noite na banheira comum e, depois de escorrê-los de manhã na água gelada do rio, os entregávamos às mulheres leigas que com eles preparariam a conserva de *kimchi* para o inverno. No outono, sob um céu de azul brilhante, subíamos nos caquizeiros para colher seus frutos de um vermelho profundo, que, enfiados em espetos de bambu, ficavam secando ao sol.

A Coreia era uma sociedade confucionista em ponto grande e o mosteiro zen, uma sociedade confucionista em miniatura. Cada pessoa tinha de aceitar seu papel, que mudava com o tempo, e desempenhá-lo bem para não romper a harmonia do todo maior. Isso contrastava vivamente com a estrutura feudal do budismo tibetano, onde os lamas eram uma aristocracia espiritual privilegiada que morava e comia à parte dos monges comuns, além de exercer uma autoridade absoluta sobre seus discípulos. Ficou claro para mim que o budismo, passando de um país a outro da Ásia, adaptara-se não só a diferentes culturas intelectuais, mas também a diferentes normas sociais.

Durante os períodos "livres" de três meses em que não fazíamos retiro, na primavera e no outono, eu dividia meu tempo entre o estudo dos textos clássicos do zen-budismo e as viagens a outros mosteiros e eremitérios, não raro levando Songil como guia e tradutora, a fim de conhecer o país e visitar mestres renomados. Também voltei a tirar fotografias. Na Coreia, não se considerava estranho ou inadequado um monge ou monja cultivar alguma forma de arte. Alguns dos pintores, poetas e calígrafos mais talentosos eram monges que passavam tanto tempo aperfeiçoando suas pinceladas e estilo literário quanto sentados a meditar. O zen, longe de ver a arte como um obstáculo no caminho da iluminação — conforme sucede em algumas escolas budistas —, considera-a uma disciplina inteiramente compatível com a prática contemplativa.

Quando examino agora as centenas de fotos que tirei na Coreia, acho-as estudos consistentes, mas um tanto convencionais de temas "zen" previsíveis: bambus e pinheiros na neve, monges labutando nos campos, imagens do Buda refulgindo ao crepúsculo. Para mim, a importância de retomar essa atividade residia menos na beleza das imagens captadas do que no despertar de uma sensibilidade estética que permanecera adormecida durante meus anos como monge Geluk. Estava agora em uma cultura budista que valorizava a integração da expressão criativa à prática do Dharma.

Sob a influência do zen, meu estilo literário assumiu um caráter mais experimental e leve. Nos textos que escrevi durante minha permanência no mosteiro, publicados mais tarde como *The Faith to Doubt*, em vez de apresentar um argumento linear cuidadosamente elaborado, tratei os temas de um modo oblíquo e impressionista, entremeando anedotas pessoais com reflexões, citações desencontradas com diálogos fictícios, histórias zen com manchetes de jornal. Enfatizando a dúvida em lugar da crença, a perplexidade em lugar da certeza e as perguntas em lugar das respostas, a prática zen dava asas à minha imaginação.

Com o passar do tempo, novos forasteiros foram chegando a Songgwangsa: alguns estudantes de zen americanos e europeus, dois monges chineses de Singapura e uma dupla de *bhikkhus* (monges) do Sri Lanka. Tornamo-nos um grupo muito unido de uns dez monges em nossas instalações em Munsu Jon, com quatro monjas em seu quartinho atravancado na outra margem do rio. Esses anos em Songgwangsa foram os mais felizes que passei como monge. Apreciava o ritmo contemplativo dos dois retiros anuais de três meses, tanto quanto o refinamento cultural e a delicadeza dos coreanos, que nos consideravam parte de sua comunidade. Na primavera, gostava de percorrer as montanhas cobertas de matas para admirar os papa-figos e as azaleias selvagens, só voltando à tardinha, quando a fumaça do *ondol* — um sistema subterrâneo de aquecimento — impregnava os ares.

Em 1983, Songil e eu começamos a trabalhar numa coletânea dos ensinamentos de Kusan Sunim. Ela traduzia as palestras, cabendo-me depois revisar seus rascunhos. Passamos muitas horas juntos, manejando e remanejando os textos até chegar a uma versão que captasse a voz de nosso mestre e pudesse ser lida com fluência em inglês. No curso dessa tarefa, também nos tornamos amigos ainda mais íntimos e eu antecipava aquelas sessões com uma ansiedade que podia levantar dúvidas quanto à persistência de minha vocação monacal.

Às vezes, mesmo em pleno retiro de três meses, os monges coreanos mais jovens trocavam seus mantos por uniformes camuflados, enchiam a carroceria de um caminhão e se ausentavam para um dia de treinamento militar. (A Coreia do Sul estava, e ainda está, tecnicamente em guerra com a do Norte.) A despeito de seu voto de não matar, os monges budistas não ficam isentos desse dever. Conheci um deles que envolveu seu indicador com gaze cirúrgica, mergulhou-o em óleo, pôs-lhe fogo e ofereceu-o como se fosse uma vela ao Buda. Outro cortou todos os dedos da mão direita com um machado. Mas eram exceções. Muitos aceitavam um posto na reserva — lembrando-se, talvez, das milícias monásticas reunidas pelo mestre zen Sosan, tão decisivas para a derrota do exército japonês que invadiu a Coreia em 1592.

Quando perguntei ao meu amigo coreano "Fortão" (entre nós, estrangeiros, damos apelidos aos monges coreanos, pois seus nomes são quase iguais) se era ético colaborar com a máquina assassina do Estado, ele ergueu os olhos e perguntou, incrédulo: "Mas então você não lutaria por seu país?" Ninguém jamais desafiara de maneira tão brusca meu melindroso pacifismo. Já em criança eu achava repelente a simples ideia de matar qualquer criatura viva, quanto mais um de meus semelhantes. Sempre presumira que os budistas, em particular, pensassem da mesma maneira. "Para ser franco, amigo", confessei, "não. Não lutaria." Ele balançou a cabeça, perplexo, e saiu com os outros monges soldados para praticar tiro ao alvo e táticas de combate — o impatriótico *ko jaengi* que agisse como bem entendesse.

No início da década de 1980, a Coreia do Sul começava a se recuperar da catástrofe que fora a ocupação colonial japonesa por 35 anos, seguida logo depois pela devastadora guerra civil com o Norte comunista. O país era governado pelo ditador Chun Doo-hwan, que tomara o poder em dezembro de 1979 durante os tumultos provocados pelo assassinato de Park Chung-hee, também ele ditador desde

1961. (Park tombara durante uma reunião de gabinete sob uma chuva de balas disparadas pelo chefe da CIA coreana.) Um e outro eram budistas. Em maio de 1980, um ano antes de minha chegada, Chun enviara paraquedistas para suprimir uma rebelião popular em Kwangju, a cidade mais próxima de nosso mosteiro, na qual pelo menos duzentos civis (ainda não se sabe o número exato) foram mortos e três mil, feridos.

Embora a lembrança desse recente levante fracassado pesasse muito no espírito dos monges de Songgwangsa, ninguém mencionava o assunto em nossa presença. Eles zombavam de Chun chamando--o de "Polvo" (era calvo e metia as mãos em tudo) e, à sua esposa, de "Espátula" (porque, para os padrões coreanos, o queixo dela era proeminente), mas relutavam em discutir em profundidade o que pensavam e sentiam sobre a situação de seu país. Somente a presença de Bop Jong Sunim, um conhecido escritor e dissidente que durante toda a minha estada viveu em prisão domiciliar num eremitério da floresta acima de Songgwangsa, nos deixava cientes da atmosfera política repressiva na qual vivíamos.

Ocidental convertido, eu encarava o budismo como um conjunto de doutrinas filosóficas, preceitos éticos e práticas de meditação. Para mim, ser budista era simplesmente levar a vida de acordo com os valores centrais da tradição: sabedoria, piedade, não violência, tolerância, serenidade e por aí afora. Morar na Coreia me fez descobrir até que ponto era ingênuo. Pelos meus critérios intransigentes, um ditador de farda, que suprimira com violência um levante popular, não podia ser budista. Mas, por que não? O budismo é só para os moralmente superiores e doutrinariamente corretos, que se sentam em piedosa meditação o dia inteiro? Agora começava a perceber que ele constituía uma identidade cultural e religiosa, um sistema graças ao qual seres humanos falíveis podiam tomar decisões difíceis neste mundo precário e imprevisível. Em 1988, num gesto público de arrependimento pelos piores excessos de seu regime, Chun Doo-hwan se entregou a um retiro de dois anos em Baekdamsa, um mosteiro na província de Gangwon. Embora isso não o absolva dos crimes que cometeu (e pelos quais foi mais tarde sentenciado à morte, mas perdoado pelo presidente católico Kim Dae-jung, a quem o ditador por sua vez quisera infligir o mesmo suplício), mostra que ele se valeu dos recursos de sua religião para se penitenciar do sofrimento que provocara.

Em setembro de 1983, Kusan Sunim adoeceu e ficou confinado em seus aposentos. Ninguém nos disse o que ele tinha nem nos permitiu visitá-lo. Foi um período difícil. No primeiro dia do mês, a oeste das ilhas Sacalinas, perto do Japão, aviões de caça soviéticos abateram uma aeronave coreana civil (KAL 007) que voava de Nova York para Seul. Os 269 passageiros a bordo, inclusive o congressista americano Larry McDonald, morreram. Decretou-se luto nacional na Coreia. Os cidadãos traziam tarjas negras na roupa e as lojas puseram coroas funerárias às portas, enquanto o Polvo aproveitava a oportunidade para transformar o sentimento anticomunista em histeria.

O retiro de inverno, de três meses, começou a 19 de novembro. Naquela noite, anotei no diário: "[Kusan Sunim] está muito doente e não se sabe até quando resistirá. Parece que teve um ataque cardíaco, pois seu lado esquerdo ficou todo paralisado. Às vezes melhora, mas logo depois volta a se sentir mal. A fraqueza do mestre desce como uma sombra sobre o mosteiro." A 4 de dezembro, fomos convidados a cantar durante uma semana o "Kwan Seum Bosal" — nome do bodhisattva da compaixão — em coro, na esperança de que esse ato pudesse restaurar a saúde do doente, pois a medicina não o conseguira. No dia 10 do mesmo mês, fui vê-lo em seu quarto. "Está praticamente irreconhecível", escrevi no meu diário. "Deitado no chão, todo o brilho desapareceu de sua pele, suas faces se encovaram, não consegue andar, falar ou engolir. Os únicos movimentos que executou foram desfiar o rosário com a mão direita e tentar puxar o cobertor para se aquecer. Fiquei muito comovido ao vê-lo pelo que parece ser a última vez. Reconheci minha dívida para com ele. Em certo sentido, foi meu melhor mestre, pois encarnava plenamente as qualidades que me faltam." As qualidades que eu tinha em mente deviam ser sem dúvida seu rigor e simplicidade prática, sem traços de intelectualismo, sua firmeza moral e sua absoluta confiança naquilo que fazia.

Kusan Sunim morreu às 6h20, no dia 16 de dezembro. Tinha 74 anos. "Desde então", escrevi duas semanas depois, "minha vida virou do avesso de um modo que eu jamais teria previsto." Nunca pranteara alguém tão desesperadamente. Fiquei sem dormir noites seguidas num estado de lucidez precária, interrompido por acessos de choro, enquanto o mosteiro cumpria os rituais fúnebres. Por três dias o ataúde (em forma de L devido à posição em que o mestre fora colocado para morrer, sentado e de pernas cruzadas) permaneceu em gelo seco, rodeado dia e noite por monges silenciosos que se revezavam na vigília. Os funerais aconteceram a 20 de dezembro. Milhares de pessoas, com o hálito condensado no ar extremamente frio, atulhavam o pátio principal para prestar as derradeiras homenagens. Depois, o ataúde foi conduzido num catafalco semeado de crisântemos a um terraço acima do mosteiro. Ali o cremaram num leito de carvões sob uma enorme pira de madeira, que ardeu até a manhã seguinte.

Quando as brasas se apagaram, cinzas e fragmentos de ossos foram recolhidos e levados para o quarto de Kusan Sunim, onde os examinamos cuidadosamente à cata de *sarira* — pequenas gotas translúcidas que, segundo se acredita, são a prova da iluminação, mas talvez não passem de consequência natural de um corpo humano incinerado a uma temperatura suficientemente alta por longo período de tempo. Encontramos 52 *sarira*, de diversas cores e tamanhos, envolvidas depois, reverentemente, em veludo vermelho e guardadas num pote de vidro. A seguir, moemos os fragmentos de ossos com cacos de telhas e despejamos o pó branco e grosso num vaso verde-acinzentado. No outro dia, caminhamos em fila única até o monte Chogye e espalhamos esses restos pelo chão de seu antigo eremitério. "Os ossos triturados", escrevi, "se dispersaram numa fina nuvem por entre meus dedos estendidos. Um vapor de poeira branca flutuou durante alguns segundos antes que o vento o levasse para sempre."

Depois da morte de Kusan Sunim, foi como se uma luz houvesse se extinguido em Songgwangsa. Ninguém parecia perceber até que ponto a ausência dele nos deixava sombrios e desorientados. Não nomeara sucessor e os monges ignoravam quem assumiria seu posto como mestre zen. Ao final do retiro de inverno, anunciou-se que ele seria substituído por Il Gak Sunim, um monge idoso cuja única qualificação era ser o membro mais velho da "família" monástica. Há anos abade de um pequeno templo em Mokpo, na costa sul, raramente pusera os pés em Songgwangsa, de modo que nenhum dos monges e monjas estrangeiros o conhecia. Quando fomos receber instrução nos aposentos do mestre, aquele estranho gentil e atencioso estava sentado à mesa de Kusan Sunim. Não era mau professor, mas não era Kusan Sunim. Alguns monges coreanos que conhecíamos dos "velhos tempos" desertaram. Também nosso pequeno grupo de estrangeiros começou a desagregar-se. Ante o risco de quebra de continuidade com o passado, Songil e eu fomos convencidos a permanecer por mais um ano a fim de supervisionar a transição para o novo regime.

Nós dois sabíamos muito bem que permaneceríamos em Songgwangsa por gratidão e senso de dever, não pela vontade de estudar com Il Gak Sunim. A dada altura, teríamos também de decidir se reconheceríamos nosso amor mútuo, voltando juntos para a vida secular, ou continuaríamos fiéis aos nossos votos para, separados, prosseguir em nossa formação monástica. A decisão de permanecer por mais um ano nos dava um bom prazo para refletir sobre esse dilema. Após um ou dois meses de angustiosa indecisão, resolvemos sair do mosteiro no inverno seguinte e nos casar. Isso, é claro, levantava algumas questões: por exemplo, onde morar e com que meios subsistir.

Aí pelo fim da primavera, recebi uma carta de meu amigo Roger Wheeler, um ex-monge americano que conhecera em Tharpa Choeling, Suíça. Ele me contou que entrara há pouco para uma comunidade budista leiga em Devon, Inglaterra, fundada no ano anterior por um grupo de adeptos da meditação Vipassana. Embora Roger sequer suspeitasse que eu pretendia despir o hábito, a ideia de Songil e eu entrarmos também para aquela comunidade me seduziu. Então recebi outra carta, de Le Mont-Pèlerin, informando-me de que Geshe Rabten estava muito doente, com câncer. Decidi fazer uma visita rápida à Europa e voltar à Coreia a tempo para o retiro de verão.

Voei para Londres e, depois de passar alguns dias com minha mãe em Shropshire, tomei o trem para Devon. A comunidade onde Roger estava vivendo era no primeiro andar de Sharpham House, uma mansão em estilo Palladio às margens do rio Dart, próximo a Totnes, local muito conhecido na Inglaterra por sua vida "alternativa". Na época, apenas cinco pessoas integravam a comunidade, mas procuravam outras para juntar-se a elas. Conversei com Maurice Ash, dono da casa e cofundador, e sua esposa Ruth, do Sharpham Trust, a instituição de caridade que os patrocinava. Fiquei entusiasmado com a visão de Maurice, inspirada no zen, de um modo de vida rural todo simplicidade e meditação, que oferecesse um programa de palestras, seminários e retiros curtos para os moradores das cidades e aldeias vizinhas. Nada ficou acertado, mas deixei Sharpham convicto de que, caso resolvêssemos nos juntar à comunidade, seríamos bem recebidos.

Chegando à Suíça via Bordéus, visitei a mãe e a família de Songil antes de embarcar no trem noturno para Genebra. A caminho de Le Mont-Pèlerin, estava apreensivo. Tivera pouco contato com Tharpa Choeling nos três anos depois que partira para a Coreia. Muitos monges e leigos com quem estudara sob a orientação de Geshe Rabten já não estavam mais lá. Uns poucos como eu tinham saído para aprofundar a prática da meditação. E outros voltaram à universidade. Alguns monges haviam despido o hábito e agora trabalhavam em empregos comuns. O mosteiro pululava de caras novas, cheias de entusiasmo. Senti-me um intruso fantasmagórico de outros tempos.

O venerável Helmut conduziu-me pela escada até os aposentos de Geshe Rabten, recomendando que fosse breve porque o mestre se cansava facilmente. Geshe estava sentado, imóvel, na cama. Não parecia sentir dor, mas irradiava uma tristeza profunda, que agravou ainda mais meu remorso por tê-lo abandonado. Quis logo saber se o mosteiro da Coreia aderira plenamente ao Vinaya — os votos monásticos e as regras de treinamento estabelecidos pelo Buda — e quais sutras eram ali estudados. Evitou, porém, perguntar-me qualquer coisa a respeito do tipo de meditação que Kusan Sunim prescrevia. Suas faces encovadas revelavam fadiga. Quando me levantei para sair, ele insistiu para que eu ficasse um pouco mais e tirou um maço de papéis da gaveta da escrivaninha. Era uma coletânea de doze poemas que compusera durante um retiro em sua cabana em Dharamsala, aos quais acrescentara depois um comentário em prosa. Chamava-se *The Song of the Profound View* [*O Cântico da Visão Profunda*]. Pediu-me que o vertesse para o inglês. Quando me inclinei para pegar o volume, ele pousou a mão em minha cabeça, num gesto de bênção. "Ah, Jampa Tabke [meu nome tibetano]", murmurou. Deixei o quarto sem nenhuma esperança de revê-lo.

Passei os últimos meses na Coreia completando a obra com os ensinamentos de Kusan Sunim. Songil descobrira algumas velhas palestras gravadas em fita que ele dera sobre as Dez Pinturas de Pastoreio — uma série clássica de imagens que descreve a prática zen — e ocupava-se em transcrevê-las. Weatherhill, um respeitado editor de Tóquio que publicava livros sobre culturas e religiões da Ásia oriental, concordou em lançar a obra com o título de *The Way of Korean Zen* [*O Caminho do Zen Coreano*]. Um editor de Seul também me pedira para escrever um livrinho sobre o budismo no Tibete a ser traduzido para o coreano, que terminei naquele outono. Após a cerimônia do primeiro aniversário da morte de Kusan Sunim, em 16 de dezembro, Songil e eu deixamos a Coreia. Eu tinha 31 anos e era monge há pouco mais de dez. Aquela fase de minha vida se encerrara.

segunda parte

LEIGO

Capítulo 7

UM BUDISTA FRACASSADO (II)

4 de janeiro de 1985. Eu tinha ainda o velho passaporte com a foto onde se via um monge sorridente e o carimbo de saída do território britânico de Hong Kong. O trem com paredes revestidas de painéis de madeira resfolegou e rangeu ao sairmos da estação de Kowloon rumo à fronteira da República Popular da China. Quando não espiava, pela janela, os edifícios gastos ao lado dos trilhos, mal visíveis em meio à névoa, olhava para Songil — ou "Martine", como agora exigia que a chamassem — sentada à minha frente, nossos joelhos se tocando toda vez que o trem balançava ao entrar num desvio.

Depois de deixar Songgwangsa, voáramos de Seul a Hong Kong. Antes de voltar para a Europa, queríamos conhecer os mosteiros do sul da China, onde a tradição chan (zen) nascera durante a época da dinastia Tang (618-907 d.C.). Dado o que ouvíramos sobre as devastações da Revolução Cultural, estávamos curiosos para saber se aqueles lugares haviam sobrevivido. Enquanto aguardávamos a concessão dos vistos num corredor frio da embaixada chinesa, ouvimos que Lhasa fora há pouco declarada "cidade livre" pelas autoridades; portanto, agora turistas desacompanhados poderiam visitá-la. Quando perguntamos aos funcionários da embaixada se seria possível ir ao Tibete, eles recomendaram que nos informássemos na própria China. Afixamos proclamas para nos casar na prefeitura de Hong Kong e tomamos o trem para Guangzhou (Cantão).

Guangzhou era um lugar horrível. A pintura dos outrora orgulhosos edifícios do período pré-comunista se descascava, cheia de manchas de sujeira. O tempo estava frio e úmido naquele começo de janeiro. As pessoas percorriam as ruas trajando casacos escuros e chapéus com protetores de orelhas, surgindo e desaparecendo na neblina densa que cheirava a pó de carvão. Os habitantes pareciam estar o tempo todo fumando charutos ou mascando sementes de girassol. Sentiam um prazer especial em pigarrear com força e dar grandes cusparadas no chão. A China era uma Índia em branco e preto. Embora não houvesse mendigos, nem as explosões ocasionais de cores, risos e toques de sinos nos templos amenizavam a pobreza e a esqualidez. As poucas lojas pelas quais passamos não tinham quase nada para vender, mas as pessoas pareciam bem alimentadas e decentemente vestidas.

Fomos primeiro a Nan-hua-ssu, o templo do sexto patriarca chan, Hui-neng, de quem se originaram todas as linhagens zen hoje existentes. Ali, Hui-neng perguntou ao jovem monge Huai-jang: "O que é isto e como surgiu?", criando assim a pergunta que passei quase quatro anos fazendo a mim mesmo na Coreia. Nan-hua-ssu era uma construção antiga, mas passava por uma boa reforma. Cerca de cinquenta monges em longos mantos negros esfarrapados viviam ali. Um fluxo constante de leigos entoava preces e oferecia incenso nos santuários. O corpo sentado de Hui-neng, embalsamado com laca preta brilhante, um olho proeminente observando-nos com atenção, ainda se conservava intacto na Sala dos Patriarcas, aos fundos do templo.

Tomamos o ônibus para o mosteiro vizinho de um dos últimos mestres chan da dinastia Tang, Yun-men. Yun-men ficara famoso por seu zen incisivo "de poucas palavras". Quando lhe perguntaram "Qual é o grande ensinamento do Buda?", respondeu: "Uma frase apropriada." Numa outra ocasião, disse apenas: "Bolo." Eu apreciava essa concisão. O mosteiro caía em ruínas. Os montes de entulho revelavam que ele fora saqueado e demolido. Um sino solto e pedaços de um grande Buda de metal haviam sido colocados respeitosamente numa área limpa, mas o resto do lugar parecia deserto. Súbito, um monge idoso apareceu num vão desconjuntado de porta. Apresentou-se como o venerável abade Fo-yuan. Imperturbável em meio a toda aquela devastação, levou-nos a um passeio pelas ruínas, mostrando onde ficavam outrora os altares, a sala de meditação e as celas dos monges, como se a ausência física destes fosse apenas um contratempo passageiro.

O venerável Fo-yuan recomendou-nos visitar Chen-ju-ssu, um mosteiro no monte Yün-chü, província de Kiangsi, não muito longe da cidade de Nanchang. O ônibus nos deixou numa aldeia remota. Os moradores apontaram para uma montanha aureolada de névoa e disseram que aquela era a residência dos monges. Quando subíamos a trilha ladeada de bambuzais que serpenteava pela encosta, começou a nevar. Nesse momento, uma perua parou junto de nós, cheia de monges sorridentes que nos ofereceram carona até o cume, onde o mosteiro se erguia rodeado de campos arados. Destruído até os alicerces nos anos 1960, Chen-ju-ssu era agora um complexo novinho em folha de belos edifícios e templos, alguns ainda em construção.

Fomos conduzidos até o mestre Chan, o venerável Lang-yao, um homem alto e de porte digno que maliciosamente nos convidou a segui-lo. Por uma porta baixa, entramos num quarto escuro. Quando nossos olhos se habituaram à pouca luz, avistamos uns quarenta monges sentados em meditação numa plataforma de madeira rústica que corria ao longo das paredes. Eram idosos, de longas barbas, esqueléticos e encurvados, trajando túnicas e mantos cheios de remendos. Alguns tomavam chá. Depois de um almoço de arroz integral e sopa de cogumelos, fomos despachados de perua para a estação ferroviária mais próxima, depois de uma breve parada para explicações no posto policial. Os monges estavam nervosos. Teriam de enfrentar críticas ou coisa pior caso permitissem que nós dois ficássemos mais tempo por ali.

Em 1985, a China apenas começava a emergir dos dias difíceis da Guarda Vermelha e da ditadura de Mao Tsé-tung. Tomamos rumo norte até Loyang, onde admiramos, além dos Budas monumentais, as centenas de templos e santuários escavados nos paredões do desfiladeiro de Longmen ao longo de séculos. Pareciam quase intactos. No monte Sung, visitamos Shao-lin-ssu, o mosteiro que evoca imediatamente o primeiro patriarca Chan: o estranho e enigmático Bodhidharma. Também estava sendo restaurado e aos poucos reassumia seu duplo papel de centro de peregrinação budista e santuário dos aficionados das artes marciais chinesas. (Um estúdio de Hong Kong construíra há pouco uma réplica cenográfica do templo nas imediações.)

De volta a Loyang, fomos até o Departamento de Segurança Pública e perguntamos se seria possível visitar Lhasa. Prontamente a funcionária, muito educada, deu-nos a autorização. Fizemos nossos planos para explorar a velha cidade de Xian e viajamos de trem, durante dois dias, até Chengdu, capital da província ocidental de Sichuan. Dali, tomamos o primeiro voo disponível para o Tibete.

No "aeroporto" de Lhasa — então uma simples pista de pouso rodeada por umas poucas cabanas de cor parda, em estilo militar —, impressionou-me o vivo contraste entre as colinas nuas e poeirentas que se estendiam ao redor e o céu azul radiante por trás delas. O sol brilhava com uma intensidade cristalina que em nada diminuía o frio cortante da brisa em meu rosto. Quando abri a boca, percebi que o ar em meus pulmões não bastava para emitir uma frase completa. As últimas palavras se perdiam enquanto eu arquejava desesperadamente, em busca de oxigênio.

Éramos os únicos estrangeiros — ou *aliens*, como nos descrevia a autorização para viagens dentro do país — no Ilyushin meio vazio. Os outros passageiros, funcionários chineses vestidos todos com as mesmas roupas e bonés verde-oliva ao estilo "Mao", claramente não partilhavam nosso entusiasmo por colocar os pés no mítico Teto do Mundo. Lhasa fora declarada cidade "aberta" três meses antes. Até então, só se podia ir lá como membro de grupos de turistas rigidamente controlados e a preços exorbitantes. Agora, por alguma razão, as autoridades haviam decidido permitir que viajantes não monitorados visitassem Lhasa, se instalassem em suas hospedarias baratas e — embora tecnicamente isso fosse proibido — explorassem os campos que os tibetanos locais gostavam muito de mostrar-lhes.

A via pavimentada do aeroporto até Lhasa ainda estava em construção. Nosso ônibus se arrastou, sacolejante, por campos, vaus e trilhas de fazenda até atravessar a ponte que cruzava o rio Kyichu. A primeira visão dos tetos dourados do palácio de Potala, fulgindo a distância, ainda evocava o entusiasmo e a mística relatados por aqueles que haviam conseguido chegar a Lhasa nos dias do velho Tibete. Aproximando-nos das primeiras casas, a dura realidade da moderna aglomeração fronteiriça chinesa se tornou óbvia. Percorremos alamedas invadidas pela neve, ladeadas por edifícios públicos e prédios de apartamentos de concreto, funcionais. A caminho da rodoviária, não vimos um único templo ou monge de manto cor de açafrão. Apenas, por toda parte, as bandeirolas de prece fustigadas pelo vento, mostrando que o budismo ainda desempenhava um papel na vida da cidade e do povo agora modernos.

Como na China, ali o nível de destruição de mosteiros e templos, dentro e ao redor de Lhasa, era desigual. Chou En-lai ordenara ao exército proteger alguns edifícios de importância histórica e arquitetônica, como o palácio de Potala, contra a fúria dos Guardas Vermelhos, enquanto outros símbolos do antigo regime, como o mosteiro Ganden, eram completamente destruídos. Em alguns casos, os templos foram despidos de seus objetos religiosos e transformados em celeiros, depósitos ou moradias. A principal catedral de Lhasa, Jokhang, depois de selvagemente profanada, era agora — pelo que me disseram — um matadouro de porcos, mas a estrutura permanecera intacta. Convenci o porteiro tibetano a me deixar entrar em Ramoche, a segunda catedral de Lhasa, e notei que suas pinturas religiosas não haviam sido danificadas; removeram-se, porém, todas as estátuas, substituídas por uma imagem gigantesca de Mao Tsé-tung.

Parece que usavam o local como centro de doutrinação comunista e crítica ao capitalismo.

Quando os tibetanos perceberam, espantados, que eu falava sua língua e vivera em Dharamsala com o Dalai Lama, chamaram-me à parte para desabafar toda a sua cólera e sofrimento face à crueldade dos chineses, que entraram no país sem ser convidados e espezinharam os mínimos aspectos de sua cultura, aprisionando ou executando quem quer que não desejasse ser "libertado" da "escravidão feudal". Havia vozes discordantes, também. Um homem, ouvindo-me criticar os chineses, disse calmamente: "Não foram só eles que provocaram destruição, saiba o senhor. Os tibetanos não lhes ficaram atrás."

Como fosse inverno e não houvesse nenhum trabalho a ser feito na terra, os camponeses afluíam para Lhasa de todos os cantos do país a fim de se preparar para o Losar, que é o festival de ano-novo. Passeando pelo Barkor — o quadrilátero de ruas da cidade velha em volta de Jokhang —, vimo-nos arrastados por uma multidão lenta e silenciosa de pessoas simples, mas devotas, trajando suas roupas tradicionais — que às vezes não passavam de um pedaço de lã de iaque preso ao peito por uma corda. Giravam rodas de prece, murmuravam mantras e prostravam-se de corpo inteiro no chão, como se os ocupantes chineses houvessem passado à sua frente.

A permanência em Lhasa aprofundou bastante meu conhecimento do Tibete. Adquiri uma intimidade por assim dizer tátil com os lugares de onde o Dalai Lama e Geshe Rabten haviam fugido. O país já não era apenas uma impressão (romântica) das lembranças (nostálgicas) dos dois homens. Ali, no último andar do Potala — agora museu —, estavam os aposentos do jovem Dalai Lama, nos quais passava os meses de inverno e onde deve ter estudado com seus mestres. Aquela era sua cama, aquele era seu altar e aquela, a sala onde dava audiência. Os apartamentos, para meu gosto, eram decorados com certo exagero, mas me punham mais perto do monge menino, de óculos, que em seu tempo livre subia ao teto a fim de observar pelo telescópio o povo caminhando pelas ruas, lá embaixo.

Do Potala, pode-se avistar o mosteiro de Sera: um denso aglomerado de edifícios brancos na base das colinas nuas e rochosas que pontilham a extremidade norte do vale de Lhasa. Quando Geshe Rabten fugiu de Sera em março de 1959, o lugar era a casa de uns três mil monges. Agora não havia mais que cem, a maioria crianças e adolescentes turbulentos. Eram dirigidos por alguns lamas idosos que haviam regressado há pouco para o mosteiro, depois de passar vinte anos ou mais em campos de concentração e trabalhos forçados. Toda a geração do meio, que normalmente se devotaria ao ensino e às tarefas administrativas, desaparecera. Um monge idoso, ouvindo que eu estudara com Geshe Rabten, convidou-me a ficar para dar aulas aos garotos. Conheci Tehor Khangtsen, o complexo residencial onde Geshe Rabten vivera a partir dos 20 anos. Seu único habitante era um monge meio traumatizado que, enxugando as lágrimas, confessou toda a sua saudade do meu mestre.

Um dia antes do nosso voo de volta para Chengdu, levantamo-nos às 4 horas e fomos nos juntar a uma turba de tibetanos tiritantes numa esquina próxima que, segundo me informaram, era o ponto de parada do ônibus diário para o mosteiro Ganden, a cerca de trinta quilômetros a oeste da cidade. O "ônibus" era um caminhão de carroceria descoberta. Subimos e agarramo-nos às laterais do veículo balouçante enquanto o vento mordia nossas carnes, congelando os dedos das mãos e dos pés. Ganden foi fundado no século XIV por Tsongkhapa, que fundou também a escola Geluk. Ao contrário de Sera, erguia-se no anfiteatro natural de uma encosta, centenas de metros acima do vale Kyichu. O caminhão rangia e estertorava ziguezagueando rumo ao mosteiro. Quando a aurora tingiu o alto dos montes, as ruínas salpicadas de neve de Ganden surgiram diante de nossos olhos como fileiras de dentes cariados. Os tibetanos explicaram que a gente local recebera ordens dos Guardas Vermelhos para demolir o mosteiro pedra por pedra. Só dez edifícios haviam sido restaurados desde então. E em vez dos cinco mil monges que antes viviam naquele agitado espaço monástico, encontramos apenas um punhado de velhinhos — os quais, não se sabe como, haviam conseguido sobreviver ao infortúnio.

As perdas tibetanas foram verdadeiramente esmagadoras. O Dalai Lama e seu séquito constituíam o círculo central do poder no Tibete. Sua autoridade e influência estendiam-se por uma área tão grande quanto a Europa. Prelados superiores da igreja Geluk, consideravam-se os representantes legítimos de um regime que governara o país, como Estado budista tolerante, desde o século VII. Súbito, na esteira de longínquas conflagrações políticas que pouco afetavam suas vidas, viram-se no lado errado da história.

Os veneráveis rituais e preces às divindades que protegeram o Tibete por tanto tempo já não tinham nenhuma eficácia. Os Protetores deviam tê-los abandonado. Alguns concluíram que aquilo era consequência de algum karma muitíssimo ruim. Enquanto o resto do mundo olhava com indiferença, o Dalai Lama e seus seguidores tiveram de abandonar sua preciosa terra e, atravessando os picos gelados, fugir para o exílio.

Martine e eu nos casamos numa cerimônia civil simples, ao voltar para Hong Kong, tendo como testemunhas nossos amigos Peter, ex-monge, e Nicole, ex-monja, que também haviam optado pelo matrimônio e agora trabalhavam em Kowloon. Dois dias depois, voamos para a Inglaterra.

Indo para Devon de trem, ainda não sabíamos se a vida numa comunidade experimental e consensual de jovens europeus e americanos nos conviria. É que havíamos nos acostumado à hierarquia e à simplicidade ordeira da vida monástica. Comparado a isso, o mundo em que estávamos prestes a ingressar nos parecia um tanto anárquico. Descobrimos ser parte de um pequeno fluxo migratório de budistas orientais para Devon, muitos deles atraídos à área de Totnes pela presença de Gaia House, um centro de retiro Vipassana[1] na aldeia de Denbury. Gaia House fora fundada em 1983 por Christopher Titmuss e Christina Feldman, que eu conhecera anos antes em Dharamsala, quando estudava com o sr. Goenka. Christopher habilitou-se como monge na Tailândia, durante a década de 1960, antes de deixar a vida monástica em 1975. Christina estivera entre os primeiros discípulos de Geshe Rabten na Índia e mais tarde se dedicara à prática da Vipassana.

Ocupamos um quarto no primeiro andar de Sharpham House, onde transcorreriam os primeiros seis anos de nossa vida de casados. Afora alguns livros, não tínhamos praticamente nada. Desde minha visita no ano anterior, a Comunidade de Sharpham do Norte aumentara de cinco para oito membros. Com Martine e eu, éramos então dez. O cotidiano ali consistia em meditar, todos juntos, de manhã e à noite, ajudar na cozinha, fazer faxina e ir às compras. Mas, além disso, cuidávamos da horta e passávamos horas, em reuniões semanais, tentando desesperadamente resolver nossos conflitos de um modo solidário e não agressivo. Havia também um programa de palestras semanais, dias de meditação e seminários de domingo.

Maurice e Ruth Ash, proprietários de Sharpham House e fundadores do Sharpham Trust, moravam no térreo. Ele se aposentara há pouco como presidente do Dartington Hall Trust, sediado ali perto, e queria por força transformar Sharpham no exemplo de um modo de vida mais espiritualizado, mais atento às preocupações ambientais. Contudo, nem Maurice nem Ruth eram budistas. Inspirados pela visita, tempos atrás, à Green Gulch Farm, um centro zen rural da Califórnia, concluíram que o budismo, entre todas as religiões do mundo, poderia ajudá-los de maneira mais eficiente a alcançar os objetivos do Sharpham Trust. Um desses objetivos era "reespiritualizar" o interior da Inglaterra. Os fazendeiros da região, há anos pastoreando suas vacas e ovelhas pelas colinas à volta da casa, mostravam-se céticos quanto ao empreendimento. Chamavam-nos de "espíritos".

Cheguei à Grã-Bretanha da sra. Thatcher sem dinheiro nem qualificações, pois minha única experiência profissional fora o emprego de seis meses como faxineiro numa fábrica de amianto, havia já treze anos. Como havia deixado a ordem monástica, não podia esperar que outros budistas me patrocinassem. E, tendo praticado em diferentes tradições dessa doutrina, não me identificava mais com nenhuma delas e não tinha um "lar" reservado no mundo budista. Passara muito tempo estudando o budismo e escrevendo sobre ele, mas, sem formação universitária na matéria, não me seria permitido lecionar em colégios ou faculdades. Como era proibido, em Sharpham, receber qualquer ajuda estatal, sobrevivi dando palestras ocasionais, dirigindo seminários de meditação e retiros, redigindo textos para editoras de livros budistas, desempenhando funções de capelão na cadeia local e fazendo alguns serviços manuais nas fazendas próximas. A situação de Martine não era diferente. Depois de dez anos como monja, ela também não possuía diplomas nem habilitações profissionais. A fim de complementar o pouco que recebíamos por nossas aulas, ela trabalhava como governanta para Maurice e Ruth.

Nunca me arrependi de ter despido o hábito e voltado ao anonimato da vida secular. Foi um alívio. Não mais teria de me expor em público. Aparecer de cabeça raspada e em trajes exóticos, sobretudo numa cultura mundana e não budista como a Suíça, tornara-se o equivalente visual a sair gritando pelas ruas. Reconhecia que minha decisão de entrar para o mosteiro fora sobretudo pragmática; permitira-me estudar e praticar o budismo em profundidade. Por mais que tentasse me convencer do contrário, eu realmente não tinha vocação monástica. Durante todos aqueles anos, às vezes me vinha a suspeita inquietante de que não passava de um impostor. Além disso, a vida de simplicidade rural e pobreza voluntária na comunidade de Sharpham permitia, tanto a Martine quanto a mim, nos concentrarmos em nossos estudos e meditação da mesma maneira que se tivéssemos permanecido monges celibatários.

Desde os tempos de Gautama, o celibato tem sido obrigatório para todo monge e monja budista. A solidão da vida monástica era encarada como necessária para quem empreendesse a árdua tarefa de alcançar o nirvana. A pessoa que quisesse se devotar de corpo e alma à prática budista deveria seguir o exemplo do Buda e renunciar à vida doméstica para que nada o impedisse de atingir objetivos mais elevados. Ao longo da história do budismo, somente no Japão e em algumas ordens tântricas tibetanas o monasticismo foi substituído pelo sacerdócio de pessoas casadas. Mas, no resto do mundo budista — sudeste da Ásia, China, Coreia e Tibete —, impera a norma do celibato.

Todavia, muito antes de eu despir o hábito, já me perguntava se essa norma não fora ditada pelas circunstâncias sociais e econômicas da época do Buda, tanto quanto por razões "espirituais". A antiga comunidade budista dependia, para sobreviver, de esmolas e pequenos donativos, não podendo esperar que os patrocinadores ajudassem também a criar seus filhos. Na cultura daqueles tempos, quem optasse pela vida espiritual teria naturalmente de abrir mão das alegrias do casamento. Na sociedade moderna, contudo, onde se tem mais acesso a lazer, educação, recursos financeiros e — importantíssimo para as mulheres — meios de controlar a fertilidade, fará sentido ainda essa regra de abstinência sexual? A pessoa que mantém um relacionamento amoroso estável e consegue se sustentar levando uma vida de simplicidade será menos capaz de colher os frutos do modo de vida budista do que uma monja ou monge celibatário?

A questão do celibato é tão controvertida no budismo quanto no cristianismo. Os tradicionalistas alegam que o budismo só sobreviveu durante dois milênios e meio porque manteve intacta uma norma responsável por oferecer a cada geração, desde a época do Buda, um corpo de profissionais empenhados em sustentar o Dharma. Outros argumentam que uma das razões pelas quais o budismo fracassou na Índia e quase se extinguiu em vastas regiões da Ásia durante o século XX foi a vulnerabilidade das instituições monásticas em que se baseava. Como os monges celibatários viviam em mosteiros isolados, longe das muralhas protetoras das cidades, e eram proibidos por seus votos de empunhar armas e combater, ficavam indefesos diante das agressões militares, quer partissem dos exércitos muçulmanos na Índia ou dos Guardas Vermelhos na China. Ainda é cedo para dizer se as pressões da modernidade[2] forçarão o budismo a aceitar o casamento dos clérigos, dando maior autoridade aos leigos, ou se ele resistirá a essa evolução promovendo e renovando comunidades de monjas e monges celibatários.

Nas sociedades budistas tradicionais, tornar-se monge equivalia a educar-se. Mosteiros como Sera ou Songgwangsa eram seminários e centros de treinamento, não meras comunidades fechadas de contemplativos solitários. Enquanto os monges mergulhavam nas sutilezas e complexidades da teologia budista, a maior parte dos leigos tinha de contentar-se com exercícios devocionais, orações, observâncias ético-religiosas e ofertas de *dana* (donativos) para sustentar os mosteiros. Se quisessem mais alguma coisa, os leigos eram conclamados a acumular "mérito" e a insistir nas preces, o que lhes garantiria um melhor renascimento na próxima vida. Isso formou duas classes de budistas: o clero profissional e o laicato devoto, mas geralmente ignorante.

Quando Martine e eu começamos a ensinar budismo na Inglaterra, ficou claro que essa divisão entre monges e leigos já não tinha grande importância. As pessoas que liam meus livros e participavam de nossos retiros eram cultas, quase todas com famílias e carreiras, dispondo de lazer suficiente para atender a seus interesses religiosos e filosóficos — mas sem intenção nenhuma de tornar-se monges ou monjas. Para muitas, as práticas tradicionais do budismo secular eram beatas, simplistas e supersticiosas. Estavam em busca de uma filosofia de vida coerente e rigorosa, associada a uma prática meditativa que realmente fizesse diferença em sua vida no aqui-e-agora; não queriam saber de crenças e aspirações consoladoras que prometessem recompensas numa hipotética existência futura. Uma terceira via parecia se impor, destinada ao laicato culto e racional.

Em julho de 1985, quatro meses depois de voltar para a Inglaterra, viajei até Rikon, na Suíça, para participar da iniciação Kalachakra, que o Dalai Lama celebraria pela primeira vez na Europa. O tantra Kalachakra (Roda do Tempo)[3] é uma das práticas Vajrayana mais complexas, que marca o derradeiro florescimento do budismo na Índia, durante o século X. Trata-se de uma doutrina milenarista, baseada no reino mítico de Shambhala, que prevê uma grande batalha na terra a ser vencida quando os exércitos de Shambhala derrotarem as hordas da barbárie para inaugurar uma nova idade áurea budista. Nada mais óbvio que semelhante profecia entusiasmasse um povo atirado ao exílio por um poder comunista "bárbaro". Porém, longe de aludir à tragédia do Tibete, o Dalai Lama apresentou o Kalachakra como um apelo à paz mundial.

Eu já havia recebido a iniciação Kalachakra do Dalai Lama em 1974, na Índia, embora houvesse abandonado há muito qualquer pretensão de praticá-la. E não pretendia renovar meu compromisso com o que agora considerava um emaranhado de rituais enigmáticos sem, aparentemente, nenhuma importância para minha vida. Tinha outras razões para voltar à Suíça, uma delas era ver Geshe Rabten.

Passei os primeiros meses em Sharpham traduzindo o texto que Geshe me confiou por ocasião de minha primeira visita a Tharpa Choeling, no ano anterior. *The Song of the Profound View* acabou se revelando um relato denso e — para um tibetano — surpreendentemente pessoal de meditações sobre o vazio que empreendeu durante um longo retiro em sua cabana em Dharamsala. A certa altura, Geshe revela como chegou à conclusão de que uma coisa vazia não pode ser "nem existente nem não existente". Embora concebesse essa ideia graças a pesquisas meditativas inteiramente pessoais, sabia que ela se opunha à visão oficial da escola Geluk onde havia sido educado, segundo a qual o vazio nada mais é que "simples ausência de existência própria". Depois de discutir a questão com seu mestre Trijang Rinpoche, o assistente mais jovem do Dalai Lama, mudou de ideia por respeito à sabedoria superior daquele lama. Suspeitei que Geshe me encarregara de traduzir o texto como um artifício para desmascarar minha falta de fé nele.

Apresentei a tradução a Geshe Rabten logo que nos encontramos em Rikon, aonde ele também fora para assistir à iniciação Kalachakra. Parecia bem melhor que quando o tinha visto pela última vez. O tratamento do câncer estava sem dúvida funcionando. Informara-o de minha decisão de despir o hábito, mas só agora ele me via como leigo acompanhado por uma esposa. Recebeu Martine cordialmente e não fez comentários sobre minha mudança de *status*; mas eu sentia que, de novo, o decepcionara.

Meu outro motivo para ir à Suíça era pedir ao Dalai Lama esclarecimentos sobre uma controvérsia que recentemente aparecera nas páginas de *The Middle Way* [*O Caminho do Meio*], o periódico trimestral da Sociedade Budista de Londres, do qual eu me tornara colaborador regular, mas não remunerado. No número de maio daquele ano, o jornal havia publicado uma resenha de *Kindness, Clarity, and Insight*,[4*] do Dalai Lama. O articulista aproveitou a oportunidade para elogiar o Dalai Lama, que banira o culto Geluk a uma divindade

[*] *Bondade, Amor e Compaixão*, publicado pela Editora Pensamento, São Paulo, 1989.

protetora chamada Dorje Shugden, cujos seguidores, afirmava ele, haviam perseguido violentamente a escola Nyingma do budismo tibetano no Tibete oriental, logo no início do século XX, destruindo seus mosteiros e objetos religiosos. (O livro, porém, não fazia menção dessas coisas.) Tão logo a resenha apareceu, chegou às mãos do editor uma carta furiosa enviada pela comunidade do Manjushri Institute, de Cúmbria (onde, sete anos antes, quando de meu primeiro regresso à Inglaterra, passara um mês trabalhando com Geshe Kelsang Gyatso). O autor da carta acusava o articulista de denegrir sua fé e espalhar falsas acusações. John Snelling, editor de *The Middle Way*, nem sabia o que estava acontecendo. Pediu-me para consultar o Dalai Lama, um dos patrocinadores da Sociedade Budista, e pedir sugestões sobre como o jornal deveria tratar a questão.

Quem me falou pela primeira vez de Dorje Shugden foi o lama nyingma Yeshe Dorje, o "parador de chuva". Pouco antes de eu deixar Dharamsala, ele me chamou de lado e sussurrou insistentemente ao meu ouvido que não tinha nada a ver com aquela divindade. Na Suíça, descobri que Geshe Rabten, acompanhando seu mestre Trijang Rinpoche, o assistente júnior do Dalai Lama, se devotava a essa prática. Dorje Shugden — uma figura carrancuda, de chapéu de abas largas e montada num cavalo — era vista por seus seguidores como guardião da pureza dos ensinamentos de Tsongkhapa, fundador da escola Geluk. Dizia-se que esse deus colérico feriria de morte ou doença qualquer praticante Geluk louco o bastante para acolher ensinamentos heréticos de outra seita, sobretudo a Dzogchen.

A Dzogchen (Grande Perfeição)[5] é uma prática contemplativa da escola Nyingma do budismo tibetano. A escola Nyingma (Antiga) remonta suas origens à primeira fase da disseminação do budismo da Índia para o Tibete, no século VII d.C. A Dzogchen baseia-se na ideia de *rigpa*, palavra tibetana que significa literalmente "conhecer", mas passou a denotar uma "percepção primordial" responsável por todos os tipos de experiências. A *rigpa* é vista como a própria mente do Buda, isenta por natureza de imperfeição, mas intrínseca à consciência em todos os seus momentos. Praticar a Dzogchen exige que a qualidade "vazia, radiante e espontaneamente compassiva" da *rigpa* seja "mostrada" à pessoa por um lama idôneo. Daí por diante, ela procurará viver cada instante do ponto de vista da *rigpa* e não da consciência confusa, centrada no ego.

No decorrer dos séculos, a prática da Dzogchen suscitou muita controvérsia entre os religiosos tibetanos. Alguns lamas criticavam-na como reminiscência da doutrina Chan (Zen) ensinada pelo mestre chinês Hoshang, que fora banida do Tibete no século VIII. Outros, particularmente os membros da escola Geluk, consideravam a *rigpa* uma versão disfarçada do Atman bramânico (Eu/Deus), ideia que o Buda rejeitara. O verdadeiro Dharma, eles insistiam, baseia-se unicamente nos princípios da contingência e do vazio, não abrindo espaço a nenhum Fundamento do Ser, que quase se pode considerar teísta.

Desde que eu morava em Dharamsala, sabia que o próprio Dalai Lama recebera instrução na Dzogchen do eminente lama nyingma Dilgo Khyentse Rinpoche.[6] Eu apreciava a abertura de Sua Santidade para práticas de escolas do budismo tibetano diferentes daquela em que fora educado. Ele procurava elaborar uma síntese dos ensinamentos budistas tibetanos a fim de combater o sectarismo que muitas vezes prejudicava as relações entre os membros das diversas tradições. Na verdade, o último capítulo de seu *Bondade, Amor e Compaixão*[7] era um ensaio no qual tentava reconciliar algumas das visões conflitantes das escolas Nyingma e Geluk. Essa ânsia de harmonizar seitas entre os exilados tibetanos parece ter sido uma das razões pelas quais, a partir de meados dos anos 1970, ele passou a ver Dorje Shugden com reservas. Longe de constituir uma manifestação da sabedoria do Buda, como propalavam seus adeptos, esse deus protetor era, segundo o Dalai Lama, apenas um espírito mundano a quem se deveria, por isso mesmo, degradar. Se o Dalai Lama estava certo, então alguns dos mais reverenciados mestres da tradição Geluk — incluindo o virtuoso e mui amado assistente júnior — haviam de algum modo sido ludibriados por um espírito maléfico.

Isso tudo, para mim, era muito estranho. As mesmas pessoas que expunham uma filosofia puramente racional do vazio mostravam-se adeptas fervorosas de algo que a meu ver nada mais era que ocultismo barato. Não consegui a audiência com o Dalai Lama, mas fui recebido por seu secretário particular. Depois de ouvir um curto relato sobre a polêmica e saber a posição atual de Sua Santidade, confirmando que de fato tencionava proibir o culto público (mas não privado) a Dorje Shugden, fui instruído a dizer ao editor de *The Middle Way* que o Dalai Lama encarava a controvérsia como uma questão interna da comunidade tibetana, a qual não mais deveria ser discutida pela mídia ocidental. Assim, a indignada missiva de Cúmbria não veio a público e — ao menos por algum tempo — o caso foi esquecido.

Geshe Rabten faleceu a 27 de fevereiro do ano seguinte. Tinha 66 anos e sofrera muito durante toda a sua vida. Fugiu de casa no Tibete oriental aos 19 anos de idade, a fim de se tornar monge. Em Sera, ficou subnutrido porque não tinha benfeitores. Depois, privado de recursos, precisou cruzar o Himalaia para viver na Índia como refugiado. Mas mesmo assim esse simples garoto de roça conseguiu se tornar, por esforço próprio, conselheiro filosófico do Dalai Lama. Eu agora me dava conta de que ele viveu seus últimos anos à sombra da controvérsia em torno de Dorje Shugden. Discípulo próximo do assistente júnior, deve ter sido atormentado por lealdades conflitantes. E devia saber que era mera questão de tempo ter de declarar publicamente sua adesão, ou ao assistente júnior, ou ao Dalai Lama.

Capítulo 8

SIDARTA GAUTAMA

Em Sharpham e Gaia House, vi-me parte de uma comunidade leiga experimental cuja inspiração, ideias e práticas vinham sobretudo da escola Theravada, a tradição do budismo que prevalece no Sri Lanka, em Myanmar e na Tailândia. Do ponto de vista tibetano ou zen-budista, para alguém que, como eu, fizera o voto do bodhisattva de salvar todas as criaturas, acolher esses ensinamentos do "Hinayana" (Pequeno Veículo) era um retrocesso. Mostrava que eu ainda não estava preparado para as altos ensinamentos do Mahayana (Grande Veículo) e tinha de acumular boa dose de "mérito" antes de seguir o caminho desprendido e compassivo do bodhisattva. Não bastasse minha evidente penúria espiritual, eu ainda havia quebrado os votos monásticos e desposado uma ex-monja. Não, as coisas não pareciam nada bem.

Eu, entretanto, não as encarava dessa maneira. Em minha opinião, as tradições mahayana haviam perdido de vista, em alguns pontos, o que o budismo originalmente ensinou. Em meus anos de monge, eu me deparava várias vezes com passagens intrigantes dos textos do

Cânone Páli cujo tom era bem diverso daquele que eu em geral associava à figura remota e impossivelmente perfeita de Sakyamuni Buda. Esse cânone é o corpo de literatura budista preservado na língua páli, contendo centenas de discursos e instruções detalhadas para o treinamento monástico que, segundo se acredita, foram proferidos por Sidarta Gautama, o Buda histórico. O páli é uma forma nativa do sânscrito clássico, oriunda dos dialetos do norte da Índia que o próprio Gautama deve ter falado. O Cânone, memorizado pelos monges, foi preservado oralmente durante cerca de quatrocentos anos, antes de ser posto por escrito no Sri Lanka, em meados do século I d.C.*

Um dos textos páli mais impressionantes com que me deparei foi o chamado *Kalama Sutta*, um discurso que o Buda fez ao povo kalama, na cidade de Kesaputta, reino de Kosala. Os kalamas estão confusos. Dizem a Gautama que, quando apareciam em Kesaputta, os mestres "só expunham e explicavam suas próprias doutrinas, doutrinas de gente a quem desprezavam, ultrajavam e faziam em pedaços". Querem saber de Gautama como distinguir entre os que falam a verdade e os que mentem.

O Buda replica: "Convém mesmo que duvideis, que estejais inseguros, kalamas.[1] Não aceiteis o que ouvis só porque o ouvis repetidamente; não aceiteis a tradição; o boato; o conteúdo de um escrito sagrado; a conjetura; o axioma; o raciocínio especioso; o atrativo de uma noção muito esmiuçada; a habilidade aparente dos outros ou a consideração 'este monge é nosso mestre'. Kalamas, quando descobrirdes por vós mesmos que estas coisas são ruins, censuráveis; que os sábios as condenam; que, aceitas e cultivadas, levam ao dano e à doença — então, ponde-as de lado."

---

* Ver Apêndice I para uma descrição detalhada do Cânone Páli.

Esse apelo claro à valorização da incerteza e à necessidade de estabelecermos por nós mesmos a verdade das coisas, em vez de confiar na autoridade alheia, feriu uma corda profunda dentro de mim. O Buda aconselha os kalamas a averiguar por si mesmos as consequências da inveja, do ódio e da estupidez dos seres humanos para que possam julgar, com isenção, quais pensamentos e atos conduzem ao sofrimento ou à felicidade. Seu único critério de avaliação de uma doutrina é saber se ela provoca ou mitiga o sofrimento. Ainda mais surpreendente é uma passagem, quase ao final do texto, em que fala aos kalamas dos benefícios dessa abordagem: "Suponhamos que não haja outra vida[2] nem consequências para nossos atos bons ou maus. Ainda assim, neste mundo, aqui e agora, permaneço livre do ódio, livre da malícia — seguro, são e feliz."

O *Kalama Sutta* apresenta uma visão do ensinamento de Buda que contradiz boa parte da ortodoxia budista. Longe de ceder à tradição e à linhagem, ele celebra a autoconfiança; longe de acreditar na doutrina, ele enfatiza o teste das ideias para descobrir se funcionam; e longe de cultivar a metafísica do renascimento e do karma, ele sugere que nosso mundo talvez seja mesmo o único existente.

Estudando os textos do Cânone Páli, familiarizei-me também com as questões metafísicas que o Buda evita comentar. São algumas das "grandes" perguntas para as quais as religiões alegam oferecer resposta: o universo é eterno ou passageiro?[3] Finito ou infinito? Mente e corpo são a mesma coisa? Sobrevivemos ou não à morte?[4] O Buda ignora essas perguntas, porquanto insistir nelas em nada contribuiria para tomar o caminho que ele recomenda. Compara as pessoas entregues a semelhantes especulações ao homem ferido por uma flecha envenenada, mas que não a deixa extrair até saber "o nome e o clã do atirador; se a arma que a disparou era um arco ou uma besta; se a flecha era reta, curva ou farpada". A única preocupação de uma pessoa nessas condições seria a remoção da flecha. O resto é irrelevante.

Em outro discurso do Cânone Páli, o Buda compara as pessoas ansiosas por responder a tais perguntas a um grupo de cegos que um rei convida[5] a descrever um elefante. Cada cego toca uma parte diferente do animal. O que apalpa a tromba afirma que o elefante é um tubo; o que desliza a mão pelo costado, que o elefante é uma parede; e o que agarra a cauda, que o elefante é uma corda. Assim, a preocupação com a metafísica não apenas deixa de solucionar o problema primordial do sofrimento como induz a uma imagem fragmentada e distorcida da totalidade complexa que é a condição humana.

Parecia claro, com base nesses textos, que a abordagem original do Buda era terapêutica e pragmática, não especulativa e metafísica. Recusando-se a investigar se mente e corpo são a mesma coisa ou se continuamos a existir após a morte, ele bloqueia a possibilidade de se elaborar uma teoria da reencarnação. Pois, sem reconhecer um espírito imaterial e uma vida *post mortem*, é difícil — se não impossível — falar coerentemente sobre renascimento e karma. Todavia, ao contrário do que o Buda disse nesses textos, meus mestres tibetanos enfatizavam que, se a pessoa não aceita a dicotomia entre mente e corpo ou o renascimento após a morte, não pode se considerar budista. As palavras de Sidarta Gautama se metamorfosearam numa religião chamada "budismo": algo aí estava errado, foi o que logo comecei a suspeitar.

Em minha busca de uma linguagem que falasse a um leigo contemporâneo bem à vontade com a visão de mundo secular e científica, mas por isso mesmo avesso a crenças religiosas tradicionais, passei a examinar minuciosamente cada vez mais os textos do Cânone Páli à cata de outras passagens semelhantes às do *Kalama Sutta*. E, não tardei a descobrir, aquilo que julgava difícil aceitar no budismo eram justamente as ideias e doutrinas por ele compartilhadas com sua religião indiana irmã: o hinduísmo. Renascimento, lei do karma, deuses, outras esferas de existência, libertação do ciclo de nascimento e morte, consciência incondicionada: tudo isso são conceitos *anteriores* ao Buda. Muitos de seus contemporâneos devem tê-los encarado, sem senso crítico, como uma descrição do funcionamento do mundo; mas não eram parte daquilo que o Buda ensinava, apenas reflexo da antiga cosmologia e soteriologia da Índia.

Como também acabei por reconhecer, o que mais me atraía nas lições do Buda eram justamente as ideias *não* derivadas da matriz do pensamento indiano clássico. Devia, portanto, compulsar meticulosamente o Cânone Páli e extrair dele todas as passagens onde ecoasse a voz inconfundível de Sidarta Gautama. Qualquer coisa a ele atribuída, que pudesse também aparecer nos textos indianos clássicos dos Upanishads e Vedas, eu simplesmente ignoraria. Feito isso, veria se o que recolhera das palavras do Buda proporcionava uma base adequada para formular uma visão coerente, útil a um budista leigo contemporâneo.

Era mais fácil falar que fazer. O Cânone Páli pode ser comparado a uma vasta colcha de retalhos com milhares de páginas cosidas e entretecidas ao longo de gerações. Contêm diferentes vozes e estilos narrativos, contradições internas, vislumbres psicológicos entrecortados de arengas sobre o fogo do inferno e a danação, uma cronologia lamentavelmente confusa e repetições enfadonhas de passagens surradas. Principiante nos estudos páli, sentia-me como uma criança a mergulhar cautelosamente as pontas dos pés num oceano que se dilatava por quilômetros diante de mim. Passara muito tempo aprendendo o tibetano, mas isso agora de nada me servia, uma vez que a maior parte do Cânone Páli não foi vertida para essa língua. Felizmente, nos últimos 130 anos, o *corpus* todo dos textos páli canônicos vem sendo traduzido e retraduzido para o inglês por um pequeno grupo de monges e monjas dedicados. Sem sua ajuda inestimável, eu não conseguiria levar a termo a tarefa que me impusera.

À medida que me aprofundava no Cânone Páli, minha compreensão do budismo ia se modificando, tanto quanto minha ideia do tipo de pessoa que fora Sidarta Gautama. Quando estudava com Geshe Rabten na Suíça, ao final da década de 1970, tive em mãos um livro intitulado *The Life of the Buddha*, escrito pelo monge inglês Nanamoli Thera no Ceilão, durante os anos 1950. Nanamoli conta a história de Gautama e seu ensinamento com base unicamente em passagens selecionadas do Cânone Páli, na forma de uma série radiofônica. Embora eu conhecesse bem as principais doutrinas do budismo primitivo, graças a meus mestres tibetanos, nunca as encontrara em seu contexto original. As traduções elegantes de Nanamoli lhes davam vida e sabor, inserindo-as, o que era novo para mim, no contexto da existência terrena de Gautama.

Pela mesma época, li também *The Buddha: Buddhist Civilization in India and Ceylon*, do acadêmico britânico Trevor Ling. Ao contrário da abordagem reverente de Nanamoli, a perspectiva de Ling é crítica e histórica, influenciada pela análise marxista. Para Ling, a vida de Sidarta Gautama é ininteligível quando não se tem uma imagem clara das condições socioeconômicas de sua época. O budismo simplesmente não surgiria na bacia do Ganges caso as condições econômicas no século V a.C. não gerassem excedentes de riqueza que bastassem para sustentar os membros não produtivos da sociedade. Segundo Ling, esse progresso econômico levou à fundação das primeiras aglomerações urbanas na Índia e ao advento de uma poderosa classe média de mercadores e banqueiros. A prosperidade permitiu aos governantes manter exércitos permanentes e, assim, conquistar seus vizinhos pela força, assegurando-se territórios cada vez mais vastos. Com isso, as pequenas repúblicas tribais (Sakiya, a pátria de Gautama, fora uma delas) passaram a integrar um novo tipo de Estado, sob uma monarquia centralizada e autocrática.

Ling, em tom provocativo, sustenta que Gautama nunca pensou em fundar uma religião nova e sim uma nova *civilização*. As várias formas do credo budista, tais quais as conhecemos hoje, são a seu ver reminiscências de uma civilização que não conseguiu deixar raízes na Índia. Essa ideia, que achei muito interessante, tem estado desde então na base de minhas reflexões sobre Buda e o budismo.

Ainda assim, nem Nanamoli Thera nem Trevor Ling conseguiram pintar um retrato convincente da pessoa Sidarta Gautama. Afora alguns vislumbres ocasionais de sua humanidade — quando chama o primo Devadatta de "parasita" [6] —, nenhum dos dois parecia interessado em dar mais vida à personagem. De igual modo, se ambos os livros me ajudaram a banir algumas ideias românticas e ingênuas a respeito do Buda, pouco se empenharam em analisar suas relações com as outras muitas figuras que aparecem nos discursos do Cânone Páli, nem elaboraram uma cronologia detalhada dos acontecimentos de sua vida. Como em tantas outras obras que se propõem contar essa mesma história, alguns episódios da carreira de pregador da personagem nada mais são que uma série de ganchos para pendurar as doutrinas budistas. Continuei, pois, na curiosa posição de ver-me como um seguidor do Buda sem uma ideia muito clara de quem ele pudesse ter sido.

Ao contrário dos Evangelhos, onde a vida de Jesus constitui o cerne da mensagem cristã, os textos canônicos do budismo tendem a encarar os oitenta anos de Sidarta Gautama na terra como se nada tivessem a ver com o que ele ensinava. Isso é particularmente verdadeiro em se tratando de sua vida *após* o despertar. O que lhe aconteceu nos últimos anos, depois de resolver seu conflito existencial e tornar-se o Buda, parece ter gerado pouca ou nenhuma consequência. Minha impressão era a de que, durante 45 anos, ele vagueou pelo norte da Índia ensinando e meditando, rodeado de um número cada vez maior de discípulos devotos, até um belo dia deitar-se e morrer na cidade de Kusinara. Uma leitura atenta do Cânone Páli, porém, revela que as coisas não foram tão simples assim.

Um dos maiores obstáculos à compreensão da vida do Buda é a história que o próprio budismo conta a respeito dela. Em sua versão mais divulgada, o príncipe Sidarta era filho e herdeiro do rei Suddhodana, tendo crescido no luxo dos palácios do reino de Sakiya. Certa feita, curioso para saber mais sobre as terras que um dia iria governar, atravessou os portões da muralha e viu pela primeira vez um doente, um velho, um cadáver e um monge errante. Essas visões terríveis conscientizaram o jovem mimado de sua própria mortalidade. Incapaz daí por diante de continuar levando a vida ociosa e sensual de um príncipe, fugiu do palácio à noite, desfez-se de suas roupas e joias caríssimas, raspou a cabeça e tornou-se também um monge errante. Depois de seis anos de meditação e ascetismo constantes, sentou-se sob a árvore Bodhi, atingiu o Despertar e tornou-se o Buda — o Desperto.

Esse relato contradiz, porém, o que sabemos de Sidarta pelo Cânone Páli. Aqui, o pai do Buda não era rei, mas, na qualidade de grande fidalgo do clã Gautama, presidia a Assembleia de Sakiya. No máximo, pode ter sido uma espécie de chefe regional ou governador. Sakiya integrava o poderoso reino de Kosala, controlado pelo rei Pasenadi de sua capital em Savatthi, cerca de 130 quilômetros a oeste. "Os habitantes de Sakiya são vassalos do rei de Kosala",[7] reconhecia Sidarta Gautama. "Submetem-se humildemente, fazem-lhe reverência, erguem-se, prestam-lhe homenagem e serviços adequados." E, embora a história das quatro visões terríveis seja narrada por Gautama[8] em um dos discursos páli, ela faz parte de um conto mítico sobre outro Buda chamado Vipassi, que vivera no passado distante. Nada tem a ver com o próprio Gautama.

Nem o primeiro nome do Buda, "Sidarta", aparece no Cânone. Os discursos e textos monásticos chamam-no de *Gautama* — título de família ou clã — ou de *Bhagavat*, termo honorífico que significa "Senhor", mas é frequentemente traduzido como "Abençoado". Falando de si mesmo, o Buda costuma empregar o curioso apelido de *Tathagata* — "Aquele Que Apenas É". Para simplificar, usarei "Gautama" ou o epíteto de "Buda" (O Iluminado). Quando ele estiver em cenários íntimos, com sua família, chamá-lo-ei de "Sidarta" para distingui-lo dos outros Gautamas.

A chave para desvendar tanto o caráter quanto a cronologia da vida de Sidarta Gautama reside, creio eu, em seu relacionamento com o rei Pasenadi de Kosala. À época de seu primeiro encontro registrado, Gautama teria cerca de 40 anos de idade — como o rei. Ao que parece, não era nada diferente dos muitos outros monges daquele tempo que percorriam as estradas poeirentas do norte da Índia, sobrevivendo de esmolas nas cidades e aldeias espalhadas pela vasta e fértil planície do Ganges. A cabeça estaria raspada, com no máximo alguns milímetros de cabelo e barba. A roupa consistiria de três mantos simples, tingidos manualmente de ocre ou cinza, feitos de trapos ou, dada a sua importância cada vez maior como mestre espiritual, de pedaços de tecidos finos doados por admiradores. Suas posses se resumiriam a uma tigela de barro ou metal, agulha e linha, navalha, moringa e, para o caso de não se sentir bem, um ou outro remédio.

Já o rei Pasenadi deve ter acordado aquele dia em seus suntuosos aposentos da cidade de Savatthi. Se subiu ao terraço superior do palácio, avistou sem dúvida, para além dos tetos de barro e madeira das casas da capital, a ampla curva do rio Aciravati, as agitadas aldeias de pescadores ao longo de suas margens, os campos e florestas ainda mais distantes. Monarca do reino mais poderoso ao norte do Ganges, podia convocar um pequeno exército de funcionários, guardas, serviçais e concubinas para atender aos seus mínimos caprichos. Era um homem gordo, famoso por consumir porções generosas de arroz com *curry*; e um sensualista, sempre pronto a discutir com seus vassalos a melhor maneira de gozar os mais refinados tipos de prazer. Mas também podia ser cruel. Costumava imobilizar seus inimigos com cordas e correntes, empalar rebeldes e assassinos, promover sacrifícios sangrentos de bois, cabras e ovelhas preparados por "escravos, servos e operários movidos pelo medo e os castigos,[9] queixosos, faces a escorrer lágrimas". Ia a extremos para garantir que seu poder não fosse desafiado, chegando a infiltrar, nas comunidades religiosas perto de Savatthi, espiões disfarçados de monges e ascetas.

Embaixo dos aposentos do rei, no pátio do palácio, elefantes enfeitados esperavam para conduzir o cortejo real da cidade barulhenta para o retiro monástico do Bosque de Jeta, a um quilômetro e meio de distância. Sumana, irmã mais nova de Pasenadi que cuidava de sua avó já em idade bastante avançada, fazia parte do grupo. Como aquela devia ser a primeira visita formal do rei a Sidarta Gautama, um nobre de Kosala que se tornara mestre renomado, é bem provável que estivessem também no cortejo Bandhula, o melhor amigo do monarca e comandante supremo do exército, e sua devota esposa Mallika. O séquito parte ainda de manhã, levando presentes e comida em abundância para a refeição única que a comunidade de monges e monjas toma ao meio-dia.

Findas as formalidades do almoço, o rei Pasenadi se retira para a Gandhakuti, a "Cabana Perfumada" onde Gautama mora e recebe visitas. O rei se considera intelectual e patrono do saber. Quando jovem, em companhia de Bandhula, estudara na famosa universidade de Takkasila (Taxila), capital da satrapia persa de Gandhara, onde homens de toda a Índia iam aprender as diversas artes e ciências da época. Subindo ao trono, Pasenadi decidiu visitar sempre os mestres itinerantes que aparecessem em Savatthi para questioná-los sobre suas doutrinas e realizações, pedir-lhes conselho e, se fosse o caso, oferecer-lhes proteção e amparo. Essa era a vez de Gautama.

Os dois homens se cumprimentaram e conversaram amigavelmente por algum tempo. Então o rei se sentou e foi direto ao ponto: "Mestre Gautama, como podes, tão jovem[10] e só há pouco saído de casa, dizer que és um sábio?"

Gautama, imagino eu, deve ter olhado o pomposo monarca bem nos olhos, com um sorriso vago e irônico nos lábios: "Há quatro coisas, Majestade, que não devemos desdenhar por causa de sua pouca idade: a chama, a cobra, o guerreiro e o monge. Uma pequenina chama, se salta para um depósito de combustível, transforma-se em incêndio. Uma cobra minúscula, encontrada numa aldeia ou floresta, pode matar a pessoa que não se protege dela. Quem sabe se um príncipe guerreiro não irá um dia destronar-te e reduzir-te a nada? E, caso ofendas um monge virtuoso, tu te arriscas a permanecer sem filhos e herdeiros como o tronco da palmeira."

Identificando o monge com essas forças potencialmente perigosas, Gautama insinuava que seu ensinamento poderia também constituir uma ameaça à ordem estabelecida. Jogava com os medos e superstições do rei. Como todos os monarcas da época, Pasenadi devia saber que outros membros de sua família (o irmão Jeta, por exemplo) cobiçavam-lhe secretamente o trono. Além disso, como ainda não tinha herdeiro, a sucessão real corria perigo. Gautama, sem rodeios, impôs-lhe sua autoridade. O jogo estava ganho. Em vez de encolerizar-se, Pasenadi gostou da resposta e pediu para ser discípulo de Gautama.

Esse foi um — se não *o* — momento decisivo na carreira do jovem monge. Passara ao menos cinco anos pregando e conquistando adeptos no norte da Índia; agora, o supremo mandatário do reino de Kosala, o homem a quem rendera vassalagem durante toda a sua vida adulta, finalmente se dignara procurá-lo. Com o apoio de Pasenadi, sua posição em Savatthi estava assegurada. Ali, no Bosque de Jeta, passaria todas as estações chuvosas pelos próximos 25 anos, proferindo a maior parte de seus discursos e apurando os detalhes de sua regra monástica. Pasenadi era um frequentador assíduo do Bosque de Jeta. Com o tempo, monge e tirano se tornaram amigos — e até, pelos laços do casamento, parentes.

A devoção de Pasenadi a Sidarta Gautama e seus ensinamentos não operou, contudo, uma transformação miraculosa no ego real. Nos muitos diálogos entre os dois, registrados pelo Cânone Páli, nem uma vez sequer se afirma que o monarca haja tido qualquer visão transcendental. Parece só se ter beneficiado das lições de Gautama quando lhe seguiu o conselho para fazer dieta. De "um pote de arroz com *curry*",[11] ele reduz seu consumo para, "no máximo, meio litro de arroz cozido" e como consequência "emagrece bastante". No mais, os apetites e medos paranoicos de Pasenadi não são afetados por nada que Gautama lhe diga.

"Estive no tribunal um dia desses",[12] conta o rei a Gautama, "e o que vi? Todos aqueles juízes opulentos mentindo para ficar ainda mais ricos. Então, pensei: 'Basta. De agora em diante, o Bonitão se encarregará do assunto. Confio no julgamento dele.'" "Bonitão" era o apelido carinhoso dado a Bandhula, amigo e comandante do exército de Pasenadi. Entretanto, tão logo Bandhula foi feito juiz supremo, os outros magistrados, destituídos, espalharam o boato de que o general e seus filhos estavam planejando assassinar o rei e apossar-se do trono. Pasenadi, ao que tudo indica, entrou em pânico. Mandou Bandhula e seus filhos debelar uma insurreição na fronteira setentrional; e, quando eles voltaram para Savatthi, ordenou que fossem presos e executados.

Mallika, esposa de Bandhula, ouviu essas notícias quando preparava o almoço para Gautama e seus monges. Manteve a calma e recomendou que suas sobrinhas não criticassem de modo algum o rei, o qual, conforme previu acertadamente, logo sentiria remorsos por ter feito aquilo com seu melhor amigo e aliado. Pasenadi poupou a vida das mulheres e deu-lhes salvo-condutos para as terras de Bandhula em Kusinara. E, como mais um gesto de expiação, escolheu Digha Karayana, sobrinho do general morto, para substituir o "Bonitão" no comando do exército, ato de que viria a se arrepender amargamente.

Não se sabe qual tenha sido a reação de Gautama a esse assassinato brutal cometido por seu maior benfeitor. Como não poderia arriscar sua posição em Savatthi, é muito improvável que haja censurado abertamente o comportamento do rei. A morte de Bandhula foi um aviso para ele. A qualquer hora, por mais que gozasse da estima de Pasenadi, qualquer pessoa poderia estar morta em consequência de uma de suas súbitas mudanças de humor. Presume-se que Gautama conhecesse bem Bandhula: eram ambos filhos de governadores de províncias vizinhas no oeste de Kosala (Sakiya e Malla, respectivamente). Além disso, um e outro haviam alcançado posição de destaque em Savatthi graças ao patrocínio do rei. Quatro décadas depois, Gautama faleceria estirado entre duas árvores *sal* na cidade de Kusinara, em Mallan, onde Mallika, a frágil viúva de Bandhula, estenderia sobre o cadáver seu manto ricamente ornamentado.

Essa história de intrigas, traições e crimes situa Gautama no centro de um mundo volátil, no qual se achava profundamente envolvido. Dependia de Pasenadi. Sem o apoio do tirano, não alcançaria seus objetivos. Não lhe era possível, pura e simplesmente, afastar-se com todos os seus discípulos para as montanhas ou florestas. Ali ficariam sujeitos a ataques de bandidos, canibais e bestas selvagens, não tendo, além disso, onde pedir esmolas e sobreviver. Por isso, via-se obrigado a instalar seus principais centros perto das grandes aglomerações urbanas. A única opção, para Gautama, era obter o favor dos governantes locais, chefes militares e mercadores prósperos. A fim de difundir suas ideias e fundar uma comunidade, precisava de duas coisas: garantia de segurança e acesso à riqueza.

Em minha busca do Buda histórico, tive de ir arrancando camadas e camadas de mitos que haviam aderido à pessoa humana dele. Para descobrir quem esse homem foi de fato, descartei a imagem idealizada do mestre sereno e perfeito, incapaz de cometer o mínimo erro. Gautama, como todos nós, habitava um mundo incerto e imprevisível. Não fazia ideia do que pudesse acontecer na manhã seguinte ou no próximo mês. Como prever se uma suspeita ou mudança de humor iria de súbito induzir seu benfeitor a deixar de ajudá-lo? Gautama não poderia saber de antemão que uma catástrofe estava prestes a desabar sobre Kosala, que uma guerra logo eclodiria, que um golpe de Estado era tramado ou que uma doença em pouco tempo o poria de cama.

Tive também de me manter em guarda contra a surrada imagem de Gautama como um monge que renunciara ao mundo, um místico contemplativo cuja única meta era apontar aos discípulos o caminho para a libertação final do ciclo de nascimento e morte. Essa imagem obscurece seu papel como crítico e reformador social que rejeitou as ideias religiosas e filosóficas vigentes na época, que ridicularizou a casta sacerdotal e suas crenças teístas, que recomendou um tipo inteiramente novo de vida individual e comunitária.

Sidarta Gautama se comparava ao homem que, indo à floresta, ali descobriu "uma antiga vereda palmilhada outrora por muitas pessoas".[13] Seguindo-a, o homem chegou às ruínas de "uma velha cidade com parques, bosques, lagos e muralhas, um lugar agradável". Procurou então o rei local, falou-lhe de seu achado e sugeriu-lhe "recuperar a cidade, que se tornaria outra vez grandiosa, próspera e repleta de habitantes". Gautama explica que a "antiga vereda" significa o caminho do meio para o qual despertara. Mas, em vez de apresentá-lo como o caminho que conduz ao nirvana, mostra-o como a maneira de restaurar uma *cidade*. Vê em seu ensinamento — o Dharma — um modelo de *civilização*. De fato, o Buda estava plenamente consciente de que, para atingir seu objetivo de restaurar a velha cidade, não lhe bastaria o apoio entusiástico de monges e monjas. Era necessária a cooperação de homens como o rei Pasenadi de Kosala.

Eu precisava, igualmente, prevenir a tendência a projetar em Gautama todos os meus gostos e valores. Bem sei que, ao longo da história, cada budista criou seu próprio Sidarta Gautama e não sou exceção. Tenho de reconhecer que a grande maioria dos budistas mostra pouco ou nenhum interesse pela personalidade do fundador de sua religião; contentam-se com reverenciar uma figura remota e idealizada. E, percebo-o claramente, tudo quanto descubro sobre essa distante pessoa histórica também revela algo sobre mim mesmo. Não posso sustentar que minha versão do Buda seja mais verdadeira ou correta que a do leitor. Só afirmo que os materiais entesourados no Cânone Páli e outras fontes ainda não esgotaram sua capacidade de gerar mais histórias a respeito de Gautama e seus ensinamentos.

Capítulo 9

A ESTRADA DO NORTE

Em fevereiro de 2003, meu amigo Allan Hunt Badiner incumbiu-me de uma viagem pelos Estados de Bihar e Uttar Pradesh, no norte da Índia, incluindo uma breve passagem pelo Nepal. Eu visitaria os sítios históricos ligados à vida e ao ministério do Buda. Tinha então 49 anos. Minha tarefa seria obter um detalhado registro fotográfico daqueles lugares para um livro que Allan estava escrevendo sobre as peregrinações budistas à Índia. Era a oportunidade ideal para uma jornada que eu vinha planejando há muito tempo, mas, por uma razão qualquer, ainda não conseguira realizar.

Desde que voltara à Europa da Coreia, continuei praticando fotografia. Com o tempo, aumentou meu interesse em captar imagens de objetos do cotidiano dos quais eu normalmente ignorava ou negligenciava alguns aspectos. "A meditação e a fotografia",[1] escrevi num ensaio, "nos afastam do fascínio pelo extraordinário, levando-nos a redescobrir o comum. Se, antes, eu ansiava pela transcendência mística que a meditação proporciona, agora considero os lugares exóticos e as coisas inusitadas como temas ideais para a fotografia." Quando um editor de Londres encarregou Martine de escrever um livro sobre meditação budista, fui solicitado a produzir oitenta fotos coloridas e em preto e branco para ilustrar o texto. Apresentei várias imagens nas quais procurava "mostrar o mundo de uma maneira curiosa e inesperada que, como a experiência da meditação, seja ao mesmo tempo atraente e perturbadora". *Meditation for Life* foi publicado em 2001. Foi depois de ver as fotografias do livro que Allan me convidou a viajar pela Índia a fim de obter as imagens ilustrativas de sua obra em curso sobre as peregrinações budistas.

Numa noite escura, meu motorista, o sr. Khan, e eu chegamos ao Royal Retreat Hotel, perto da aldeia de Shivpati Nagar, não muito longe das ruínas de Kapilavatthu, onde Sidarta Gautama passou a infância. Os faróis do carro iluminaram um gramado impecável e, mais adiante, as colunas de um bangalô colonial muito branco. Criados de libré correram para nos receber. O hotel fora construído como cabana de caça, no século XVIII, pelo marajá local. Peles de tigre descoradas ainda pendiam das paredes, livros com encadernação de couro amarelavam em estantes de vidro, o cheiro desagradável de móveis antigos e tapetes bolorentos invadia tudo. Apaguei a luz e fui dormir embalado pelos uivos melodramáticos dos chacais.

Depois do café da manhã, enveredei por uma trilha que mergulha na floresta nativa em volta do hotel. Sentei-me, de pernas cruzadas, no chão vermelho-escuro, em meio a árvores esguias, cepas e trepadeiras que serpenteavam para o alto. Folhas enormes, perfuradas por lagartas, pendiam trêmulas diante dos meus olhos. Um pássaro solitário trinava no dossel verde lá em cima. De longe, vinha o ruído de batidas de roupa contra a pedra, junto a um rio ou lago. Então, ouvi um animal esgueirar-se pelo mato e deter-se bem perto. Meu coração bateu forte. Procurei entre a ramagem rasteira e descobri um par de pupilas semicerradas, cor de âmbar, observando-me. Era um chacal. Sustentamos o olhar por um instante e o bicho se afastou tranquilamente.

No meio da manhã, saí com o sr. Khan para averiguar o que sobrara de Kapilavatthu. A paisagem setentrional da Índia, pela qual passávamos, é bem semelhante à que o Buda deve ter conhecido. Eliminados os caminhões e bicicletas, os sáris coloridos industrialmente e os radinhos de pilha, pouca coisa mudou desde aquela época. O Buda comparou certa vez seu manto de monge feito de retalhos ao tabuleiro de xadrez das plantações, que eram então, sem dúvida, muito parecidas com os arrozais verde-claros e searas de mostarda com suas flores amarelas, separados uns dos outros por corredores de terra em nível mais alto. Tudo isso eu via pela janela do Land Cruiser enquanto avançávamos, aos pulos e sacolejos, pela estrada cheia de buracos enormes. Atravessamos mangueirais com o chão sob o dossel escuro de sua folhagem cuidadosamente varrido pelas mulheres do lugar e bosques portentosos de figueiras com suas raízes aéreas pendendo dos galhos quais tentáculos fibrosos. As duas coisas me eram bastante familiares graças aos textos páli, mas agora pareciam mais vívidas e reais. De vez em quando, avultavam à nossa frente bois tranquilos, de pelo cor de creme, com suas corcovas e papadas, descendentes remotos daqueles que o Buda vira e que ainda hoje puxam carroças desconjuntadas, cheias de fardos oscilantes de cana.

Mas vi também coisas que o Buda *não* viu. A região ao norte do Ganges é uma planície aluvial, uma vasta extensão de águas e solos movediços com centenas de quilômetros de largura, formada ao longo de milhões de anos pelos sedimentos que os arroios trazem do Himalaia. Ali não há colinas nem projeções de rochas, nenhum marco natural que o Buda possa ter avistado. Quando as camadas sedimentares engrossam com as neves e as monções, a altitude da planície muda e os rios se desviam para leitos mais embaixo. As populações os imitam, abandonando seus casebres de barro, madeira e palha para se dissolver na terra e sumir sem deixar traços. Então folhas caídas, vegetação podre, excrementos de aves e quadrúpedes, conchas de caramujos, ossos de bois e partículas de pele humana se juntam para fazer subir ainda mais o nível da planície. O terreno que percorro está mais de dois metros acima daquele que o Buda e seus monges palmilharam há 2.500 anos.

Não há ninguém à vista quando chegamos a Piprahwa. Uma brisa tépida e preguiçosa sopra pelos campos rasos, sem fim. De algum lugar, bem longe, o muezim convoca os fiéis à prece. O sr. Khan senta-se sobre os calcanhares, à beira da estrada, manuseando mecanicamente sua *beedi*. Atravesso o portão de ferro que conduz ao parque. Um jardineiro se esqueceu de fechar sua mangueira. Uma poça, brilhante à luz do meio-dia, dilata-se pouco a pouco pelo gramado verde. Nem sinal da Estrada do Norte, com seu tráfego intenso, que outrora deve ter cruzado o parque. Nem da palpitante cidade comercial de Kapilavatthu, muito segura dentro de suas muralhas de barro e madeira. Não se percebe sequer o eco dos turbulentos Gautamas e Koliyas, cujas ambições e contendas animaram outrora a orgulhosa província de Sakiya, mas apenas o arcabouço de tijolos de uma *stupa*, a construção funerária abobadada onde se veneram as relíquias de vários monges budistas — e, perto dali, os alicerces de um mosteiro.

O sol está a pino. Protegido por meu chapéu de safári, faço conscientemente a volta da *stupa* em sentido horário, como um peregrino. Repito o trajeto. Ainda sou a única pessoa no parque. A poça no gramado se espalha. O sr. Khan voltou para o Land Cruiser a fim de ouvir no último volume a música lacrimosa de um filme de Bollywood.

Passo os dedos pela superfície áspera dos tijolos da *stupa*. Embora convenientemente antigos e desgastados, esses blocos achatados não existiam na época do Buda. Tijolos cozidos eram coisa desconhecida na Índia daquele período.[2] Eles também não devem ter formado a parede externa da *stupa*, que consistia sem dúvida numa cúpula lisa, caiada. O que agora vejo e toco é a parte interna de um edifício erigido séculos depois da morte de Gautama, talvez em substituição a uma estrutura anterior, menos durável, de madeira e adobe.

Em 1897, o inglês William Peppé, um administrador de fazenda local, limpou a *stupa* do entulho e do mato para empreender ali a primeira escavação arqueológica. Depois de perfurar seis metros de parede, deparou com "um cofre maciço de arenito em perfeito estado de conservação, feito de um bloco inteiriço de rocha". Ergueu a tampa e viu três pequenos potes de pedra-sabão, um estojo do mesmo material e um vaso de cristal contendo "fragmentos de ossos que poderiam ter sido recolhidos poucos dias antes". Na urna menor estavam inscritas as palavras: "Este santuário das relíquias do Buda é o dos Sakiyas." Cofre e recipientes foram logo despachados para o Museu Indiano em Calcutá, enquanto as relíquias eram doadas ao rei siamês Chulalankara, que respeitosamente as distribuiu entre os budistas da Tailândia, do Ceilão e da Birmânia.

Empreendendo novas escavações em 1972, os arqueólogos indianos desceram ainda mais fundo no arcabouço de tijolos e descobriram duas outras urnas cheias de fragmentos de ossos. Mas, se aquelas eram as relíquias de Gautama, de quem seriam então as descobertas pelo sr. Peppé, agora reverenciadas em altares de todo o sudeste asiático? Difícil dizer. Nos dois anos seguintes, as escavações revelaram alicerces de casas e paredes de poços, cacos de cerâmica, moedas, implementos agrícolas enferrujados, contas de vidro, pulseiras e, mais importante, sinetes de terracota da dinastia Kushan (*c.* 50-320 d.C.) com a inscrição "Comunidade dos Monges Budistas de Kapilavastu".

Sidarta Gautama nasceu no parque de Lumbini, alguns quilômetros ao norte e agora do outro lado da fronteira do Nepal. Uma coluna com inscrições, erguida cerca de 150 anos mais tarde pelo imperador budista Ashoka, ainda assinala o local. A mãe de Gautama faleceu pouco depois de dar à luz. O menino foi criado pela irmã dela, Pajapati, que se casou com Suddhodana, pai de Sidarta.

Embora natural de Sakiya, Gautama sempre se declarou cidadão de Kosala, o reino ao qual a antiga república sakiyana já estava incorporada na época de seu nascimento. Até o fim da vida, foi súdito leal do rei Pasenadi, que de Savatthi governou um território cujos limites eram a margem setentrional do Ganges e o sopé do Himalaia. A oeste, situava-se Gandhara (boa parte do moderno Paquistão), uma satrapia do império aquemênida da Pérsia, então a maior potência mundial. À época do nascimento de Gautama (*c.* 480 a.C.),[4] soldados indianos da região estavam lutando no exército persa contra os gregos na batalha das Termópilas, cerca de 150 quilômetros a noroeste de Atenas.

Os sakiyas eram fazendeiros. Cultivavam arroz, painço, sementes de mostarda, lentilhas e cana-de-açúcar, além de criar vacas, ovelhas e cabras para obter carne e leite. O destino de Gautama estava ligado à colcha de retalhos dos campos e matas que cobriam as planícies de sua terra natal. Os edifícios, das choças dos escravos às mansões dos nobres, eram construídos sem dúvida com barro cozido, madeira e palha. Filho mais velho de uma poderosa família, Sidarta não deve ter labutado de sol a sol nas plantações — esse era trabalho para camponeses e servos. Ainda assim, decerto cresceu com plena consciência da responsabilidade, assumida por seu pai, de garantir a colheita anual de que dependia a sobrevivência da comunidade.

Kapilavatthu pode ter sido uma aglomeração de camponeses como tantas outras na província, mas diferia delas num ponto importante: era uma escala na Estrada do Norte, a principal via comercial e cultural da época, que ligava o reino de Magadha, ao sul do Ganges, com o de Kosala, ao norte. De Savatthi ela continuava, rumo noroeste, por mais de mil quilômetros até Takkasila, em Gandhara. Os ricos e privilegiados sakiyanos, como os Gautamas, ficavam expostos ao movimento de mercadorias e ideias entre as regiões de Magadha e Kosala, no interior indiano, e os vastos territórios persas, a oeste.

Como filho e herdeiro de um nobre de alta estirpe, é provável que Sidarta tenha acompanhado o pai a Savatthi, cerca de 130 quilômetros a oeste de Kapilavatthu, em missão oficial ou comercial. Suddhodana não via perspectivas de glória futura para seu talentoso primogênito na rural e atrasada Sakiya. Para um jovem fidalgo, qualquer progresso no reino de Kosala dependia da atenção e patrocínio de uma figura influente na corte de Savatthi. É possível, entretanto, que muito antes de se tornar Buda o rapaz já integrasse os círculos do jovem príncipe Pasenadi, que incluía também Bandhula, outro filho ambicioso de um chefe de província distante.

O Cânone Páli, curiosamente, pouco diz sobre os anos de formação de Sidarta Gautama. Quase nada se conta dele até sua intempestiva fuga de Sakiya aos 29 anos de idade, para se tornar um monge errante. Um dos poucos acontecimentos de infância narrados por Gautama[5] é que, certa vez, mergulhou em meditação profunda depois de sentar-se à sombra de uma macieira, enquanto o pai cuidava de negócios no campo. Nada se diz sobre o modo como foi criado, o tipo de educação que recebeu, as pessoas com quem travou conhecimento, suas primeiras ambições e paixões ou as atividades que desempenhava. Todo o período entre a adolescência e os 29 anos é uma lacuna na vida de Gautama.

Sabe-se bem mais, contudo, sobre alguns de seus conhecidos. Cinco, em particular, se destacam: Pasenadi, futuro rei de Kosala; Bandhula, filho do governador de Malla e, mais tarde, comandante do exército de Pasenadi; Angulimala, filho de um brâmane de Savatthi que se tornou assassino ritual; Mahali, nobre de Licchavi, da cidade de Vesali; e Jivaka, filho de uma cortesã de Rajagaha que chegou a médico da corte em Magadha. Todos esses homens eram da geração de Sidarta Gautama e todos permaneceram junto dele ao longo da vida, embora só Angulimala se tornasse monge. Além de compartilhar um amigo famoso, também os mantinha juntos o fato de serem colegas na universidade de Takkasila (Taxila).

Takkasila, capital de Gandhara, era um prestigiado centro de ensino da região. Jovens das cidades emergentes do norte da Índia iam para lá a fim de aprender as técnicas do governo e da guerra, tornar-se médicos e cirurgiões, estudar religião e filosofia ou dominar as artes mágicas e rituais. Morando numa metrópole do império aquemênida, encruzilhada de grandes rotas comerciais, ficavam expostos a uma cultura cosmopolita, inexistente nas cidadezinhas da planície do Ganges. Em Takkasila, conviviam com persas, gregos e outros cidadãos do vastíssimo império. Para um fidalgo indiano da época, enviar um filho a Takkasila era o mesmo que, para um rico industrial indiano de hoje, matricular o seu filho em Oxford ou Harvard. Nobre que era, também Sidarta Gautama deve ter estudado em Takkasila. Mas, se não estudou, cresceu sem dúvida na companhia de outros que estudaram.*

O Cânone nos conta ainda que Sidarta teve um filho, Rahula, em Sakiya quando estava com 27 ou 28 anos. Como é costume, em sociedades desse tipo, que os membros da nobreza se casem na adolescência, ele era relativamente "velho" quando se tornou pai pela primeira vez. Uma hipótese seria que estivera ausente de Sakiya durante seus anos de formação, talvez estudando em Takkasila ou exercendo algum cargo militar/administrativo em nome do governo de Kosala. Nesse caso, teria voltado à pátria ao final da quadra dos 20 anos, para se casar e cumprir o dever de família que era gerar um herdeiro. A esposa de Sidarta é uma figura nebulosa chamada Bhaddakaccana ou talvez Bimba, sua prima pelo lado materno e irmã de Devadatta, em quem ele teria no futuro um rival. Não foi muito depois do nascimento de Rahula que Sidarta decidiu fugir de Kosala.

Por que fez isso? Seu próprio relato no Cânone pouco esclarece o mistério. Diz que resolveu sair de casa para buscar a "suprema e eterna libertação das cadeias"[6] em vez de satisfazer-se com coisas transitórias e perecíveis. Ora, isso é apenas uma retomada das normas de renúncia ao mundo que a tradição ascética da Índia já cultivava. Parece mais que ele sofreu uma profunda crise pessoal de algum tipo e viu-se atormentado por questões "existencialistas": de que serve

* Ver Apêndice II para mais reflexões sobre a possibilidade de o Buda ter estudado em Takkasila.

esta vida? Que significa o mundo? Para que nasci se devo morrer? Sem dúvida, percebeu que tudo quanto fizera até então só o levara a um beco sem saída. Assim, decidiu abandonar de vez aquilo que o cercava: rei, pátria, deveres da nobreza, clã, esposa e filho. Esse passo aparentemente desesperado pode ter sido a última opção que lhe restava para resolver seu dilema. E pode tê-lo dado sem nenhuma certeza de sucesso.

"Embora minha mãe e meu pai não o desejassem de forma alguma",[7] lembra-se ele, "e trouxessem as faces banhadas em lágrimas, raspei o cabelo e a barba, vesti o manto amarelo e troquei a vida doméstica pela mendicância." Assim, de cabeça raspada, trajando apenas um manto feito com trapos, sobraçando uma tigela e provavelmente descalço, tomou a Estrada do Norte. Devo ter cuidado, quando o visualizo afastando-se de casa, para não julgar seus atos de acordo com os valores de minha própria época e cultura. O abandono da esposa e do filho talvez o tenha inquietado menos — o resto da família trataria bem deles — que a renúncia aos deveres para com o clã Gautama e a comunidade de Sakiya. Sua partida pode muito bem ter sido acompanhada por uma sensação de imenso alívio e liberdade. Mais tarde, diria: "Em casa, a vida se encerra numa atmosfera poeirenta.[8] Fora, é a amplidão."

Juntava-se a lentas caravanas de carroças puxadas por bois, percorrendo uns quinze quilômetros por dia em meio a florestas infestadas de rinocerontes, tigres, leões, ursos e bandos de selvagens. Ocasionalmente, chegava a uma cidade-mercado rodeada de aldeias e searas. Na época das monções, de junho a setembro, as estradas cobertas de lama impediam o tráfego. Então, acampava em parques e bosques — passando o tempo a indagar, refletir e meditar. Essas viagens demoradas de um lugar a outro, interrompidas por três meses durante a época das chuvas, seriam uma constante até o fim de sua vida.

Deixando a província kosalana de Malla, ele deve ter visitado Vajji, a última das antigas repúblicas, ainda governada da cidade de Vesali por um parlamento e não por um rei. Chegando ao Ganges, fronteira natural que separava Vajii e Kosala do poderoso reino de Magadha, atravessou-o de balsa, indo ter à aldeia de Patali, na margem sul. Seguiu a Estrada do Norte até seu ponto final em Rajagaha, capital de Magadha, espremida dentro de um anel de colinas uns noventa quilômetros ao sul.

Hoje, as florestas desapareceram, a terra está toda coberta de lavouras e as estradas pululam de caminhões, ônibus, carroças, bois e pedestres. Em lugar de balsas, a ponte Mahatma Gandhi, com seus quatro quilômetros e meio de comprimento, cruza o Ganges até Patna, nome atual da antiga Patali. Do alto dessa ponte de concreto e linhas modernas, vê-se que o formidável Ganges deve ter constituído uma barreira intimidadora entre os reinos rivais da antiga Índia. Na margem setentrional, uma vasta extensão de lama e bancos de areia separa as densas plantações de banana, em terra firme, das águas turvas e morosas. A margem sul, ao contrário, é bordejada por uma fileira compacta de edifícios. Da ponte — que, em se tratando da Índia, é até pouco movimentada —, o sr. Khan e eu descemos para o caos de Bihar, a capital estadual, uma imensa aglomeração com cerca de dois milhões de habitantes. Uma nuvem de poeira e fumaça cobre os prédios esquálidos de concreto, enquanto as ruas retumbam ao som das buzinas dos carros e caminhões, bem como dos sininhos das bicicletas e riquixás.

Paramos no Jadu Ghar, o decadente museu colonial construído pelos ingleses em 1917. Ali, pude ver o escrínio que contém as relíquias de Gautama, descobertas, durante as escavações perto de Vesali, em 1958, em uma *stupa* identificada com a ajuda do relato escrito por um peregrino chinês do século VII. O velho funcionário do museu, com mãos trêmulas, destrancou uma porta, fez-me entrar num pequeno recinto circular, coberto por tapetes bolorentos, e acendeu a forte luz fluorescente. Atrás de um vidro grosso, envolto em veludo vermelho, há um solitário escrínio esférico, trincado, com cerca de cinco centímetros de altura, feito de pedra-sabão cor de creme. Uma fotografia encaixilhada exibe o escrínio aberto, com seu conteúdo disposto ao lado: um montículo de cinzas, uma moeda de cobre perfurada, um fragmento de folha de ouro, uma pequena concha de molusco e duas contas de vidro.

O curador limpa a garganta e põe-se a recitar uma descrição decorada das relíquias num inglês tão alto quanto ininteligível. Enquanto ele fala sem parar, percebo que juntei as palmas e me inclinei numa reverência aos objetos. Esse é um hábito budista muito comum. Na verdade, não sinto reverência alguma por eles — só estou confuso, abatido e um pouco envergonhado de mim mesmo. Mas o que podia esperar? Luzes dançantes? Flores caindo do céu? Aquele santuário espalhafatoso e secular me tira todo o entusiasmo.

O sr. Khan está de cócoras na calçada, polindo as calotas do Land Cruiser com um trapo sujo. Um grupo de jovens entediados reuniu-se à sua volta. Vendo-me caminhar em sua direção, põe de lado seu *heedi* num movimento rápido e apressa-se a abrir a porta do motorista. Tão logo me sento a seu lado, ele penteia cuidadosamente o cabelo mirando-se no espelho retrovisor. Enquanto percorremos as ruas, a lataria do Land Cruiser se torna sua própria pele. Sempre que ergo as mãos num movimento reflexo para me proteger da batida iminente, o sr. Khan sorri com complacência para si mesmo depois de se desviar de um homem/vaca/riquixá/carreta por questão de milímetros.

De Patna, acompanhamos o curso do Ganges para leste e, em Bakhtiarpur, tomamos o rumo sul, em direção a Rajgir — como Rajagaha é hoje conhecida. Perto da antiga capital de Magadha, afloramentos rochosos de encostas íngremes pontilham a paisagem. São as sentinelas avançadas do planalto de Chota Nagpur, que fecha a extremidade meridional do vale do Ganges. Comparada à rica planície aluvial do norte, aqui a terra é seca e poeirenta, entremeada de áreas pedregosas e estéreis. Mas logo se erguem diante de nós as pujantes colinas que formam um círculo protetor natural em volta de Rajagaha. Ao longo dessa cadeia, posso avistar segmentos intactos das muralhas de pedra, construídas na época do Buda, que protegeram ainda mais os habitantes contra as incursões.

Ao crepúsculo, entramos no complexo do Hokke Hotel, cercado de muros de tijolos e construído nas imediações do renque de colinas. Escoltam-me até um quarto em estilo japonês, com *tatami*, enquanto o sr. Khan desaparece nos fundos do complexo e vai confraternizar com o pequeno universo dos motoristas, criados, cozinheiros, lavadeiras, faxineiras, guardas e policiais de folga. O Hokke não apenas tem uma cozinha passável como, todas as noites, pode-se ficar de molho em sua luxuosa *onsen* (sauna) na companhia de peregrinos japoneses, muitos dos quais vêm aqui para visitar o reverenciado Pico do Abutre, onde se diz que o Buda pregou o *Sutra do Lótus*, o *Sutra do Diamante* e o *Sutra do Coração*.

No dia seguinte, antes do amanhecer, partimos para o Pico do Abutre, parando no caminho para apanhar um policial desengonçado, de uniforme cáqui e fuzil de repetição ao ombro, que atendia pelo nome de Gurudev. Todo forasteiro que se aventura pelas colinas em horários irregulares tem de estar acompanhado por um guarda armado a fim de proteger-se dos *dacoits* que, supostamente, se escondem ali. Do aglomerado de barracas de *souvenirs* e casas de chá na base do monte, Gurudev e eu levamos cerca de meia hora para subir o velho caminho pedregoso que leva ao topo.

Quando chegamos, minhas grandiosas expectativas com relação ao Pico do Abutre se desvaneceram. Só vi blocos de pedra projetando-se de um dos contrafortes mais baixos do cume, eriçados de bandeirolas de prece tibetanas. Inúmeras cavernas, onde Gautama e seus monges teriam se recolhido para meditar tranquilamente, aparecem aqui e ali em meio à confusão de rochedos, abrigando santuários improvisados com velas, pedaços de folhas de ouro e véus brancos de oferenda. No próprio contraforte, ergue-se uma plataforma retangular cercada de um muro de tijolos, com um templozinho reles aos cuidados de um "sacerdote" mercenário, dentro do qual não podem ficar, espremidos, mais que trinta e poucos peregrinos de cada vez. Quando o sol se levanta, o lugar oferece um belo panorama da antiga cidade. Hoje, nada mais resta dentro do círculo de colinas, exceto o mato rasteiro e algumas árvores raquíticas.

Quando Gautama chegou aqui de Kapilavatthu, por volta de 450 a.C., viu-se numa das mais populosas e florescentes cidades da época. Rajagaha era um movimentado centro comercial abençoado com fontes termais que lhe forneciam água em abundância. Era também um polo industrial, com minas de ferro e cobre nas imediações, e uma base militar solidamente fortificada. Além disso, funcionava como importante local de encontro para monges e ascetas, que debatiam suas doutrinas nos parques, buscavam a solidão das colinas e vagueavam pelas ruas pedindo esmolas. O reino de Magadha era governado daqui por Bimbisara, um poderoso e, ao que tudo indica, respeitável monarca. Em obediência a um dos itens do tratado de aliança com Kosala, seu maior rival político, Bimbisara desposou a princesa Devi, filha do rei Pasenadi.

Segundo o *Sutta Nipata*, uma das seções mais antigas do Cânone Páli, o rei de Magadha viu, do teto de seu palácio, Gautama caminhar tranquilamente pelas ruas da cidade. Ordenou a seus serviçais descobrirem quem era aquela pessoa e onde se alojava. Em seguida, tomou a carruagem para ir ao monte Pandava e encontrar o estranho. Propôs-lhe: "És jovem e sensível, no vigor da sua vida,[9] um nobre de boa estirpe que deveria estar adornando meu exército à frente de um esquadrão de elefantes. Muito me agradaria conceder-te posição e fortuna. Dize-me: onde nasceste?" Gautama contou-lhe que era natural de Kosala, da linhagem Solar e do clã Sakiya, estabelecido ao pé do Himalaia. Mas não aceitou a oferta do rei: "Decidi renunciar ao mundo", explicou a Bimbisara. "Meu espírito se deleita na luta que ora trava."

Quais foram as consequências dessa luta? Só sabemos que passou algum tempo nas comunidades de dois mestres:[10] Alara Kalama e Uddaka Ramaputta. Ambos lhe prescreveram exercícios de concentração mental, o primeiro no "nada", o segundo na "nem-percepção-nem-não-percepção". Tratava-se provavelmente de exercícios de yoga destinados a sustar toda identificação com o mundo fenomênico a fim de obter a união com Brahman, a realidade absoluta e transcendental de Deus. Gautama se tornou proficiente nessas meditações e cada mestre tentou aliciá-lo para líder de seu grupo. Mas, conforme percebeu, não importava por quanto tempo meditasse, aqueles estados de transe profundo não lhe proporcionavam o tipo de visão que perseguia. "Insatisfeito com tais ensinamentos", concluiu, "deixei-os de parte e fui embora."

A única outra disciplina que parece ter cultivado foi a automortificação levada a extremos. "Comia muito pouco",[11] lembrava-se, "apenas um bocado de cada refeição, fosse sopa de feijões ou lentilhas, de ervilhacas ou ervilhas. Por não comer quase nada, emagreci bastante. Meus membros eram como os gomos articulados do bambu; minhas costas assumiram o contorno da corcova do camelo; minhas costelas se destacavam como as vigas de um teto descoberto; o brilho de meus olhos ocultou-se nas profundezas das órbitas; meu couro cabeludo se enrugou e trincou; meu ventre aderiu à espinha; quando defecava ou urinava, caía de rosto no chão; se tentava estimular o corpo esfregando os membros com as mãos, os pelos, enfraquecidos na raiz, se desprendiam."

Essa meticulosa enumeração de penitências nos mostra um homem perturbado, em conflito com as necessidades do corpo, ansiando desesperadamente pela transcendência. "Com essa rígida prática de austeridades", teve de reconhecer, "não consegui atingir nenhum estado mental superior nem apurei o conhecimento ou a visão. Haveria outro caminho?" Lembrou-se então daquele momento na infância em que, sentado sob a macieira, "penetrei e habitei um estado mental de extrema concentração, onde os pensamentos eram dirigidos e sustentados, gozando o êxtase e o prazer de estar longe de tudo". Esse prazer, percebeu-o logo, não era algo que devesse recear, pois bem poderia capacitá-lo a resolver seu dilema. Mas, "com um corpo excessivamente consumido, é difícil sentir prazer. Talvez o melhor fosse eu ingerir um pouco de pão e arroz cozido". Foi o que fez.

Esse relato agrada muito a quem insiste em descrever Gautama como um monge que renunciou ao mundo, acolheu e depois repeliu as práticas espirituais consagradas em seu tempo. Mostra que dominara o yoga em grau suficiente para inaugurar um movimento religioso, mas nada diz sobre o progresso de suas ideias. Tem-se a impressão de que, nesses seis anos, Gautama pouco fez além de experimentar novas formas de transe e penitência. Não se mencionam as discussões e debates que sem dúvida travou com seus companheiros errantes; os tópicos filosóficos e religiosos importantes na época; as esperanças e ansiedades que o motivavam. Não se fica sabendo em que, quando Gautama começou a pregar, seus discursos se distinguiam no tocante a estilo, tom e conteúdo. Sua voz é firme, irônica, às vezes brincalhona, antimetafísica e pragmática. Em seus anos de formação, afastou-se de maneira lúcida e segura das doutrinas e valores do bramanismo tradicional. Mas como fez isso, exatamente, não o sabemos.

Capítulo 10

CONTRA A CORRENTE

Depois de escapar ao labirinto das ruas estreitas e esburacadas de Gaya, o sr. Khan e eu tomamos a rodovia que corre ao lado do grande leito arenoso do Neranjara. Nosso destino era Bodh Gaya, nome atual de Uruvela, o lugar onde Sidarta Gautama despertou: um centro de peregrinação que se estende por quilômetros, dominado por comerciantes gananciosos, barulhento, confuso e poluído. Um jato estrondeja nos céus, trazendo fiéis diretamente de Colombo ou Bangkok para o aeroporto local. Hotéis luxuosos convivem com hospedarias baratas; templos de todos os matizes budistas podem ser percebidos por trás de altas muralhas e portões de ferro batido. Monges, monjas e leigos de toda a Ásia, lado a lado com ocidentais arvorando-se em budistas, atulham as ruas acossados por mendigos, leprosos e aleijados que agitam suas latinhas cheias de moedas. Para além dos limites urbanos, os campos já recuaram diante de mais construções. O budismo prospera nesse recanto de Bihar.

Eu não punha os pés ali há quase trinta anos. Em dezembro de 1974, viajei pelo trem noturno de Pathankot até Gaya espremido contra o porta-bagagem de cordas numa cabine superlotada de terceira classe. Os últimos quinze quilômetros, percorri no conforto relativo de um riquixá puxado por bicicleta. Tinha 21anos e ainda morava em Dharamsala. Em junho daquele ano, tornara-me monge noviço.

Estava ali para receber do Dalai Lama a iniciação Kalachakra. Na mesma ocasião, uns cem mil tibetanos, butaneses, ladhakis e siquimenses haviam descido do Himalaia para a sonolenta aldeia indiana. Montaram suas tendas, sem a mínima condição de higiene, nos campos vizinhos e ao longo de toda a margem do rio Neranjara. Segundo boatos, aquela seria a última vez que Sua Santidade conferiria a iniciação Kalachakra — e era a primeira oportunidade para um número significativo de budistas ocidentais a receberem.

Afora o portentoso templo Mahabodhi, ao lado da famosa figueira, Bodh Gaya consistia então de uma única rua de terra, alguns outros templos e *viharas* esparsos, que acolhiam peregrinos da Tailândia, da Birmânia e do Japão, e um aglomerado de lojinhas onde se compravam *souvenirs* budistas. O principal meio de transporte era a bicicleta. Ocasionalmente, um jipe ou Ambassador surgia em meio a uma nuvem de poeira, espaventando as galinhas e convencendo alguns vira-latas a entreabrir uma pálpebra sonolenta. Juntamente com alguns outros *injis*, alojei-me numa fazenda vizinha e dormi em montes de palha num galpão que cheirava a gado.

A cerimônia de iniciação exigiu vários dias e não houve tradução simultânea. Tentei seguir os complicados procedimentos que Geshe Dhargyey me explicara antes de deixarmos Dharamsala, mas meu interesse se voltava mais para as famílias do Butão à minha volta, com seus *kiras* e *ghos* listados de vermelho, botas de feltro e chapéus exóticos. Elas passavam mais tempo tagarelando, querendo saber coisas, rindo, brincando com os filhos e fazendo piquenique do que ouvindo o Dalai Lama falar do alto de seu trono coberto de brocados. Para elas aquilo era puro carnaval, uma oportunidade rara de relaxar e divertir-se juntas, não um solene acontecimento religioso. Só os monges de vermelho, à frente, e os conversos ocidentais, sentados imóveis e tesos ao fundo, com os olhos cerrados, pareciam levar a coisa a sério. No encerramento, formamos uma longa corrente (outro motivo de pilhérias e empurrões) que desfilou diante de Sua Santidade para que cada um lhe oferecesse um *katag* (lenço cerimonial), recebesse a bênção com um toque na cabeça e ganhasse uma fita vermelha para atar em volta do pulso.

Quando tudo terminou, as multidões se dispersaram e Bodh Gaya voltou ao marasmo de sempre. Fui para o *vihara* birmanês, na orla da aldeia, onde, orientado pelo sr. Goenka, passei três semanas no maior silêncio, praticando a percepção do corpo e das sensações.

Gosto de pertencer a uma religião que venera uma árvore. A magnífica figueira, cujos longos galhos fornecem sombra aos que calcam as lajes de mármore branco em volta do templo Mahabodhi, mostra-se indiferente à indústria da peregrinação, muito próspera nos últimos anos. Pouco lhe importa que seu robusto tronco seja envolvido por tecidos de seda espalhafatosos, que de seus galhos pendam bandeirolas de prece ou que suas folhas caídas sejam apanhadas pelos filhos dos devotos. Essa árvore, descendente longínqua daquela sob a qual Gautama se sentava, já viu muitas marés de seres humanos indo e vindo: sacerdotes hindus que usavam o templo adjacente como santuário de Shiva; arqueólogos do Raj, que redescobriram o edifício no século XIX; Anagarika Dharmapala, o reformador cingalês que jurou devolver a árvore, o templo e os monumentos adjacentes ao controle budista; os milhares de tibetanos que fugiram com o Dalai Lama atravessando as montanhas em 1959; os milhões de ex-intocáveis indianos que recentemente se converteram ao budismo para escapar dos preconceitos contra sua casta; e alguns caras-pálidas ocasionais como eu, convertidos também.

"Esse Dharma que conquistei",[1] disse Gautama ao relatar sua descoberta naquela noite sob a ramagem da árvore original,

> é profundo, difícil de ver, difícil de despertar em nós, sereno, excelente, livre da constrição do pensamento, sutil, só percebido pelos sábios. Mas as pessoas gostam de seu lugar; é nele que se deleitam e repousam. Não é fácil, para quem repousa e se deleita com gosto em seu lugar, perceber esta esfera da condicionalidade, do surgir condicionado.

Esse é o relato de um homem que empreendeu uma jornada e chegou a seu destino. O que viu era muitíssimo estranho, difícil de conceituar ou pôr em palavras. Ao mesmo tempo, compreendeu que outros talvez já tivessem passado pela mesma experiência. Pois aquilo para o qual despertou, a "condicionalidade" — coisas específicas geram outras coisas específicas —, era, em certo sentido, bastante óbvio. Todos sabem que sementes dão origem a plantas, que ovos dão origem a galinhas. No entanto, insistia, esse "surgir condicionado" é bem difícil de perceber.

Por quê? Porque as pessoas ignoram a contingência fundamental da vida apegando-se a seu *lugar*. O lugar de alguém é aquele a que está mais fortemente ligado, o alicerce sobre o qual todo o edifício de sua identidade pessoal se ergue. Consiste na identificação com um sítio físico e uma posição social, nas crenças religiosas e políticas, na convicção instintiva de que se é um eu solitário. Meu lugar é aquele onde estou e de onde me defendo de tudo quanto possa desafiar o que é "meu". Representa minha atitude frente ao mundo, abrangendo o que se encontra deste lado da linha divisória entre "mim" e "você". Semelhante apego gera a sensação de que estou fixo e seguro numa existência que é tudo, menos segura e fixa. Sua perda, receio-o muito, mergulhará no caos, na falta de significado ou na loucura as coisas que mais valorizo.

A busca de Gautama levou-o a pôr de lado tudo quanto se relacionava ao seu lugar — rei, pátria, posição social, deveres de família, crenças, convicção de ser um eu dotado de corpo e espírito —, mas não provocou nele uma crise psicótica. Pois, abandonando seu lugar (ālaya), ele conquistou um chão (ṭṭhāna). Mas esse não é o chão aparentemente sólido de um lugar — é o chão precário, transitório, ambíguo, imprevisível, fascinante e aterrador chamado "vida". A vida é um "chão sem chão": logo que surge, desaparece para se renovar, entrar em colapso e desaparecer de novo. Flui incessantemente como o rio de Heráclito, que não se pode atravessar duas vezes. Se você tentar segurá-lo, ele escorrerá por entre seus dedos.

Não se deve confundir esse chão sem chão com ausência de apoio. Ele dá apoio de uma maneira diferente. Enquanto o lugar prende e paralisa, o chão solta e deixa ir. Não fica parado um instante. Mas, para merecer seu apoio, você precisa se relacionar com ele de um modo diferente. Em vez de permanecer de pé, firme, com os punhos cerrados para se sentir seguro em seu lugar, terá de deslizar por sua superfície líquida e cintilante como uma libélula, vencer sua corrente como um peixe veloz. Gautama comparou mesmo essa experiência a "entrar num rio".

O despertar de Gautama envolveu uma mudança radical de perspectiva, não apenas a conquista do conhecimento privilegiado de uma verdade superior. Ele jamais empregou as palavras *conhecer* e *verdade* para descrevê-lo. Só falou em despertar para um plano contingente — a esfera da "condicionalidade, do surgir condicionado" — que, até então, fora obscurecido por seu apego a uma posição fixa. Embora possa induzir a uma reconsideração daquilo que "conhecemos", o despertar, em si, não constitui primordialmente um ato cognitivo. Trata-se antes de um reajustamento existencial, de uma acomodação sísmica no interior da própria pessoa e no trato com os semelhantes. Longe de fornecer a Gautama um rol de respostas prontas às grandes questões da vida, permitiu-lhe encarar essas questões de um ponto de vista inteiramente novo.

Para viver em terreno assim tão movediço, precisamos antes de tudo calar a obsessão com o que aconteceu ou acontecerá e permanecer mais atentos ao que acontece agora. Isso não significa negar a realidade do passado e do futuro, mas sim estabelecer um novo relacionamento com o caráter transitório e temporal da existência. Em vez de remoer o passado e especular sobre o futuro, devemos ver o presente como o fruto do que foi e o germe do que será. Gautama não prescrevia o recuo para um agora místico e fora do tempo, mas um contato direto com o mundo mutável tal qual se desdobra momento a momento.

Ter consciência do que sucede no presente exige o cultivo da atenção plena, que Gautama definia como o "caminho único" para se alcançar a presença concentrada e a sensibilidade sem as quais não nos mantemos firmes num chão sem chão. Com efeito, ele explica a atenção plena (*sati*) como algo enraizado (paṭṭhāna) no corpo, sentimentos e mente da pessoa, tanto quanto no mundo que a cerca. Ficamos atentos quando *percebemos* o que acontece; e o contrário é deixarmos que as coisas aconteçam como se estivessem envoltas numa neblina ou fôssemos premidos por acontecimentos com tamanha intensidade que reagíssemos antes de refletir.

A atenção plena se concentra inteiramente nas condições específicas da experiência diária. Nada tem a ver com coisas transcendentes ou divinas. Serve como antídoto para o teísmo, como cura para a compaixão sentimental e como bisturi para remover o tumor da crença metafísica. "Quando um monge respira fundo,[2] ele sabe: 'Estou respirando fundo'; quando respira superficialmente, ele sabe: 'Estou respirando superficialmente'", diz o Buda. Essa pessoa

> age com atenção absoluta ao olhar para a frente e para trás, ao flexionar e estender os braços, ao vestir suas roupas e carregar sua tigela, ao comer, beber e degustar, ao defecar e urinar, ao caminhar, ficar de pé, sentar-se, dormir, acordar, conversar e manter silêncio.

Não há nada suficientemente vil ou mundano para merecer nosso descaso. A atenção plena aceita como objeto de pesquisa tudo aquilo que surge em seu horizonte de percepção, não importa quão penoso ou inquietante seja. Não convém que busquemos ou esperemos achar uma grande verdade por trás do véu das aparências. O que aparece e como você reage ao que aparece: só isso importa.

Atentando bem para o que acontecia dentro e fora dele, Gautama despertou para o vasto campo aberto dos fatos possíveis. Seu despertar não resultou apenas da teorização intelectual, mas também do enfoque meticuloso na trama da experiência. O nível que alcançou incluía ainda a nova perspectiva de vida que se abriu dentro dele graças à exposição ao "surgir condicionado". Quem "repousa e se deleita com gosto[3] em seu lugar", continua Gautama, "acha difícil também perceber esse lugar: o arrefecimento das compulsões, o fim do desejo, desapego, cessação e nirvana".

Algo bem no íntimo de Gautama parece ter cessado. Estava agora livre para não mais viver neste mundo a partir da limitada perspectiva de seu lugar. Podia permanecer inabalável diante do fluir desordenado dos acontecimentos sem que os desejos e medos daí oriundos o agitassem. Jazem no âmago dessa visão uma serenidade profunda, uma renúncia definitiva a hábitos contumazes — e a ausência, ao menos momentaneamente, de ansiedade e conflito. Ele encontrou uma maneira de viver no mundo sem estar condicionado pela cobiça, pelo ódio ou pela confusão. Isso era o nirvana. Agora, poderia encarar o mundo da perspectiva do desapego, do amor, da lucidez.

A chave do despertar de Gautama deve ser buscada em sua aceitação plena da transitoriedade. "Quem vê o surgir condicionado",[4] diz ele, "vê o Dharma. E quem vê o Dharma, vê o surgir condicionado." Reconhecia que tanto ele mesmo quanto o mundo à sua volta eram formados por fatos fluidos e acidentais nascidos de outros fatos acidentais e fluidos — mas que *não precisavam ter acontecido*. Houvesse feito outras escolhas, tudo seria diferente. "Esquece o passado",[5] recomendou ao viandante Udayin. "Esquece o futuro. Ensinar-te-ei o Dharma: quando isto existe, aquilo vem a ser; com o surgir disto, aquilo aparece. Quando isto não existe, aquilo não vem a ser; com a cessação disto, cessa aquilo."

Sidarta Gautama rejeitava a ideia de que liberdade e salvação dependem do acesso privilegiado a uma fonte ou plano eterno, imutável, quer se chame Atman ou Deus, Consciência Pura ou Absoluto. Ter liberdade, para ele, significa eximir-se da cobiça, do ódio e da confusão. Essa liberdade (nirvana), além do mais, não se alcança pela fuga do mundo, mas pelo mergulho até o próprio cerne do efêmero.

Os brâmanes, na época de Gautama, sustentavam que o ser humano era animado por um espírito eterno ou eu (*atman*) cuja natureza se identificava com a realidade perfeita e transcendente de Brahman (Deus). Essa crença é bastante sedutora, pois implica que aquilo que somos *realmente* jamais perecerá. Além disso, parece confirmada por uma convicção profunda de sermos testemunhas perenes de um fluxo incessante de experiências. A visão de um bando de pássaros voando pelo céu, o gosto de uma fruta ou a melodia do Concerto de Brandenburgo nº 6, de Bach, podem surgir e desaparecer, mas a consciência de conhecermos essas coisas persiste.

Desde a mais remota infância, alimento a convicção intuitiva de que uma mesma consciência testemunhou e continua a testemunhar cada acontecimento em minha vida. Se olho uma fotografia de quando era bebê ou avalio quanto cresci e mudei ao longo dos anos, concluo que essa testemunha atemporal não pode identificar-se com o menino confuso, o adolescente rebelde, o jovem monge devoto ou o homem de meia-idade cético. Todos esses aspectos de mim mesmo são, ao que parece, apenas manifestações diferentes de meu "ego" ou "personalidade" e nada têm a ver com o eu essencial, imutável, que conhece e rememora essas coisas.

Ao mesmo tempo, uma de minhas lembranças mais inquietantes da juventude foi uma ocasião em que mamãe, inadvertidamente, abalou minha certeza instintiva de ser "eu". Era Natal e eu devia ter 16 anos. Ela e sua irmã, a tia Betty, folheavam um álbum de fotos na mesa da cozinha e depararam com o instantâneo de um homem em uniforme militar, apertando os olhos para o sol do deserto e com um cachimbo entre os dentes. Mamãe me disse: "Se tudo tivesse acontecido de outra forma, ele poderia ser seu pai." Pensei então: "*Mas, se esse homem fosse meu pai, eu seria eu?*" Raciocinei: se outro das miríades de espermatozoides de meu pai verdadeiro houvesse fecundado o óvulo de minha mãe, o fruto dessa mistura de cromossomos teria sido eu? E se o mesmo espermatozoide encontrasse o óvulo do próximo ciclo de minha mãe, eu seria o bebê que daí nascesse?

A despeito desses vislumbres enervantes de minha própria incerteza, a convicção de ser uma testemunha permanente e atemporal continuou tão sólida e indiscutível para mim quanto a visão do sol erguendo-se toda manhã a leste, cruzando o céu e pondo-se a oeste. Parece que fui programado para experimentar a mim mesmo e ao mundo dessa maneira. Contudo, apesar da evidência inegável de meus próprios olhos, sei muito bem que a terra é que nasce e se põe, não o sol. Gautama fez para o eu o que Copérnico fez para nosso planeta: colocou-o em seu devido lugar, embora ele continuasse parecendo o que antes parecia. Gautama não negava a existência do eu, como Copérnico não punha em dúvida a existência da terra. Bem ao contrário, em vez de vê-lo como um ponto fixo e não acidental a cuja volta tudo o mais girava, concluiu que cada eu é um processo fluido permanente — como todas as outras coisas.

A tese de que o ser humano consiste num espírito puro e eterno, mas ligado temporariamente a um corpo corrupto e efêmero, era generalizada no mundo antigo. De Baranasi a Atenas, houve sábios e filósofos para quem, após a morte física, a alma renasceria de acordo com os atos bons ou maus que praticara: como homem, animal ou outra forma qualquer de vida. Portanto, a salvação pressupunha que o espírito se desprendesse da matéria por meio de vida austera, reflexão filosófica e prática contemplativa. Essas disciplinas induziam a concluir que a verdadeira natureza da alma nada tinha a ver com o corpo, mas se identificava com a realidade transcendente de Deus. O objetivo, assim, era realizar a união mística da alma individual com o Absoluto.

"O ignorante busca os prazeres deste mundo",[6] reza o *Katha Upanishad* indiano, "e cai na armadilha da morte generalizada. Mas o sábio, conhecendo a natureza daquilo que é imortal, não busca nada de estável entre as coisas instáveis daqui (...). Quando todos os vínculos do coração são rompidos na terra, o que perece se torna imperecível." "Assim, enquanto vivemos",[7] disse o contemporâneo grego de Gautama, Sócrates, no *Fédon*, "é de crer que devamos cultivar ao máximo esse tipo de conhecimento, comungando com o corpo o mínimo possível, só na medida em que não pudermos evitá-lo, impedindo que sua natureza nos conspurque e conservando-nos puros de semelhante contágio, até que o próprio Deus nos liberte."

Gautama declarou que sua percepção do caráter fortuito da vida ocorreu "contra a corrente",[8] desafiando a intuição, isto é, o senso instintivo de sermos testemunhas atemporais de nossa própria experiência. Impugnou a crença numa alma eterna e, implicitamente, na realidade de um Deus transcendental. Longe de recomendar que seus seguidores se dissociassem da matéria para obter a união com Deus, Gautama instava-os a dar o máximo de atenção ao mundo em si dos fenômenos. A maneira como definiu a prática da meditação virou de cabeça para baixo a sabedoria cultivada na época. Não instruiu os discípulos a voltar-se para dentro, a fim de perceber a natureza de sua alma, mas sim a tomar consciência plena de seu corpo. Desse modo, com serenidade, notariam o que porventura lhes estivesse afetando os sentidos a cada momento, o modo como surgia e desaparecia, seu caráter fugaz, sua impessoalidade, sua alegria, sua tragédia, seu fascínio e seu terror.

As metáforas que empregou para descrever a prática da atenção plena são simples e práticas. Comparou as pessoas que meditam a carpinteiros ou açougueiros habilidosos,[9] profissionais que aprenderam a fazer uso de suas ferramentas com extraordinária precisão, podendo assim desbastar um pedaço de madeira ou retalhar uma carcaça de animal com esforço mínimo e eficiência máxima. A percepção acurada não é descrita como concentração passiva num objeto único e fixo, mas como envolvimento sutil num mundo complexo e mutável. A atenção plena é uma habilidade que pode ser aperfeiçoada. Trata-se de uma escolha, um ato, uma resposta que brota da inteligência serena, mas curiosa. É solidária e sensível à textura peculiar do sofrimento próprio e alheio.

O que Gautama ensinou contrariava as ortodoxias da época. Não admira, pois, que haja percebido após seu despertar quão "fatigante e arriscado" seria para ele instruir os outros. Afinal, as pessoas querem ser eternas e não aceitam facilmente a realidade inevitável da morte; aspiram à felicidade e fogem da contemplação da dor; insistem em preservar o senso do eu, evitando fragmentá-lo em seus componentes vagos e impessoais. Vai contra os ditames da intuição aceitar que a imortalidade possa ser vivenciada a cada instante quando nos livramos do abraço letal da ganância e do ódio; que a felicidade só é possível neste mundo para quem reconhece que este mundo não é capaz de proporcionar felicidade; e que só nos tornamos pessoas plenamente individuadas depois de renunciar às crenças num eu essencial.

Sidarta Gautama era um dissidente, um radical, um iconoclasta. Não queria de forma alguma se envolver com a religião sacerdotal dos brâmanes. Para ele, a teologia dessa religião era ininteligível, seus rituais eram inúteis e a estrutura social que legitimava era injusta. No entanto, compreendia bem seu apelo irresistível, sua tirania sobre a mente e o coração humano. Recusou-se a fazer o papel do guru iluminado, que exige submissão tácita antes de iniciar seus discípulos em doutrinas reservadas a uma elite espiritual. Mas, ainda assim, não podia permanecer calado. E chegou a hora em que teve de entrar em ação. Constatou que pelo menos algumas pessoas, "com pouca poeira nos olhos",[10] o compreenderiam. Abandonou, pois, sua árvore em Uruvela e foi para Baranasi, onde sabia que alguns de seus antigos companheiros, um grupo de cinco brâmanes de Sakiya, estavam instalados no parque dos Cervos, perto da aldeia de Isipatana.

Capítulo 11

ABRINDO CAMINHO

Outono de 1989. Durante um intervalo no retiro que Martine e eu estávamos dirigindo em Gaia House, o centro de meditação perto de Sharpham, eu folheava distraidamente os poucos livros que haviam sido doados à biblioteca da casa. Deparei-me então com um volume encadernado em linho de quase seiscentas páginas, *Clearing the Path* [*Abrindo Caminho*], escrito por Nanavira Thera, de quem eu nunca ouvira falar, publicado por uma editora obscura de Colombo, Sri Lanka, e impresso em Bangkok pela Funny Publishing Limited Partnership.

Abri o alentado volume negro ao acaso e pus-me a ler uma carta endereçada a Robert Brady, jovem bibliotecário do British Council em Colombo, com data de 3 de dezembro de 1964. "Quão irritantes parecem às vezes os ensinamentos do Buda!",[1] escreveu Nanavira. "Aí está você, egresso de um *ashram* onde aprendeu ou constatou a Grande Verdade segundo a qual 'realidade é consciência' — e cá estou eu tendo de cumprir o doloroso dever de informá-lo de que o Buda diz (simplifico um pouco): 'Sem matéria, sem sentimento, sem percepção e sem determinações é impossível haver consciência.'" Em seguida, Nanavira reforça essas palavras do Cânone Páli com uma citação de Jean-Paul Sartre, para quem, do mesmo modo, consciência é sempre consciência *de* alguma coisa. "Já se percebe então por que sou essencialmente um antimístico. E isso explica também o motivo de não me considerar uma pessoa religiosa do ponto de vista ocidental."

Eu mesmo já concluíra que a prática da meditação budista *não* é a busca de uma experiência mística. E me sentia cada vez menos uma "pessoa religiosa". Gautama, com efeito, rejeitava quaisquer pressupostos de uma realidade transcendente — fosse o seu nome Deus, Eu ou Consciência — e prescrevia em vez disso o exame contemplativo do mundo complexo, flutuante e altamente específico que se apresenta aos nossos sentidos aqui e agora. "Não *nego* que se possa ter[2] a 'experiência de Deus'", escreveu Nanavira a Brady cinco dias depois. "Está na moda proclamar que a ciência contemporânea confirma os ensinamentos do Buda. O pressuposto é que ele solucionou de ponta a ponta a questão da transcendência (eu) ou Transcendência (Deus), antecipando a atitude impessoal do cientista. Isso tudo, porém, é tolice — apenas transforma o Dharma numa espécie de positivismo lógico e eu próprio num Bertrand Russell em vestes de monge. Não: a experiência mística em nada difere da experiência sexual, romântica ou estética. E a pergunta a que se deve responder é se tais coisas devem ser tomadas como prova de algum tipo de realidade transcendental ou se a eternidade a que se referem não passa de ilusão."

Quem quer que fosse esse Nanavira Thera, senti imediata afinidade com ele. Levei *Clearing the Path* para casa e li-o da primeira à última página. Fiquei encantado com o estilo — seu tom sardônico, sua vasta erudição, seu humor negro — e, acima de tudo, com a franca rebeldia do autor. Nunca antes me sentira tão afetado por um livro budista escrito em inglês.

Quis saber mais sobre Nanavira Thera. Consultei monges no Sri Lanka, vasculhei bibliotecas e arquivos de centros budistas na Inglaterra, entrei em contato com pessoas que poderiam conhecê-lo ou ter ouvido falar dele e rastreei uma sobrinha-neta em Londres. Descobri que Nanavira Thera era inglês. Nascera em 1920, como Harold Musson, de uma família de classe alta onde militares não faltavam. Filho único, dado à introspecção, cresceu num velho solar de Hampshire. Em 1938, entrou para o Magdalene College, Cambridge, onde estudou matemática e depois línguas modernas. Alistou-se no exército logo ao romper da Segunda Guerra Mundial e, em 1941, era oficial do Departamento de Inteligência. Serviu primeiro na Argélia e mais tarde na Itália. Sua tarefa consistia em interrogar prisioneiros de guerra. Em 1945, foi hospitalizado em Sorrento e mergulhou na leitura de um livro recém-publicado sobre o budismo, *La Dottrina del Risveglio* [*A Doutrina do Despertar*], do autor italiano Julius Evola.

A julgar pela aparência, Julius Evola era o defensor mais improvável do budismo que se pudesse imaginar. Enquanto o capitão Musson, de 25 anos, lia *A Doutrina do Despertar* em seu leito de hospital em Sorrento, Evola, sem que ele o soubesse, estava em Viena — fugira da Itália após a queda de Mussolini — traduzindo textos maçônicos para o Ahnenerbe de Himmler, o instituto de pesquisas nazista encarregado de demonstrar a supremacia histórica da raça ariana. O Ahnenerbe suspeitava que Sidarda Gautama pudesse ter sido de boa linhagem ariana e, em 1938, enviara uma expedição ao Tibete, sob o comando do SS Hauptsturmführer Ernst Schäfer, para encontrar as provas disso. Os alemães passaram dois meses em Lhasa, no início de

1939, medindo crânios e analisando traços fisionômicos de tibetanos, ao mesmo tempo que coletavam textos budistas. Não se encontraram com o recém-descoberto Dalai Lama, então com 4 anos de idade, que se achava ainda na aldeia dos pais perto da fronteira chinesa, preparando-se para sua entronização em Lhasa. Evola gostava do budismo, porém, em virtude de sua convicção de que os ensinamentos do Cânone Páli preservavam o verdadeiro espírito ariano de autodisciplina ascética, essencialmente "aristocrático", "antimístico", "antievolucionista" e "viril". Para Evola, essa tradição ariana quase se perdera no Ocidente devido à "influência, sobre as religiões europeias,[3] de conceitos de origem semítica e asiático-mediterrânica".

Depois de servir na infantaria durante a Primeira Guerra Mundial, como muitos de sua geração, Evola se sentiu esmagado pela "inconsistência e vacuidade dos objetivos[4] que geralmente inspiram as ações humanas". Reagindo a isso, tornou-se pintor abstrato no movimento dadaísta e amigo de seu fundador, o romeno Tristan Tzara. Em 1921, já estava desiludido com o dadaísmo e certo de que as artes nunca resolveriam o problema de sua inquietação espiritual. Experimentou então as drogas, graças às quais alcançou "estados de consciência parcialmente desligados dos sentidos físicos (...) muitas vezes próximos à esfera das alucinações visionárias e talvez mesmo da loucura". Mas essas experiências apenas agravaram o dilema de Evola, intensificando seu senso de desintegração pessoal e confusão a ponto de ele decidir, aos 23 anos de idade, suicidar-se.

Desistiu do projeto ao ler uma passagem dos Discursos Médios, do Cânone Páli, em que o Buda ensina: "Quem pensa 'a extinção é minha'[5] e nela se rejubila, esse, digo eu, não sabe o que é extinguir-se." Para Evola, tais palavras foram "uma iluminação súbita.[6] Compreendi que o desejo de acabar com tudo, de dissolver-me, era uma servidão — a 'ignorância' em contraste com a verdadeira liberdade". Mesmo assim, porém, ele não se tornou budista e escreveu *A Doutrina do Despertar* para pagar a "dívida" contraída com o Buda, que o salvara do suicídio.

O que atraiu Harold Musson para o livro de Evola, conforme escreveu três anos depois no prefácio de sua tradução inglesa da obra, foi que *A Doutrina do Despertar* "recapturava o espírito do budismo em sua forma original",[7] eliminando "algumas das ideias confusas que se desenvolveram à volta da figura central, o príncipe Sidarta, e das doutrinas que ele pregou". Seu "verdadeiro significado", porém, residia no "estímulo à aplicação prática da doutrina que discute".

Harold Musson não foi o único a entusiasmar-se com o livro de Evola. Osbert "Bertie" Moore, também capitão no Serviço de Inteligência e quinze anos mais velho, sentiu-se igualmente encantado. Em carta que enviou então a um amigo na Inglaterra, Bertie descreve *A Doutrina do Despertar* como "o melhor tratado sobre budismo[8] que já encontrei — uma exposição notavelmente clara, objetiva e completa do assunto".

Bertie Moore nascera numa família pobre da pequena ilha de Tresco, uma das Scilly, ao largo da costa da Cornualha, em 1905. Recebeu pouca educação formal quando criança, mas sua notável habilidade linguística lhe valeu uma bolsa no Exeter College, Oxford, onde estudou idiomas modernos. O domínio do italiano facilitou-lhe a entrada para o serviço de inteligência militar e ele conheceu Harold Musson em Caserta, o quartel-general aliado perto de Nápoles, onde estavam ambos empenhados no "trabalho muitíssimo interessante" de interrogar oficiais fascistas de alta patente. (Como reagiriam se Julius Evola houvesse sido arrastado à barra de seu tribunal?) Tímido, sensível e contemplativo por natureza, Bertie, à medida que a guerra prosseguia, interessava-se cada vez mais por temas filosóficos e meditação, experimentando uma crescente repugnância pela "massa fétida de corrupção, exploração e ódio que é sem dúvida a perspectiva da Europa durante os próximos cinquenta anos".

O impacto das ideias budistas levou Bertie a questionar também a ética de seu trabalho no serviço de inteligência militar. Os interrogatórios dos suspeitos de espionagem serviam às vezes de base para execuções; moralmente incapaz de continuar se envolvendo em casos que pudessem levar à morte, solicitou aos superiores que o liberassem da tarefa de contraespionagem e prometeu não divulgar nada do que sabia. Isso poderia tê-lo sujeitado a acusações de insubordinação e corte marcial, mas seus superiores preferiram isentá-lo de vez das funções militares.

Depois da guerra, os dois homens continuaram amigos íntimos e foram morar juntos num apartamento em Primrose Hill, Londres. Harold, que tinha uma renda particular, passava os dias traduzindo para o inglês o livro de Evola, enquanto o pobretão Bertie tinha de se contentar com um trabalho no setor italiano da BBC. Ambos desiludidos e desgostosos com a Grã-Bretanha do pós-guerra, começaram a refletir seriamente sobre a possibilidade de levar seu interesse pelo budismo à conclusão lógica. Souberam da existência de uma pequena comunidade de monges budistas europeus no Ceilão. Sem sequer avisar amigos, parentes e colegas, Harold e Bertie apressaram-se a deixar a Inglaterra em novembro de 1948.

Nanavira Thera escreveria mais tarde que deixara a Grã-Bretanha em demanda do Oriente movido pelo "desejo de conhecer uma forma definida de prática não mística".[9] O pensamento ocidental, concluíra, "parecia (...) oscilar entre os extremos do misticismo e do racionalismo, duas coisas que me desagradavam; o yoga da Índia, de um modo geral, era uma solução possível". À medida que ia aprofundando a compreensão do budismo, sua postura antiocidental se consolidava. Ao fim da vida, escreveu: "O ensinamento do Buda é estranho[10] à tradição europeia, de modo que qualquer europeu que o adota é um rebelde."

Os dois homens foram ordenados monges noviços budistas numa clareira diante do Mosteiro da Ilha, em Dodanduwa, Ceilão, pelo monge alemão Nyanatiloka Mahathera, a 24 de abril de 1949. Nyanatiloka (Anton Gueth) tinha 71 anos e era o monge budista ocidental mais velho do mundo. Pioneiro nos estudos páli, fora ordenado na Birmânia em 1904, antes de se mudar para o Ceilão, onde fundou o Mosteiro da Ilha em 1911. Nyanatiloka deu a Harold o nome de "Nanavira" e a Bertie, o de "Nanamoli".

Enquanto Nanamoli aprendia o páli, Nanavira se devotava à prática da absorção meditativa (*jhana*). Mas, depois de um ano de intensa concentração, contraiu a febre tifoide, ficando com problemas digestivos crônicos tão graves que às vezes "rolava na cama[11] de dor". Incapaz de sentar-se imóvel para meditar, começou a ler os discursos do Buda e seus comentários tradicionais. Porém, quanto mais estudava os discursos, mais punha em dúvida a validade dos comentários.

O pensamento de Nanavira tomou novo rumo[12] quando ele se viu diante de um diálogo entre o Buda e um viandante chamado Sivaka. Nesse texto, Sivaka pede a Gautama que comente a tese amplamente divulgada segundo a qual todos os prazeres ou dores experimentados pela pessoa resultam de atos passados (karma). Essa, conforme Nanavira sabia bem, era a doutrina do budismo theravada ortodoxo do

Ceilão (a mesma que aprendi de meus mestres da tradição tibetana). Em resposta ao pedido de Sivaka, Gautama replica que quem aceita essa visão "vai além do que sabe por si mesmo e do que o mundo reconhece como verdadeiro", estando, pois, "errado". Esclarece que a experiência do prazer ou da dor talvez seja mero resultado de má saúde, tempo ruim, descuido ou agressão. Mesmo quando é consequência de ações prévias, isso deveria ser algo que a pessoa pudesse saber por si mesma ou com a ajuda de outrem. Assim, o Buda rejeitava categoricamente um dos dogmas fundamentais do budismo ortodoxo e, em seu lugar, oferecia uma visão inteiramente empírica da fonte da experiência humana.

Para Nanavira, isso foi "um choque,[13] mas também um alívio". Passou a considerar como autênticos apenas dois dos três "cestos" (*Pitaka*) do Cânone Páli: o que contém os discursos do Buda (*Sutta*) e o que prescreve o treinamento monástico (*Vinaya*). "Nenhum outro livro páli",[14] assegura ele, "deve ser tido como autêntico; e ignorá-los (particularmente os Comentários tradicionais) constitui na verdade uma vantagem, pois assim se fica com menos coisas para desaprender." Nanamoli, ao contrário, fez questão de traduzir o maior de todos os comentários: "O Caminho da Pureza" (*Visuddhimagga*), de Buddhaghosa.

Em 1954, Nanavira deixou o amigo e a comunidade monástica da Ilha para se tornar eremita. Alojou-se numa cabana solitária em plena selva, perto de Bundala, uma aldeia nas imediações de Galle, no extremo sul do Ceilão. Apesar da má saúde constante, prosseguiu no estudo do Cânone Páli e na prática da atenção plena. Então, no dia 27 de junho de 1959, aconteceu algo que mudou radicalmente o curso de sua vida. Registrou o fato, em língua páli, num diário:

HOMENAGEM AO AUSPICIOSO,[15] MERITÓRIO E PLENAMENTE DESPERTO. Em certa época, o monge Nanavira vivia numa cabana rústica perto da aldeia de Bundala. Foi por essa época que, passeando durante o primeiro quarto da noite, o monge Nanavira purificou sua mente de tudo quanto a constrangia; refletindo, ponderando e observando atentamente o Dharma tal qual o ouvira e aprendera, eis que o Olho do Dharma, límpido e impoluto, abriu-se dentro dele: "Tudo quanto surge perece." Tendo sido mestre-discípulo por um mês, agora alcançava a visão correta.

Em outras palavras, Nanavira convenceu-se de que "entrara no rio" ficando, pois, "livre das opiniões dos outros com respeito ao ensinamento do Buda". Deixara de ser um *puthujjana* (pessoa comum, não desperta) e era agora um *ariya*, um "nobre" cuja libertação final do ciclo de nascimento e morte estava assegurada. Isso o fez interromper a correspondência com o amigo Nanamoli, pois "eu já não tinha mais nada para discutir[16] com ele e nossa parceria com relação ao Dharma chegara subitamente ao fim".

O que me atraiu em Nanavira Thera foi que ele não parecia ter nenhum interesse em escrever *sobre* o budismo ou promover a religião budista. Os termos *budismo* e *budista* tinham, a seu ver, "alguma coisa de desagradável;[17] lembram rótulos que colocamos em pacotes sem saber o que esses pacotes contêm". *Clearing the Path* é simplesmente um esclarecimento sobre aonde sua própria vida o conduziu. Insistia em que suas análises dos principais termos técnicos páli, intituladas *Notes on Dhamma* (a essência de *Clearing the Path*), "não foram escritas para agradar[18] a ninguém" e tinham sido elaboradas de forma "tão pouco atraente, em termos acadêmicos, quanto possível". Declarou que ficaria satisfeito caso uma única pessoa se beneficiasse delas.

Eu também me encontro nessa terra de ninguém que jaz entre o estudo acadêmico do budismo e os dogmas da ortodoxia budista. Nenhuma das duas abordagens é satisfatória. O Dharma exige de seus praticantes o compromisso pessoal com a integridade ética, a meditação e a autoanálise em resposta às questões da existência humana; já o estudioso do budismo, nas palavras de Nanavira, só se sente seguro enquanto os textos que estuda "não levantam a cabeça[19] e miram-no bem entre os olhos (...). (A última coisa que um professor de budismo pensaria em fazer seria professar o budismo — *isso* fica para simples amadores como eu)". Ao mesmo tempo, os escritos de Nanavira funcionam como uma crítica explícita ao budismo theravada e seu propósito é "remover a massa de matéria morta que sufoca os *suttas* (discursos)".

De volta à Inglaterra, eu poderia ter entrado para uma universidade, obtido um diploma em estudos religiosos e feito carreira acadêmica. De fato, muitos de meus colegas que também haviam se instruído com lamas tibetanos ou mestres zen na Ásia optaram por esse caminho depois de despir o hábito e retornar ao Ocidente. Eu, porém, achava precária a abordagem acadêmica do budismo. Por mais que valorizasse o meticuloso trabalho dos eruditos em dissecar e analisar os textos budistas, não conseguiria manter a distância clínica necessária para alcançar essa "objetividade". Agir assim teria sido pouco menos que traição. Nanavira assegurou não haver nada em seus escritos que "interessasse ao estudioso de ofício,[20] para quem o problema da existência pessoal não se impõe; pois sua única preocupação é eliminar ou ignorar o ponto de vista do indivíduo no afã de estabelecer a verdade objetiva — uma pretensa síntese impessoal de fatos de domínio público".

Nanavira também fora atraído pelo existencialismo e a fenomenologia de Kierkegaard, Husserl, Sartre e, principalmente, o Martin Heidegger de *Ser e Tempo*. Gostava do modo como esses escritores haviam posto de parte a abordagem descomprometida e racionalista da filosofia para dar prioridade aos problemas concretos da vida pessoal. Em sua opinião, ninguém "se disporá a ouvir os ensinamentos[21] do Buda caso antes não tenha sido atormentado por questões existenciais a respeito de si mesmo e do mundo". Para esse fim, os filósofos existencialistas podem ajudar o leitor moderno, intrigado com o jargão do budismo, a compreender a importância, para suas próprias vidas, dos discursos de Gautama contidos no Cânone Páli.

Eu também encarava com reservas os dogmas piedosos da ortodoxia budista, que Nanavira comparou a uma "massa de matéria morta". Se o professor de budismo sofre do excesso de desinteresse objetivo, o devoto budista exagera na fé subjetiva. Conforme descobri com o auxílio de meus mestres tibetanos e do zen, o corpo de opiniões que forma suas respectivas ortodoxias não é nem flexível nem negociável. Se você não aceitar seus postulados básicos, não encontrará lugar em sua tradição. Lendo Nanavira, percebi que o caso não era diferente entre os budistas theravada, cuja ortodoxia (inspirada na obra do comentador Buddhaghosa, do século V d.C.) é tida como a interpretação final e definitiva daquilo que o Buda ensinou.

Nanavira escreveu em 1963: "Não consigo me identificar[22] com uma organização ou causa (ainda que seja uma organização rebelde ou uma causa perdida). Sou fura-greve de nascença." Tenho o mesmo problema — se é que se pode chamá-lo assim. Quanto mais estudo e pratico o Dharma, mais distante me sinto do budismo como religião institucionalizada. E quanto mais me aproximo da vida e do ensinamento de Gautama, mais me afasto das certezas complacentes de qualquer ortodoxia budista.

Embora não tivesse ouvido falar de Nanavira até abrir o volume de *Clearing the Path*, conhecia bem a obra de seu amigo Bertie — isto é, Nanamoli Thera —, em particular o póstumo *The Life of the Buddha*, que li quando era monge na Suíça. Depois de passar onze anos no Mosteiro da Ilha, Nanamoli Thera faleceu de ataque cardíaco enquanto fazia um passeio pelo campo no Ceilão, a 8 de março de 1960. Tinha 55 anos. Deixou-nos algumas das melhores traduções inglesas dos textos clássicos páli, muitas delas ainda disponíveis.

A má saúde também rondava Nanavira, que ainda vivia sozinho em sua cabana na selva. Acabou por sucumbir a uma série infindável de moléstias tropicais. Uma das piores e mais persistentes era a amebíase, infecção parasitária do intestino que o impedia de permanecer sentado por muito tempo a meditar. Em meados de 1962, começou a ter fantasias eróticas que o incapacitavam. Via-as como uma doença, a satiríase (hoje chamada de "hipersexualidade"), que é o desejo incontrolável de fazer sexo. "Pressionado por esse mal",[23] anotou a 11 de dezembro daquele ano, "oscilo entre dois polos. Se sucumbo ante as imagens sensuais que se apresentam por si mesmas, meu pensamento se transforma no pensamento de um leigo; se resisto a elas, volto-me para o suicídio. Esposa ou punhal, dir-se-ia." Em novembro de 1963, perdera "toda esperança de progredir[24] por mim mesmo nesta vida", mas não se decidira a despir o hábito. Era simplesmente uma questão de saber até quando conseguiria "suportar a pressão".

Embora, no âmbito da moral, o budismo geralmente equipare o suicídio ao assassinato, para quem "entrou no rio" ele é aceitável quando certas circunstâncias impedem a continuidade da prática. Há várias situações, no Cânone Páli, em que o Buda aceita o suicídio de monges como Nanavira, afetados por doenças incuráveis. A justificativa tradicional para isso é que, depois de "entrar no rio", a pessoa só reencarnará, no máximo, sete vezes antes de se libertar para sempre da roda dos nascimentos.

A crítica de Nanavira à ortodoxia budista não o impediu de investigar as doutrinas tradicionais do renascimento e das esferas não humanas de existência, bem como a lei moral do karma. Embora rejeitasse o misticismo, acreditava que a meditação pudesse dar "poderes" como levitação, clarividência e lembrança de vidas passadas. Depois de impugnar os comentários como "matéria morta", recusou-se a pôr em dúvida a autoridade dos discursos do Buda propriamente ditos. "Minha atitude frente aos *suttas* é e sempre foi[25] esta: se algo neles contraria minhas opiniões, *eles* estão certos e *eu* estou *errado*." Tamanho fundamentalismo não combina com o rigor cético que caracteriza a maior parte de sua obra. Não parece ter ocorrido a Nanavira que também os discursos podem estar eivados de matéria morta herdada da tradição ascética indiana. Sem dúvida, ele presumia que o único objetivo do ensinamento do Buda fosse livrar a pessoa do ciclo dos nascimentos. Exprimiu assim seu desprezo pela vida: "Há uma escapatória,[26] uma maneira de pôr fim à vida. Basta termos coragem para renunciar à nossa querida humanidade."

Considero perturbador e repelente esse tom fundamentalista e ascético dos escritos de Nanavira — que, no entanto, me obrigou a reconhecer quão profundamente o budismo está associado às normas de renúncia ao mundo características de muitas religiões da Índia. Mesmo o budismo mahayana, preceituado pelo Dalai Lama e outros mestres tibetanos e do zen, com toda a sua conversa sobre compaixão e amor, tem por objetivo final a cessação dos nascimentos e, portanto, da vida tal qual a conhecemos. A única diferença é que, para o bodhisattva — empenhado em obter a iluminação para o bem dos semelhantes —, o fim do ciclo de nascimentos e mortes deve estender-se a todos os seres sensíveis e não apenas a ele. O budismo mahayana não valoriza mais a vida do que a doutrina "hinayana" — a qual ele alega superar. Refletindo sobre o dilema de Nanavira, constatei que meu próprio senso do valor intrínseco da vida fora muito pouco afetado por anos de convívio com o pensamento budista. Gostasse ou não, eu era um europeu leigo e pós-cristão. Ao contrário de Nanavira, não pretendia de modo algum renunciar à minha querida humanidade.

Nanavira talvez estivesse enganando a si mesmo. Pode ter se sentido motivado ao suicídio por medos e desejos inconscientes, fora de sua percepção ou controle. Numa carta de 16 de maio de 1963, confessou: "Não pense que acho o suicídio[27] um ato louvável. Sou o primeiro a admitir que há nele um elemento de fraqueza (...) mas decerto o considero preferível a várias outras possibilidades. Seria mil vezes melhor para o autor das *Notes* matar-se como *bhikkhu* (monge) do que despir o hábito; pois os *bhikkhus* se tornam *arhants* (libertos do renascimento) ao suicidar-se, mas não há registro de ninguém que se tornou *arhant* por ter deixado de ser monge."

Passou a maior parte do ano de 1963 preparando as *Notes on the Dhamma* para publicação, o que consideraria um "aborrecimento intolerável" não fosse sua saúde precária. Com a ajuda do juiz cingalês Lionel Samaratunga, foi feita uma edição limitada de 250 exemplares mimeografados ao final do ano, distribuídos a figuras de destaque do budismo na época, bibliotecas e instituições. A reação, quase sempre, foi uma incompreensão polida. Pelos dois anos seguintes, ele continuou a rever as *Notes* enquanto mantinha sua rotina simples de meditar, cuidar da correspondência e cumprir tarefas domésticas.

A 8 de janeiro de 1965, Nanavira recebeu a visita de Robin Maugham — sobrinho de W. Somerset Maugham —, romancista e jornalista que passava o inverno daquele ano no Ceilão. Lorde Maugham estava acompanhado de Peter Maddock, seu assistente e secretário de 18 anos. O que Maddock viu naquela cabana primitiva de Bundala foi "um cavalheiro eduardiano esquálido,[28] de *dothi*, mas ainda exatamente o que tinha sido. A meu ver, não houve nenhuma mudança de personalidade, como em certas pessoas que se tornam gurus ingleses e montam *ashrams*". Lembrava-se de que o tom de voz de Nanavira era "o de um inglês esquivo, isto é, ele não era sincero em nada e via as coisas pelo prisma das classes altas britânicas. Parecia calmo, mas não feliz. A felicidade não era um elemento ali. Também não havia desespero — e creio mesmo que morreu de tédio, além da doença (...). Falava de maneira oblíqua, com humor, mas tinha um jeito totalmente diferente de ver as coisas".

Na tarde de 7 de julho de 1965, Nanavira Thera pôs fim à vida metendo a cabeça num saco plástico cheio de cloreto de etila e amarrando-o de modo a não poder desatar o nó. Apenas um mês antes, suas cartas exploravam o significado do humor. Tinha 45 anos de idade. A 11 de novembro, seu jovem correspondente Robert Brady escreveu uma carta em que se esforçava, como cristão, para entender a morte de Nanavira: "O homem deve sempre tentar transcender-se.[29] Meu eu é uma coisinha patética e banal, mas é também uma fagulha do divino. Não devemos nunca nos esquecer disso. A teoria de Nanavira, porém, negava-o e ele a considerava uma interpretação correta das palavras do Buda. O corpo de um suicida não é boa recomendação para teoria nenhuma, certo?"

Em 1972, Julius Evola completou sua autobiografia *Il Camino del Cinabro* [*O Caminho do Cinábrio*], onde explica que escreveu *A Doutrina do Despertar*, o livro cuja leitura induziu Harold e Bertie a tornar-se monges, a fim de pagar sua dívida para com o Buda, que o salvara do suicídio. Evola, porém, via o budismo como "o caminho 'seco' e intelectual[30] do desprendimento absoluto", em oposição ao dos tantras indianos que pregavam "a afirmação, o compromisso, a utilização e a transformação de forças imanentes liberadas pelo despertar de Shakti, isto é, a fonte de toda energia vital, principalmente a do sexo". E acrescenta: "A pessoa que traduziu a obra, um certo Musson, viu nela um incentivo para deixar a Europa e recolher-se ao Oriente na esperança de descobrir ali um centro onde se praticassem as disciplinas que recomendo. Infelizmente, não tive mais notícias dele."

Só em 1987 as *Notes on Dhamma* de Nanavira, juntamente com as cartas que escreveu de 1960 até sua morte, foram publicadas em volume único com o título de *Clearing the Path*.

Capítulo 12

ACEITAR O SOFRIMENTO

Para onde quer que eu olhasse — na Índia, na China, no Sudeste Asiático ou no Tibete —, lá estava sempre o monge sereno, alheio ao mundo e contemplativo a representar o ideal da vida budista. Os leigos costumam ser vistos como budistas de segunda classe, já que não podem, devido a seus deveres no mundo, fazer uma carreira espiritual de alto nível. E as figuras excepcionais que alcançaram proeminência em suas tradições passam por ter conseguido isso *apesar* de seu secularismo.

A implicação tácita é esta: o que realmente importa é a experiência interior, espiritual, que consiste por definição em estados mentais de caráter particular. Hoje, as práticas de meditação budista são amplamente promovidas como técnicas que, se aplicadas da maneira certa, assegurarão à pessoa mais felicidade, paz e contentamento. Pouco importando o que ocorra à sua volta, o bom budista é descrito como um rochedo de calma sorridente, sempre pronto a responder com gestos amáveis ou palavras bem escolhidas de sabedoria. Como meio de enfrentar a pressa e o stress da vida moderna, a dona de casa e o executivo são incentivados a tornar-se monges em trajes seculares.

Entretanto, como cultura e civilização, o budismo é muito mais que experiências interiores. Nós o conhecemos por intermédio de edifícios, jardins, esculturas, quadros, caligrafia, poemas e artesanato. Está presente na assinatura de artistas e artesãos em pedra, plaquinhas de argila votivas, frágeis folhas de palmeira, lonas, papéis artesanais, blocos de impressão de madeira, pisos de cascalho e lanternas de papel. Em minhas visitas a mosteiros tibetanos, os sulcos na rocha, escavados por pés de caminhantes ao longo de séculos, atraíam-me mais que os mosteiros aonde levavam. Quem foram os homens e mulheres que os fizeram? Que povo esculpiu delicadamente os portões de Sanchi, ergueu os templos de basalto negro em Ajanta, erigiu a *stupa* gigantesca de Borobodur, construiu o Kumbum em Gyantse, desenhou as maravilhosas catedrais de Pagan, planejou os jardins de pedra de Ryoanji ou instalou os Budas eretos em Bamiyan? Não sabemos.

Esses povos esquecidos são meus camaradas. Desejo quebrar por eles o silêncio. Nada sei de suas crenças religiosas ou conquistas espirituais. Para mim, é irrelevante a compreensão que têm das sutilezas da doutrina budista. Deixaram após si objetos tangíveis e intangíveis criados por suas próprias mãos: coisas mudas que me falam através dos séculos numa língua que texto algum é capaz de reproduzir. Não importa que ícone budista um pergaminho ilustrado possa ostentar, ele encarna a inteligência e a imaginação, a paixão e o zelo de seu criador. Sinto afinidade com os fazedores de tais coisas. Um jardim zen pode reproduzir os ensinamentos do Buda tanto quanto um tratado erudito sobre o vazio.

"Assim como o fazendeiro irriga seus campos",[1] diz Gautama no *Dhammapada*, "o armeiro empluma uma flecha e o carpinteiro aplaina um bloco de madeira, assim o sábio subjuga o eu." Esse é um velho ditado. Aqui as metáforas do Buda, em vez de preceituar a renúncia ao eu, parecem induzir à *criação* de um eu. "Subjugar", nesse contexto, significa conter os arroubos egoístas e aparentemente indomáveis da pessoa para que ela comece a forjar um caráter mais atento e integrado. Os exemplos que dá são trabalhadores: fazendeiros, armeiros, carpinteiros. Assim como comparou a prática da atenção plena ao modo como o torneiro utiliza suas ferramentas, aqui admira o trabalho de quem amanha o solo, fabrica flechas e entalha a madeira. As artes deles ilustram como nutrir, moldar e direcionar as matérias-primas — sensações, sentimentos, emoções, percepções, intenções — do próprio eu.

Longe de descartar o eu como ficção, Gautama apresentava-o como um projeto a ser concretizado. Por "eu", ele se referia, não ao Eu superior dos brâmanes — o qual, por definição, não pode ser outra coisa exceto o que eternamente *É* —, mas à entidade dinâmica, moral, que respira e age neste mundo. Comparou esse eu a um *campo*: um solo potencialmente fértil que, depois de lavrado e irrigado, faz com que os planos floresçam. Comparou-o a uma *flecha*: uma haste de madeira com ponta de ferro e cabo de plumas que, uma vez reunidos, podem voar diretamente para o alvo. E comparou-o a um *bloco de madeira*, algo que podemos transformar em utensílio ou viga de teto. Em cada caso, coisas simples são trabalhadas e modificadas para atender às necessidades humanas.

Esse modelo do eu condiz mais com o leigo ou leiga que vive no mundo do que com o monge ou monja que tenta renunciar a ele.

Apresenta um tipo bem diferente de desafio. Em vez de nos prepararmos para alcançar um sereno desprendimento das turbulências da vida, somos encorajados a enfrentá-las para lhes infundir conteúdo e propósito. A ênfase é na ação, não na inação; no envolvimento, não na fuga. E aí há também implicações sociais. Se a pessoa é fruto do que *faz* e não do que *é*, toda noção de um sistema de identidade social divinamente ordenado cai por terra. Disse Gautama: "Pela ação se é fazendeiro,[2] pela ação se é artesão,

Pela ação se é mercador, pela ação se é escravo,
Pela ação se é larápio, pela ação se é soldado,
Pela ação se é sacerdote, pela ação se é governante.
O sábio contempla a ação em seu curso,
Percebendo o surgir condicionado, compreendendo os efeitos dos atos.

Gautama começou a pregar suas ideias no Parque dos Cervos, em Isipatana — a atual Sarnath —, perto de Baranasi (Benares), a cidade sagrada dos brâmanes na margem setentrional do Ganges. Precisava encontrar uma forma de transpor sua visão da "condicionalidade, do surgir condicionado" para uma prática e um modo de vida. Resolveu esse problema em *Turning the Wheel of Dharmma* [*O Giro da Roda do Dharma*], o primeiro discurso que proferiu no Parque dos Cervos e onde apresenta a lição crucial das Quatro Nobres Verdades.*

Nesse discurso, descreve claramente seu despertar como consequência de haver identificado, empreendido e completado quatro tarefas:

---

* Ver Apêndice III para uma tradução de *O Giro da Roda do Dharma*.

1. Conhecer a fundo o sofrimento
2. Ignorar o desejo
3. Vivenciar a cessação [do desejo]
4. Cultivar o caminho óctuplo

Essas "Quatro Nobres Verdades" são, nas palavras de Nanavira, "as tarefas mais importantes que um homem possa realizar".[3] Ele ilustra esse ponto com um episódio de *Alice no País das Maravilhas*. Depois de escorregar pela toca do coelho, ela chega a um recinto onde há uma garrafa com o rótulo "Beba-me". Em vez de revelar o conteúdo, o rótulo informa o que Alice deve fazer com a garrafa. Do mesmo modo, as Quatro Verdades são um convite a fazer coisas, não um pedido para que se acredite nelas.

Gautama mostra como cada verdade apresenta seu próprio desafio: o sofrimento deve ser *plenamente conhecido*; o desejo deve ser *suprimido*; a cessação deve ser *vivenciada*; e o caminho deve ser *cultivado*. As Quatro Verdades são sugestões para se agir de determinadas maneiras sob certas circunstâncias. Tal como Alice viu o rótulo "Beba-me" na garrafa e correu a ingerir seu conteúdo, a pessoa, ao se deparar com o sofrimento, deverá ler nele "Conhece-me" e aceitá-lo em vez de fugir dele. Ou, em vez de acatar as injunções do desejo para acolher ou repelir alguma coisa, imaginá-lo murmurando "Suprima-me" — pois, assim, renunciará a ele e descansará tranquilo.

As Quatro Nobres Verdades são pragmáticas, não dogmáticas. Sugerem um curso de ação a seguir, nunca um conjunto de dogmas a adotar. Não descrevem a realidade, prescrevem normas comportamentais. O Buda se comparava ao médico que indica tratamentos para nossas doenças: não os adotamos para chegar mais perto da

"Verdade", mas para conseguir que nossa vida floresça aqui e agora, deixando um legado capaz de repercutir beneficamente mesmo depois de morrermos. Tomar semelhante caminho é pura questão de escolha.

Praticando as quatro verdades, o "sábio" consegue "subjugar" o eu volúvel e irrequieto da mesma maneira que o fazendeiro lavra um campo, o armeiro faz uma flecha e o carpinteiro desbasta um bloco de madeira. O objetivo não é alcançar o nirvana e sim escolher um modo de vida que permita o florescimento de cada aspecto de nossa humanidade. Gautama chamou a esse modo de vida o "caminho óctuplo", isto é: visão, pensamento, fala, ação, sustento, esforço, atenção e concentração apropriados. Engloba o que vemos e pensamos de nós mesmos e do mundo, a maneira como reagimos por palavras e obras, o modo como provemos às nossas necessidades e a forma como apuramos a atenção por meio da concentração.

Gautama iniciou e encerrou sua carreira de pregador ressaltando a importância desse caminho óctuplo. Foi a primeira alusão que fez em seu primeiro discurso, *O Giro da Roda do Dharma*, e a última coisa que disse a seu último discípulo,[4] Subhadda, quando jazia no leito de morte em Kusinara, 45 anos mais tarde. Se o surgir condicionado era o $e = mc^2$ da visão de Gautama, o caminho óctuplo pode ser considerado seu primeiro passo para transformar aquele axioma, de princípio abstrato, em força civilizadora.

Apresentou o caminho óctuplo como uma senda intermediária que evita os becos sem saída da paixão e da aflição, considerados por ele "não civilizados". Um beco sem saída não leva a lugar nenhum; tomá-lo é o mesmo que bater a cabeça na parede. Não importa quanta energia eu invista na satisfação de meus apetites ou no castigo de meus excessos, sempre voltarei ao ponto de partida. Num instante sinto-me atraído e excitado por alguma coisa; no outro, cedendo à dúvida e ao tédio, nada me interessa. Hesito entre esses dois polos, vagando em círculos. Paixão e aflição são becos sem saída porque só levam à paralisia interior, que bloqueia a capacidade de viver em abundância.

Para Sidarta Gautama, a vida em Kosala se tornara um beco sem saída. Seus experimentos com meditação e ascetismo também se haviam revelado becos sem saída. Sob a árvore Bodhi, ele compreendeu que o apego a *qualquer* lugar é um beco sem saída. Mesmo o monasticismo e o comportamento religioso podem se transformar em becos sem saída. "Aqueles que veem na disciplina a essência",[5] diria depois,

> ou nos votos de virtude, vida pura, celibato e serviço ao próximo a essência — tomam por um beco sem saída. Aqueles que cultivam teorias e pontos de vista como "não há pecado nos desejos sensuais" — também tomam por um beco sem saída (...). Não conseguindo identificar esses dois becos sem saída, alguns recuam e outros avançam demais.

Num mundo mutável, incerto e imprevisível, a prática do caminho do meio constitui verdadeiro malabarismo. Não há garantia de que, encontrando-o, nós o conservaremos para sempre. Esse modo de vida, depois de conduzir à liberdade, pode se tornar outro beco sem saída se a ele nos apegarmos em demasia. Como modo de vida, o caminho do meio pressupõe atos de sensibilidade e risco sem fim, apoiados num chão sem chão. Seus meandros e desvios são movimentados e imprevisíveis como a própria existência.

Como encontrar o caminho do meio? Esperaremos até topar com ele um belo dia, por puro acaso? Será necessário que entremos para uma organização religiosa, onde um monge iluminado nos iniciará? Teremos sua revelação num momento de êxtase místico? Ou uma imensa força de vontade nos conduzirá até ele? Em *O Giro da Roda do Dharma*, Gautama ensina que entramos na corrente do caminho do meio graças à prática das Quatro Nobres Verdades. De acordo com o princípio do surgir condicionado, cada verdade é condição precípua para o aparecimento da próxima: a percepção clara da dor gera a renúncia ao desejo; a renúncia ao desejo provoca a experiência de sua cessação; e os momentos em que tudo cessa abrem o amplo espaço que conduz ao caminho óctuplo.

Em vez de buscar Deus — objetivo dos brâmanes —, Gautama sugeriu voltarmos a atenção justamente para o que, de Deus, está mais distante: o sofrimento e a angústia da vida na terra. Num mundo repleto de incertezas, mudança e dor são inevitáveis. Basta observar o que acontece por aqui: o tempo todo, criaturas nascem, adoecem, envelhecem e morrem. São fatos inevitáveis de nossa existência. Nós, sujeitos a eles, não sobrevivemos. E, quando consigo ser honesto comigo mesmo, quando ponho de lado meus estratagemas estoicos, acho tudo isso insuportável.

Reconhecer a incerteza da vida é aceitar nosso próprio destino como criaturas efêmeras, embora sensíveis. Segundo Nietzsche,[6] podemos até passar a apreciá-lo. Mas, para tanto, precisamos primeiro acolher esse destino, perspectiva que às vezes nos faz recuar instintivamente. Manter os olhos fixos na transitoriedade, na incerteza e na angústia da própria existência não é fácil: exige atenção e concentração. É necessário que troquemos o deleite com a fixidez de um lugar pela percepção de uma esfera mutável. Os lugares para os quais me sinto instintivamente atraído são aqueles de onde suponho que o sofrimento esteja ausente. "Ah', exclamo, "se eu pudesse viver lá, não padeceria mais!" O chão sem chão da transitoriedade, porém, não alimenta essa esperança. Pois é nele que nascemos e morremos, ficamos doentes e velhos, consumimo-nos em desencantos e frustrações.

Conhecer a fundo o sofrimento vai contra a natureza daquilo que fui programado para desejar. Infelizmente, este mundo mutável e inconstante não existe para atender às minhas vontades. Não pode garantir o bem-estar perpétuo que almejo. Num lugar onde acontecem coisas que eu não gostaria que acontecessem, nada, provavelmente, acabará bem. Esforço-me por organizar a vida de acordo com meus desejos e receios, mas tenho pouco ou nenhum controle sobre o que possa ocorrer daqui a um instante.

O objetivo da atenção plena é conhecer em minúcia o sofrimento. Implica observar calma e demoradamente tudo quanto afeta meu organismo, seja o canto de uma cotovia ou o choro de uma criança, o impacto de uma ideia engraçada ou uma dorzinha nas costas. Nós não respondemos apenas aos estímulos externos, mas também ao modo como reagimos a eles. Não condenamos nem aplaudimos o que consideramos erros ou vitórias nossas. Vemos as coisas ir e vir. Com o tempo, a prática se torna menos um exercício lúcido de meditação, executado em determinados momentos, e mais uma sensibilidade que apura nossa consciência das coisas em todas as ocasiões.

A atenção plena pode ter efeito benéfico sobre a psique irrequieta e nervosa. Quanto mais ela se aperfeiçoa e se aguça, mais conseguimos visualizar as fontes de nossas reações descontroladas, descobrir os primeiros sinais do ódio antes que ele se transforme em aversão e malevolência, observar, com desprendimento irônico, a tagarelice insidiosa do ego e suprimir, logo ao começo, o senso de autodegradação que pode nos deixar deprimidos.

Eu não sou o único que sofre. Você sofre também. Sofrem todos os seres animados. Quando meu eu não é mais a preocupação absorvente que era, quando passo a vê-lo como um fio narrativo em meio a miríades de outros, quando o percebo tão fugaz e precário como tudo o mais — então, a barreira entre "eu" e "não eu" começa a desmoronar. A convicção de que nosso eu é um recinto fechado deve ser vista não só como ilusória, mas também como antiestética. Cega-nos para as dores do mundo. Aceitar o sofrimento culmina em maior simpatia, na capacidade de sentir o que os outros devem estar sentindo — e isso é a base para a compaixão e o amor sem sentimentalismos.

Certa feita, o Buda e seu acompanhante Ananda visitaram um mosteiro e depararam com um monge doente que jazia, abandonado de todos, sobre seus próprios excrementos. Trouxeram água, lavaram-lhe o corpo, ergueram-no do chão e puseram-no na cama. Em seguida, Gautama repreendeu duramente os outros monges da comunidade pelo abandono do colega. "Se não tendes pai nem mãe[7] para cuidar de vós", disse ele, "cuidai uns dos outros. Quem se dispuser a tomar conta de mim, tome conta dos doentes." Identificando-se com os aflitos, afirmava que o segredo do despertar residia na aceitação do sofrimento alheio e no empenho em eliminá-lo.

A plena consciência da dor não leva, porém, à morbidez e ao desespero. Quanto mais percebemos a transitoriedade das coisas, menos somos acossados pela depressão ou pelo sofrimento (que passam logo) e mais nos rejubilamos em presença das alegrias simples: o desabrochar de uma flor, o sussurro da onda na praia, o toque da mão de outra pessoa (que também logo passam). Como na grande música, teatro e literatura, o sentido trágico da vida evoca uma beleza estranha, inquietante. Um autorretrato de Rembrandt, o *adagio* de um dos últimos quartetos de Beethoven e as agonias do rei Lear não me deprimem, me exaltam. Tocam-me fundo, aguçam minha percepção do que significa estar vivo e não morto.

Ter consciência plena de que tudo quanto experimentamos é fugaz, pungente e inseguro nos desanima de tentar apreender, possuir e controlar as coisas. Descer ao âmago do sofrimento afeta o modo como nos relacionamos com o mundo, o modo como respondemos aos semelhantes, o modo como conduzimos nossa própria vida. Pois, como eu buscaria consolo duradouro em algo que, bem o sei, é incapaz de consolar? Para que iria investir todas as minhas esperanças de felicidade num projeto que, certamente, fracassará? Aceitar este mundo de pesares desafia minha tendência inata a ver as coisas da perspectiva do desejo egocêntrico.

O desejo não é algo de que eu me desvencilhe por vontade própria, repetindo incessantemente a mim mesmo que é hora de parar. Segundo o princípio do surgir condicionado, desprender-se do desejo pressupõe alterar as condições que o produzem. Na análise do Buda, o desejo se enraíza na falsa concepção de que uma felicidade duradoura, inabalável, pode ser encontrada num mundo fugaz e vacilante. Quando nos damos conta de que isso é impossível, o desejo começa a diminuir e desaparece por si mesmo.

Como a criança que, voltando depois de um ano à praia, descobre não ter mais interesse em castelos de areia, assim, com o tempo, passando a ver o mundo de uma maneira mais penetrante e honesta, posso começar a perder o interesse naquilo que outrora me obcecava. Superar o gosto por castelos de areia é quase o mesmo que deixar de sentir desejo: não há aí nenhum drama. Para quem a vivencia, essa mudança pode ser imperceptível. À medida que minha postura frente à existência terrena se desloca do amor aos lugares para o reconhecimento de um chão movediço, vou percebendo que o apego às coisas não faz sentido algum. E quando me pego ainda apegado a elas — pois tais hábitos não morrem facilmente —, recorro ao expediente irônico de justificar-me com um "oh, oh, lá vamos nós de novo!".

Assim como a aceitação da dor pode conduzir à extinção do desejo, assim o fim deste pode propiciar momentos de tranquilo repouso. (Ou, caso ele não se extinga de todo, sabemos pelo menos que já não lhe estamos sujeitos como antes e isso, na prática, dá no mesmo.) Portanto, a segunda verdade, o fim do desejo, conduz à terceira, a consciência da cessação. A certa altura percebemos por nós mesmos, sem uma centelha de dúvida, que nossa resposta à vida não precisa mais ser inspirada pela vontade de que as coisas sejam como gostaríamos que fossem. Constatamos então que ficamos livres para *não* agir motivados pelo desejo. É dessa liberdade que falava Gautama: a subtração aos imperativos dos apetites e do ódio.

A experiência da cessação pode durar apenas alguns segundos. Pode não passar de um vislumbre da certeza de que não preciso conduzir minha vida do ponto de vista surrado da aceitação e da rejeição. Às vezes, porém, depois que medito longamente, ela gera dentro de mim a serenidade e a lucidez. Outras, produz uma calma consciente que, de súbito, me avassala em pleno torvelinho, capacitando-me a reagir às pessoas de um modo que a mim mesmo surpreende. Então, longe de evitar aquelas que me desagradam, procuro-as; e, longe de consolar alguém impingindo-lhe discursos de sabedoria emprestada, tranquilizo-o examinando sua condição ao meu próprio modo.

A diminuição do desejo pode resultar em maior liberdade e autonomia, tanto quanto em potencial para mais sabedoria e amor. Despojamo-nos, ao menos momentaneamente, de conceitos fixos sobre aquilo que somos como pessoas, da obediência a normas e regras de comportamento sancionadas pela sociedade, da incerteza quanto aos nossos atos e da sensação de que, em assuntos muito importantes, mais vale ceder à autoridade dos outros. Então, ficamos livres para encetar sozinhos a jornada, confiando em nosso tirocínio e aceitando riscos. Procuramos agir segundo nossos valores mais caros em todas as situações, em vez de buscar a satisfação de desejos egoístas ou a condescendência servil com crenças religiosas. Em linguagem técnica budista, "mergulhamos no fluxo do caminho óctuplo" e nos tornamos "independentes da opinião alheia, em respeito às lições do Buda".

A quarta verdade é o caminho óctuplo em si: visão, pensamento, fala, ação, sustento, esforço, atenção e concentração nas formas apropriadas. Submetido o desejo, abre-se na vida um espaço em que novas possibilidades podem se concretizar. É nele que se desdobra o próprio caminho óctuplo. Sentir a cessação do desejo, mesmo por um instante, é ter um vislumbre daquilo que o Buda chamava de "nirvana". Nesse sentido, o nirvana não é a etapa final do caminho óctuplo, mas seu ponto de partida. A pessoa que toma esse caminho aspira a uma existência não mais condicionada e dirigida pelos reclamos mesquinhos do desejo. Tem ela então a possibilidade de um envolvimento mais honesto e compreensivo com o mundo, a servir de base para sua maneira de pensar, discorrer, agir e trabalhar — e essa maneira, por sua vez, fornece os alicerces filosóficos e morais à atenção plena e à concentração.

Na prática, o caminho óctuplo não é uma trajetória linear de A a Z e sim um circuito complexo que precisa constantemente ser refeito e restaurado. Pois, quando você conquista a atenção plena e a concentração (passos sete e oito), isso não significa que chegou ao fim da jornada. Está atento a quê? Concentrado em quê? Essa concentração atenta se presta à tarefa de entender cabalmente o sofrimento (primeira verdade), que leva à supressão do desejo (segunda verdade) e por aí vai. O caminho propriamente dito não está sempre ao seu inteiro dispor, só aguardando que você o percorra. É necessário cultivá-lo, nutri-lo — literalmente, "trazê-lo à vida". Esse caminho pode se entremostrar num lampejo de lucidez, mas logo desaparecer por negligência. Acreditar nele não basta: você tem de criá-lo e mantê-lo. A prática do caminho óctuplo é um ato criador.

O Giro da Roda do Dharma, o discurso proferido por Gautama no Parque dos Cervos em que esboçou sua compreensão das Quatro Nobres Verdades, resume-se a isto:

Aceitai,
Eliminai,
Parai,
Agi!

Esse modelo pode ser aplicado a todas as circunstâncias da vida. Não evite ou ignore o acontecimento, torne-o objeto de sua percepção atenta; não anseie por prendê-lo ou livrar-se dele, deixe-o solto; não reaja destemperadamente, pare e fique calmo; não repita o que já disse e fez milhares de vezes: aja com empatia e imaginação.

Sidarta Gautama se comparava ao homem que,[8] vagueando pela floresta, encontrou uma antiga vereda oculta na vegetação rasteira. Seguindo-a, chegou às ruínas de uma velha cidade. Foi logo comunicar ao rei e seus ministros a descoberta que fizera, instando-os a reconstruir a aglomeração, para pô-la de novo florescente. O Buda explicou assim o significado dessa metáfora. A "antiga vereda" alude ao caminho óctuplo, enquanto a "velha cidade" simboliza a percepção das Quatro Nobres Verdades. Reconhecia, pois, que as tarefas postuladas por elas são as exigidas para se edificar o tipo de civilização que tinha em mente. Como ninguém consegue fazer isso sozinho, deduz-se que a prática das Quatro Verdades pressupõe um empreendimento conjunto, apoiado pelo "rei e seus ministros", ou seja, por aqueles sem cujos recursos e poder não se leva a termo um projeto tão ambicioso.

Capítulo 13

NO BOSQUE DE JETA

É difícil fotografar os lugares onde o Buda viveu e ensinou porque, hoje, todos parecem muito iguais. Com exceção de Rajagaha, com seu portentoso anel de colinas, os outros sítios estão localizados em planícies rurais indistintas, consistindo nos alicerces de tijolos de velhos edifícios monásticos e *stupas*, muitos deles construídos séculos depois da época do Buda. A maioria desses lugares só foi redescoberta no século XIX por funcionários civis e empregados ingleses da East India Company, que praticavam arqueologia amadora nas horas vagas. Os sítios deixaram de ser centros vivos de peregrinação desde que o budismo se extinguiu na Índia, há oitocentos anos. Hoje, são propriedade do Serviço Arqueológico da Índia, uma instituição secular que os mantém como parques públicos e tolera, sem os considerar exatamente bem-vindos, os peregrinos budistas.

O Parque dos Cervos em Isipatana (Sarnath), onde o Buda proferiu *O Giro da Roda do Dharma*, é hoje um jardim impecável com relva, canteiros de flores e árvores — separado por grades de ferro do mundo exterior onde vagam a poeira, os deficientes físicos, os camelôs e as mendigas que carregam bebês de nariz sujo escarranchados nos quadris. Do complexo de mosteiros que outrora floresceu aqui, só restam trechos de pisos, paredes arruinadas e interiores de pequenas *stupas*, tudo em tijolos de monótona coloração vermelho-escura.

Dominando o parque, ergue-se a *stupa* Dhamekh, uma torre cilíndrica com trinta metros de diâmetro por pouco mais de altura que assinala, presume-se, o local onde o Buda pregou as Quatro Nobres Verdades, pondo em movimento, com isso, a roda do Dharma. Um grupo de jovens tibetanos reuniu-se no gramado, diante da *stupa*. Vi um rapaz de fitinhas vermelhas entretecidas no cabelo apanhar um seixo e envolvê-lo na ponta de um comprido lenço branco de oferenda. Girou-o sobre a cabeça com um grunhido, mirando um dos nichos artisticamente escavados no alto da parede de tijolos. O lenço voou como um meteorito de seda e foi se alojar no buraco. Seus amigos gritaram de alegria, batendo-lhe nas costas. Perguntei-me como os empregadinhos do Serviço Arqueológico da Índia iriam arrancar o lenço de lá.

Em vez da oportunidade de tirar boas fotografias, a viagem àqueles sítios estava me proporcionando, isso sim, uma visão geográfica do mundo do Buda. Lera bastante sobre Savatthi, Rajagaha e Vesali, mas não fazia ideia de onde se localizavam ou da distância que as separava. Embora familiarizado com as doutrinas do Buda, eu nada sabia sobre o mundo físico em que ele vivera. Quando esse mundo se tornou um pouco mais real para mim, tomei ciência, até certo ponto, das condições sociais e políticas de sua época. Cidades e aldeias deixaram de ser pontinhos no mapa, avultando-se como centros de poder e conflito, habitados por indivíduos cúpidos ou medrosos, que se casavam, brigavam, tinham filhos e enfraqueciam com a idade. Minha busca por fotografias se transformou na busca do Buda histórico. O homem Sidarta Gautama ia aos poucos entrando em foco.

O Buda permaneceu com seus cinco companheiros no Parque dos Cervos, em Isipatana, perto de Baranasi, durante os três meses chuvosos. Boa parte desse tempo foi gasta sem dúvida discutindo-se as implicações das ideias que ele estava pregando. Atraiu um pequeno número de seguidores, quase todos amigos e parentes de um jovem comerciante brâmane chamado Yasa. Agora que tinha discípulos, Gautama se deparava com o problema de como fundar uma comunidade. Deveria atender às exigências práticas de manutenção e alojamento. Mas como criar condições para que suas ideias prosperassem na atmosfera competitiva da época e lhe sobrevivessem? Precisaria de patrocinadores: gente poderosa o bastante para proteger a comunidade e rica o suficiente para supri-la com o necessário.

Finda a estação das chuvas, Gautama e seu grupo de seguidores deixaram o Parque dos Cervos, cruzaram o Ganges e, tomando rumo leste, passaram por Uruvela (Bodh Gaya) a fim de alcançar Rajagaha, a capital de Magadha que, em seu círculo de montanhas, era a residência do rei Bimbisara. Informado da volta de Gautama, Bimbisara foi ouvi-lo pregar. Ao fim do discurso, o rei já "superara a dúvida e, cobrando coragem,[1] tornara-se independente" em sua compreensão do que o Buda ensinava. Entrou, pois, no fluxo do caminho do meio e declarou que suas ambições na vida estavam satisfeitas. Ofereceu ao Buda um jardim abandonado, o Parque dos Bambus, perto das fontes termais na periferia de Rajagaha, onde ele poderia instalar sua comunidade. Logo depois, Sariputta e Moggallana, os principais discípulos do prestigioso guru local, Sanjaya, tornaram-se seus seguidores depois de ouvir um resumo do ensinamento sobre o surgir condicionado. Os outros discípulos de Sanjaya fizeram o mesmo, deixando o mestre "cuspindo fogo".[2]

Era um feito extraordinário para aquele jovem de 35 anos, vindo de uma província agrícola no reino rival de Kosala. Não apenas Gautama conseguira a proteção de um dos reis mais poderosos da época como seus discípulos incluíam sacerdotes brâmanes conversos, alguns dos quais tinham sido mestres respeitados por mérito próprio. Então, um belo dia, Anathapindika,[3] riquíssimo banqueiro de Savatthi, apareceu em Rajagaha a negócios. Ficou logo impressionado com o que Gautama ensinava e também tornou-se seu discípulo. Antes de regressar a Kosala, perguntou ao mestre se poderia oferecer-lhe acomodações em Savatthi, onde Gautama e seus monges poderiam passar a estação das chuvas. Aceitando a oferta, Gautama concordou em voltar à pátria e estabelecer sua comunidade na capital do rei Pasenadi.

Apesar da riqueza e do entusiasmo de Anathapindika, anos se passaram antes que o banqueiro conseguisse encontrar um bosque para instalar convenientemente o Buda. Enquanto isso, Gautama voltara a Kapilavatthu[4] e fizera as pazes com a família. O pai, Suddhodana, converteu-se às suas ideias. O filho de 8 anos, Rahula, tornou-se noviço. E no ano seguinte, vários nobres sakiyanos[5] — inclusive seus primos Ananda, Anuruddha e Devadatta — entraram para a ordem monacal. Em outra visita à pátria, resolveu uma disputa[6] em torno do acesso à água do rio Rohini, evitando assim um conflito armado entre os gautamas e os koliyas, o clã de seu primo Devadatta. A partir daí, ao que parece, nunca mais cometeu erros.

Muitos sakiyanos quiseram entrar para a comunidade,[7] como sua madrasta e tia, Pajapati. Ele recusou o pedido, mas ela insistiu. Raspou a cabeça, envergou trajes amarelos e, junto com várias outras mulheres de Sakiya, seguiu-o até Vesali, onde de novo lhe implorou que a ordenasse. Dessa vez ele cedeu e se dispôs a fundar uma ordem de *bhikkhuni* (monjas). Foi a primeira vez, na Índia, que mulheres puderam entrar para uma ordem de mendigos errantes em igualdade espiritual com os monges. Era, contudo, um passo arriscado. Gautama poderia se indispor não só com seus protetores leigos, mas também com alguns de seus próprios monges — em particular, os da casta sacerdotal brâmane.

Depois da morte de Suddhodana, o governo de Sakiya[8] — que Sidarta teria provavelmente assumido caso não abandonasse o lar — passou para Mahanama, seu primo. Pouco se sabe a respeito de Mahanama. O Cânone o descreve como política e socialmente ambicioso. Parece ter conspirado com a mãe[9] a fim de persuadir o irmão Anuruddha e o rival político Bhaddiya a tornar-se monges com Sidarta em Rajagaha — pois assim teria caminho livre para, como chefe do clã Gautama, presidir a assembleia de Kapilavatthu empoleirado no trono solar. A meu ver, ele era um homem fraco e vaidoso que explorava o prestígio do primo em benefício próprio, mas nunca conseguiu consolidar sua autoridade sobre o resto da família.

Anathapindika não poupou despesas no embelezamento de um parque para Sidarta Gautama em Savatthi, capital de Kosala. Por uma soma exorbitante, adquiriu do príncipe Jeta, irmão (ou primo) de Pasenadi, um bosque cerrado fora do perímetro urbano. Sob o dossel das árvores, construiu "celas de monges, dormitórios, salas de recepção,[10] salões com aquecimento, despensas, banheiros, áreas de lazer internas e externas, poços, saunas, lagos e galpões", bem no meio dos quais se erguia a Cabana Perfumada de Gautama. Inspirado no zelo de Anathapindika, o príncipe Jeta forneceu a madeira para os edifícios e gastou tudo quanto recebera do banqueiro pelo parque num belíssimo portão de entrada de vários pavimentos. Conta-se que os suntuosos festejos de inauguração do conjunto duraram meses e custaram tanto quanto o próprio parque. Por fim, a generosidade de Anathapindika levou-o à bancarrota e ele viveu seus últimos anos na miséria.

O Bosque de Jeta, uma vez pronto, tornou-se a base de operações de Gautama. Ali, ele passou dezenove estações chuvosas e proferiu 844 discursos, bem mais do que em qualquer outra parte. À medida que seus monges envelheciam e a comunidade se ampliava, o Bosque de Jeta passou a funcionar mais como mosteiro residencial e sede administrativa da ordem do que como simples abrigo para três meses de monções. Dado que o longo e estável período médio da carreira de Gautama coincide com sua permanência em Savatthi, o Bosque de Jeta teria sido o local onde ele apurou e sistematizou suas ideias, em seguida memorizadas, recitadas em público e depois difundidas. O lugar se transformou no centro nervoso da missão de Gautama, o eixo a que se conectavam seus outros estabelecimentos e projetos.

Patrocinando Sidarta Gautama com tamanha generosidade e até ostentação, o rei Pasenadi, Anathapindika e outros nobres, mercadores e oficiais militares de Savatthi confirmavam seu apoio a um mestre que, sob vários aspectos, era um rebelde. Esse homem, repelindo quaisquer noções de um Deus ou Eu transcendental, criticava abertamente o sistema de castas, ria das crenças dos brâmanes e outros mestres religiosos da época, e aceitava em sua comunidade, como iguais, tanto monges quanto monjas. Até certo ponto, seus patrocinadores podem ter apoiado Gautama porque ele era "um dos seus", isto é, um fidalgo kosalano de cujos feitos podiam também se orgulhar; mas sua duradoura devoção sugere que aceitavam sinceramente os ensinamentos do mestre.

O êxito do trabalho de Gautama em Savatthi dependia de suas boas relações com o tosco rei Pasenadi. Se Pasenadi se voltasse contra ele, todo o seu projeto estaria por um fio. Os muitos diálogos registrados entre ambos dão a impressão de que se conheciam bem. Suas conversas trazem a marca da franqueza e da informalidade. Em certos momentos, o rei parece espicaçar ou provocar Gautama, como se quisesse testá-lo. E as respostas do mestre soam um tanto reservadas e circunspectas, para não dar a entender que encobrem alguma crítica ao monarca.

A dada altura, vemos os dois observando[11] uma espécie de encontro religioso. Pasenadi pergunta a Gautama se alguns daqueles monges e ascetas são "iluminados" ou não. "Difícil dizer", responde Gautama. "Não antes de conviver com eles por muito tempo, estudando-os bem, poderias conhecê-los o bastante para dar uma resposta. Só descobres quão forte é um homem após observá-lo na adversidade. E só conversando com ele percebes se é sábio." Essa réplica ecoa sua tese de que a pessoa é constituída por uma sequência de palavras e ações ao longo do tempo, não podendo reduzir-se a um "eu" fixo, quer seja "iluminado" ou "não iluminado".

"Aqueles são meus espiões", informou Pasenadi. "Envio-os a toda parte. Depois que me trazem suas informações, mando-os tirar o pó e a sujeira do corpo, pentear os cabelos e as barbas, vestir trajes finos e sair para divertir-se. Proporciono-lhes todos os tipos de prazeres sensuais que lhes apeteçam." Gautama evitou censurar o rei. Não disse que disfarçar espiões de monges talvez fosse uma má ideia. Apenas comentou: "Com a aparência de disciplinados, homens desordeiros erram pelo mundo." A implicação é clara. Pasenadi insinua que poderia haver espiões entre seus discípulos. Nesse caso, o rei estava observando-o. Gautama precisa, pois, ser cauteloso com as palavras. Nunca se sabe quem as ouve e a quem serão transmitidas.

A grande preocupação de Pasenadi era ter um filho e herdeiro. Embora houvesse desposado a irmã do rei Bimbisara de Magadha (possivelmente nos termos de uma aliança recíproca com aquele reino, quando a mão de sua própria irmã, Devi, fora concedida a Bimbisara), nada se sabe dessa rainha ou de filhos nascidos dessa união. Certo dia, voltando de uma expedição militar, Pasenadi passava diante da residência da florista da cidade quando ouviu uma jovem cantando lá dentro. Penetrou no pátio. Mallika, a filha da florista, interrompeu a canção, pegou as rédeas do cavalo e convidou o cansado rei a entrar em casa, onde ele passou a tarde toda com a cabeça no colo dela. Ficara encantado com sua beleza e inteligência. Naquela mesma noite, enviou uma carruagem para levá-la ao palácio e instalá-la como sua rainha.

Muita gente na corte, sobretudo os sacerdotes brâmanes, deve ter censurado a união do rei com uma donzela de casta inferior. Sem dúvida, murmuraram que o fato de Gautama condenar o sistema de castas havia induzido o monarca a uma união tão despropositada. Mallika também aceitou os ensinamentos nada ortodoxos de Gautama. Mas os cortesãos ficariam ainda mais chocados caso soubessem do comportamento sexual bizarro dos cônjuges. Pasenadi costumava espiar a mulher no banho.[12] Numa manhã, viu-a sendo farejada por um de seus cães. Longe de repeli-lo, Mallika deixou que o animal a cobrisse por trás. Questionada a respeito, explicou que aquilo fora apenas uma ilusão de ótica. "Vai até o banheiro", propôs-lhe a mulher, "e eu te direi o que se vê daqui." O rei obedeceu. "Podes ver-me?", perguntou. "Sim", respondeu Mallika. "Mas como te atreves a foder essa cabra?"

Também Gautama era acusado de intemperança sexual.[13] Uma discípula, Sundari, foi surpreendida esgueirando-se pelo Bosque de Jeta, à noitinha, toda perfumes e flores, e indo embora de madrugada. Depois disso, ninguém mais a viu. Seus colegas renunciantes acusaram Gautama de não apenas dormir com ela, mas também de matá-la e esconder-lhe o corpo sob um monte de entulho no Bosque de Jeta. O rei Pasenadi ordenou uma investigação no local — e, com efeito, o cadáver da mulher foi encontrado não longe da Cabana Perfumada de Gautama. Desfilaram com ele pela cidade, enquanto o povo gritava: "Eis o que se pode esperar dos monges sakiyanos!" Ananda, assistente do Buda, ficou tão abalado que sugeriu ao mestre abandonarem imediatamente Savatthi. Gautama lhe recomendou calma, pois em poucos dias tudo estaria resolvido.

Por fim, a garantia pessoal de Ananda[14] a Pasenadi é que persuadiu o rei da inocência de Gautama. Ananda parece ter sido a única pessoa em quem Pasenadi se dispôs a confiar. Pouco depois, os espiões do monarca surpreenderam os verdadeiros assassinos discutindo, bêbados, o crime que haviam cometido. Presos, revelaram que os próprios renunciantes os haviam contratado para matar Sundari, como parte de um plano para desacreditar Gautama.

Finalmente, Mallika engravidou[15] e deu à luz uma menina. Pasenadi o soube quando visitava Gautama na Cabana Perfumada. Ficou furioso pelo fato de aquela criatura, a quem tirara de uma casa pobre e fizera a honra de desposar, decepcioná-lo a tal ponto. Gautama tentou consolá-lo. "Às vezes, uma mulher se sai melhor que um homem", ponderou ele. "Pode se tornar mais sábia e virtuosa, esposa devotada e amiga da sogra." Com o tempo, Pasenadi ficou maluco pela filha, Vajiri. "Se algo lhe acontecesse",[16] confessou mais tarde a Mallika, "minha vida mudaria para sempre. Tristeza, lamentações, sofrimento e desespero cairiam sobre mim." Entretanto, por mais que amasse a filha, isso não alterava o fato de ainda não ter um herdeiro varão. Mallika não engravidou de novo.

O rei Pasenadi precisava de uma nova esposa.[17] Dessa vez, escolheu uma jovem da província de Sakiya. Talvez calculasse que, mesclando sua semente ao sangue de alguém da família de Sidarta Gautama, teria mais chances de gerar um filho. Quaisquer que fossem as razões, o rei de Kosala, desposando uma noiva sakiyana, estaria fazendo grande honra a Gautama. E, como a mulher escolhida — a senhora Vasabha — era irmã de Mahanama, governador da província e primo do Buda, o casamento elevaria Gautama a membro da família real.

Tudo acabou dando certo. A senhora Vasabha teve um filho, o príncipe Vidudabha. Agora Gautama era ao mesmo tempo instrutor particular de Pasenadi e parente consanguíneo do herdeiro do trono de Kosala. Havia, contudo, um problema. Vasabha não era uma "dama" de forma alguma e sim a filha ilegítima de Mahanama com uma escrava de nome Nagamunda. Os sakiyanos, notoriamente cheios de vaidade, jamais permitiriam a uma mulher de sangue puro casar-se com alguém de outro clã, ainda que fosse seu suserano em Savatthi. Mahanama se metera numa enrascada. Não poderia recusar a proposta do rei, que lhe pedia uma esposa; e, aceitando-a, seria expulso de sua própria comunidade. Fora, pois, coagido a mandar-lhe uma escrava disfarçada de fidalga.

Considerando-se o humor instável de Pasenadi e a eficiência de sua rede de espionagem, esse logro era perigoso e insensato. Gautama provavelmente não soubera do plano; mas, depois de tudo feito, é difícil imaginar como pudesse permanecer alheio ao que acontecera. Também ele estava em maus lençóis: revelar a trapaça poria em risco a obra de toda a sua vida e não revelá-la fá-lo-ia parecer cúmplice. Sem ter culpa nenhuma, Gautama via sua posição em Savatthi ameaçada pelas ambições, mentiras e vaidades de seus parentes em Sakiya. Esteve sem dúvida, o tempo todo, consciente da precariedade de sua situação no Bosque de Jeta. A sobrevivência da comunidade dependia da astúcia de uma garota escrava.

Está escuro quando chego a Sahet-Mahet, uma aldeia paupérrima em Uttar Pradesh, perto das ruínas de Savatthi. Um guarda armado abre o pesado portão de ferro do Lotus Nikko Hotel, um edifício novo e, pela aparência, apressadamente construído para tomar o dinheiro dos peregrinos budistas cada vez mais numerosos. Lá do fundo vem o ronco de um gerador para o qual as lâmpadas do prédio parecem piscar num gesto de simpatia. A sala de jantar está apinhada de turistas leigas coreanas com suas carinhas de lua e cabelos ondulados a ferro, metidas todas em calças e jaquetas largas, de brim cinzento. Tagarelam e riem enquanto devoram *kimchi* e bolinhos de arroz enrolado com algas, que vão pinçando de travessas de plástico espalhadas pela mesa. Muitos sorrisos e mesuras se seguem quando descubro que aquele grupo vem de Songgwangsa, meu antigo mosteiro. O venerável Hyon-bong, um velho monge que foi meu amigo e colega discípulo de Kusan Sunim, está encarregado de conduzir aquelas *bosalnim* pelo "circuito budista" à velocidade coreana típica.

Ainda naquela manhã, o sr. Khan me leva de carro à cidade há muito abandonada. Está vazia e silenciosa. Subo ao montão mais alto de escombros, que talvez assinale o local onde se ergueu outrora o palácio do rei Pasenadi. Dali, avisto um renque quase contínuo de elevações que podem ter sido as muralhas. Para além, até o horizonte de um verde indistinto, estendem-se os campos e algumas árvores esparsas. Nem sinal do Aciravati, o grande rio que na época do Buda fazia da cidade um porto movimentado. Tudo quanto resta da poderosa capital de Kosala é uma vasta extensão coberta de cascalho e espinheiros, abrigo de chacais e pavões que às vezes aparecem por ali. Assestando minhas lentes de telefotografia, surpreendo um bando de cegonhas coloridas empoleiradas numa paineira entre as ruínas. A cada dois minutos, uma delas alça voo e sobe penosamente para o céu como um pterodátilo branco e cor-de-rosa.

As ruínas do Bosque de Jeta situam-se a mais ou menos um quilômetro e meio dali. O parque luxuriante de Anathapindika é agora um sítio arqueológico competentemente trazido à luz, com seus gramados e canteiros protegidos, por grades de ferro, dos pedintes e vendedores de quinquilharia religiosa ou refrescos que formigam do lado de fora. Veredas serpenteiam por entre montes de tijolos, alguns maiores que outros: restos dos pisos, paredes e poços dos antigos mosteiros e templos. Identificou-se uma estrutura imponente no meio do parque como o que sobrou da Cabana Perfumada de

Gautama. É o ponto de reunião dos peregrinos; eles enfiam entre os tijolos pequeninas folhas de ouro que lá ficam a tremeluzir bafejadas pela brisa. Um grupo de cingaleses com suas vestes brancas senta-se de pernas cruzadas diante da parede cheia de buracos, mãos postas e cantando num páli anasalado. Deixam para trás varinhas acesas de incenso doce indiano, pétalas e velas.

Ignorando a placa que o proíbe, desenrolo uma esteira de bambu e sento-me de pernas cruzadas no gramado, à sombra de uma árvore. Em questão de minutos, surge uma meia dúzia de vira-latas esqueléticos, quase sem pelo, que se deitam à minha frente lambendo suas feridas. Cerro os olhos tanto para não ver essas pobres criaturas quanto para me concentrar na inspiração e expiração. Intriga-me que não haja nenhuma *stupa* antiga nem entre as ruínas de Savatthi nem aqui, no Bosque de Jeta. Poderia-se supor que algumas das relíquias terrenas de Gautama estivessem entesouradas no lugar onde ele ministrou a maior parte de seus ensinamentos e passou incontáveis estações chuvosas. Mas, de modo estranho, Savatthi não está incluída entre as oito localidades de cujas relíquias os seguidores de Gautama requisitaram uma parte, após a morte do mestre. Por quê? No fim da vida, Sidarta Gautama estaria tão comprometido aos olhos dos habitantes que eles se recusaram até a honrar sua memória?

Capítulo 14

UM ATEU IRÔNICO

Por todo o tempo que passei na comunidade de Sharpham, escrever era minha principal atividade. Meus livros e artigos sobre budismo, à medida que ficavam cada vez mais conhecidos, garantiam-me a subsistência. Em 1986, fui encarregado de redigir um guia do Tibete. Isso exigiu que voltasse a Lhasa numa viagem de pesquisa de dois meses, para documentar e fotografar todos os grandes mosteiros, santuários e outros sítios de importância histórica ou religiosa no Tibete central. Constatei que muitos deles haviam sido severamente danificados e as obras de restauração apenas começavam. *The Tibet Guide* veio a público em fevereiro de 1988, com prefácio do Dalai Lama, e ganhou o Prêmio Thomas Cook daquele ano. Dois anos depois, publiquei *The Faith to Doubt*, uma coletânea de ensaios sobre o zen baseados em minha experiência de monge na Coreia. Recebi logo em seguida a incumbência de escrever um estudo histórico sobre o encontro do budismo com a cultura ocidental, desde a época dos gregos até os tempos modernos, que apareceu em 1994 com o título de *The Awakening of the West*.

Em 1992, fui convidado a colaborar como editor num novo periódico budista, a revista *Tricycle*, cujo primeiro número chegara às bancas em Nova York no mês de novembro anterior. Até então, as publicações budistas em inglês pouco mais eram que boletins destinados a promover os interesses de organizações privadas e seus mestres. A *Tricycle* mudou tudo isso. Além de sua política editorial ser estritamente não sectária, a revista obedecia a elevados padrões literários e estéticos. Tornou-se o primeiro periódico budista vendido em bancas e livrarias, apresentando assim os conceitos e valores do budismo ao público geral, e não apenas a um punhado de adeptos. Eu concordava plenamente com a visão dos fundadores da *Tricycle* e passei a escrever com regularidade para ela.

Em 1995, Helen Tworkov, a editora, perguntou-me se eu gostaria de redigir uma introdução ao budismo como parte de uma nova série dos Tricycle Books. Queria alguém que apresentasse as ideias e práticas do budismo, a um público leigo, sem palavras estrangeiras ou termos técnicos. Concordei. O resultado foi *Buddhism without Beliefs* (publicado em março de 1997). Longe de ser a introdução inócua inicialmente concebida, o livro provocou o que a revista *Time* de outubro do mesmo ano, em seu artigo de capa sobre o budismo na América, chamou de "polêmica civilizada, mas ferozmente conduzida",[1] em torno da pergunta: será mesmo necessário aos budistas acreditar em karma e renascimento? No livro, eu dissera ser possível adotar uma posição agnóstica quanto a esses pontos, isto é, manter a mente aberta sem afirmá-los ou negá-los. Ingenuamente talvez, não previra o furor que semelhante sugestão iria causar.

A controvérsia mostrou que os budistas podem ser tão fanáticos e irracionais em suas convicções a respeito do karma e do renascimento quanto os cristãos e muçulmanos em sua fé na existência de Deus. Para alguns convertidos ocidentais, o budismo se torna uma religião substituta tão inflexível e intolerante em todos os pontos quanto as que eles antes cultivavam. Argumentei que o budismo não é bem um credo e sim uma cultura abrangente do despertar, a qual, ao longo da história, tem revelado uma notável capacidade de adaptar-se às circunstâncias. Por algum tempo, esperei que *Buddhism without Beliefs* estimulasse, entre os budistas, debates públicos e investigações sobre esses temas; isso, porém, não aconteceu. Ao contrário, apenas se viu que existe uma linha divisória, na nascente comunidade budista ocidental, entre os tradicionalistas, para quem essas doutrinas são verdades inquestionáveis, e os liberais como eu, que tendem a considerá-las meros produtos de vicissitudes históricas.

O que leva uma pessoa a postular intransigentemente a existência de realidades metafísicas não passíveis de demonstração nem de refutação? Acho que, em grande parte, isso se deve ao medo da morte, ao pavor de que nós e nossos entes queridos venhamos a desaparecer no nada. Mas suspeito também que, para algumas pessoas, o mundo tal qual se apresenta aos seus sentidos e razão parece intrinsecamente precário, incapaz de satisfazer aos anseios humanos mais profundos de significado, verdade, justiça e bondade. Quer acredite em Deus ou no karma e renascimento, a pessoa estará sempre depositando sua fé numa lei ou poder superior aparentemente apto a explicar as tribulações e a brevidade da vida na terra. Ela presume que existam forças ocultas nas profundezas do mundo fugaz e indigno de confiança da experiência diária. Muitos budistas sustentariam que rejeitar a crença na lei do karma — um esquema de contabilidade moral inserido misteriosamente na estrutura da própria realidade — poderia abalar os fundamentos da ética. As boas ações não seriam recompensadas e as más não seriam punidas. Os teístas sempre disseram a mesma coisa sobre as consequências de negar Deus e a justiça divina.

Graças a meus textos, fui aos poucos sendo visto como uma "autoridade" em budismo. Era frequentemente convidado para seminários interconfessionais, debates na BBC e outros acontecimentos de mídia que se propusessem examinar algum fato importante pelo ângulo do budismo. Quase sempre me via sentado à mesa com um ministro cristão, um rabino judeu, um imã muçulmano e um swami hindu. Esgotados os lugares-comuns iniciais, a discussão se voltava invariavelmente para Deus. Surgia o dilema: participo, por polidez, dessa conversa a bem da harmonia inter-religiosa ou desabafo: "Lamento, amigos, mas nem sei do que vocês estão falando"?

Sempre que me perguntam se acredito em Deus, eu simplesmente não faço ideia do que isso significa. Como são, em geral, pessoas educadas e inteligentes, sei que não se referem a um velho barbudo esparramado em seu trono no céu. Mas se referem então a quem? Sinto-me confuso da mesma maneira quando me dizem com idêntica convicção: "Não, não creio em Deus." Mas não creem com tanta segurança em quê? A palavra *Deus* é um hábito linguístico tão entranhado em nossa cultura que, presumivelmente, devo saber empregá-la. "Sinto-me desamparado[2] quando vem à baila a questão de Deus", escreveu Nanavira em carta a Robert Brady. "Esperam que eu diga alguma coisa ('até logo', por exemplo) e não encontro nada para dizer."

Já devorei vários calhamaços de teologia, que dão o melhor de si para explicar o conceito de Deus, e não aprendi muita coisa. Deus é apresentado como a fonte e o fundamento de tudo. Para Tomás de

Aquino, Deus é *esse ipsum*: existe por si. Mas como *acreditar* na "fonte e fundamento de tudo" e, ao mesmo tempo, num ser que "existe por si"? O Novo Testamento nos garante que Deus é Amor e enviou seu filho unigênito ao mundo. Mas como poderia a fonte e o fundamento de tudo ter a capacidade de "amar" ou a intenção de "encarnar"? Em que sentido um "existir por si" poderia ser identificado com uma Pessoa? Nessa altura, explicam-nos que Deus é incognoscível e não cabe em conceito algum, que todas as descrições dele não passam de figuras de linguagem, metáforas imperfeitas cuja finalidade é tornar inteligível algo misterioso e sublime demais para o alcance de nossa inteligência. Eu tinha a ligeira impressão de que estava sendo conduzido em círculos.

Os mesmos problemas teológicos intricados ocorrem no pensamento religioso indiano. Panditas e místicos muito doutos se esforçaram ao longo dos séculos para explicar como o Brahman inapreensível, unitário e transcendente — isto é, Deus — pôde fazer surgir este mundo acessível, diferenciado e concreto. Elaboraram cosmogonias e filosofias complexas, bem como sistemas meticulosos de yoga e meditação, que ajudassem a débil mente humana no esforço de entender tudo isso. Em vez de falar de Brahman como Pessoa, os Upanishads preferem outro aspecto quintessencialmente humano para descrever a fonte e o fundamento de tudo: Consciência. Mas o mesmo erro antropomórfico que é descrever Deus como Consciência ocorre quando o imaginamos como Pessoa. As duas imagens de Deus trazem a marca indelével de seu criador: a própria criatura humana consciente.

Um jovem brâmane chamado Vasettha foi certa vez ver Gautama. "Este é o único caminho reto",[3] pontificou ele, "o caminho da salvação que leva à união com Brahma, conforme foi ensinado pelo brâmane Pokkharasati!" Gautama perguntou se algum brâmane já tinha visto Brahma cara a cara. Como Deus é invisível e incognoscível, Vasettha foi obrigado a responder: "Não." Gautama ponderou que, nesse caso, a ideia de um caminho levasse à união com Brahma era vazia. "Numa fila de cegos agarrados um ao outro, o primeiro não vê nada, o do meio não vê nada e o último não vê nada: o mesmo ocorre com a conversa desses brâmanes. É ridícula, simples palavras sem sentido." Comparou em seguida o crente apaixonado de Deus ao homem que declara estar amando a donzela mais formosa da terra, mas, indagado sobre sua aparência, confessa nunca tê-la visto.

Quando Gautama perguntou ao monge errante Udayin que doutrina ele seguia, a resposta foi: "Nossa doutrina ensina: este é o Esplendor Perfeito,[4] este é o Esplendor Perfeito!". "Mas a que Esplendor Perfeito te referes, Udayin?", quis saber o Buda. "Ao Esplendor Perfeito que não fica atrás de nenhum outro Esplendor superior ou mais sublime!", declarou Udayin. Toda vez que o Buda lhe pedia esclarecimentos, o homem simplesmente acrescentava outro superlativo à sua frase. "Udayin", observou Gautama, "podes ficar nisso por muito tempo." Divertiu-se a valer com o absurdo das declarações tanto de Vasettha quanto de Udayin. Para ele, a crença num Deus incognoscível era irracional, sem o apoio da experiência ou da inteligência, baseada unicamente nas palavras de um mestre ou escritura, repetidas à saciedade.

No mesmo tom o Buda falava de um monge[5] que queria saber a resposta à pergunta metafísica: "Onde os quatro elementos — terra, água, fogo e ar — se extinguem sem deixar traços?". Não conseguindo uma resposta dos deuses menores, o monge se dirigiu a Brahma, o maior de todos. E Brahma respondeu: "Monge, eu sou Brahma, o

Grande Brahma, o Conquistador, o Invencível, o Onisciente, o Todo-Poderoso, o Senhor, o Fazedor, o Criador, o Governante, o Provedor, o Organizador, o Pai de Tudo que Existe e Existirá." O monge disse: "Mas não foi isso que perguntei." Brahma tomou-o pelo braço e puxou-o de lado. "Olha", sussurrou o deus, "meus atendentes divinos acham que sei tudo. Por isso, não quis falar na presença deles. Monge, ignoro onde os quatro elementos se extinguem sem deixar traços."

Nas poucas passagens do Cânone como essa, em que trata diretamente a questão de Deus, Gautama nos é mostrado como um ateu irônico. A rejeição de Deus não ocupa grande espaço em seu ensinamento e nunca o preocupou muito. Essas passagens são uma pausa para descanso, um entretenimento leve em que mais uma opinião irracional da humanidade é delicadamente ridicularizada e esquecida. Semelhante abordagem contrasta com o ateísmo agressivo que vemos explodir de vez em quando no mundo ocidental moderno. Os defensores desse ateísmo se sentem ultrajados ao ver pessoas cultas e inteligentes ainda apegadas ao que, para eles, são ideias evidentemente falsas e assustadoramente perigosas. Negam a existência de Deus com o mesmo ardor que os crentes exibem ao afirmá-la. O mais certo seria chamar essa postura de "antiteísmo". Assim, o "ateísmo" poderia recuperar seu sentido original, que é, pura e simplesmente, "não teísmo". Gautama não se diz nem teísta nem antiteísta. "Deus" não faz parte de seu vocabulário; é, pois, "ateu" na acepção literal do termo.

Sidarta Gautama se preocupava, isso sim, com a atenção constante dada à "condicionalidade, ao surgir condicionado". Sem dúvida, para alguns, isso implica não buscar mais o divino; mas para quem, como eu, nunca teve o hábito de buscar a Deus, a única tarefa consiste em atentar bem para o sofrimento do mundo tal qual ele se apresenta aqui e agora, em toda a sua confusão, ambiguidade e concretude. O Buda recomendava que nos concentrássemos na complexidade e pluralidade da experiência, em vez de insistir unicamente num objeto religioso como "Consciência". Quando exercitamos a atenção, depois de estabilizá-la no ato de inspirar e expirar, ampliamo-la para abranger as sensações do corpo, os sentimentos, os estados mentais e, por fim, tudo quanto ocorra dentro do nosso campo de percepção naquele momento. Isso é exatamente o oposto das lições dos Upanishads, onde o yoga é "o domínio dos sentidos"[6] como primeiro passo para se alcançar o estado de "desprendimento" que prepara a união com o Absoluto.

A prática da atenção plena visa ao *envolvimento* lúcido e sereno com o campo aberto dos acontecimentos fortuitos em que nossa vida está enraizada. Todos eles se equivalem ontologicamente: o espírito não é mais "real" que a matéria, a matéria não é mais "concreta" que o espírito. Sati, um de seus monges, andou dizendo que a consciência sobrevive à morte e passa para outra vida. Ao saber disso, Gautama mandou chamá-lo e censurou-o: "Insensato, quando me ouviste ensinar[7] uma coisa dessas? Não afirmei, repetidas vezes, que a consciência é um surgir condicionado?"

Consciência é aquilo que ocorre quando um organismo se depara com um ambiente. Se o olho é afetado por um raio de luz que reflete uma forma colorida, então surge a consciência visual. Mas, tão logo o objeto sai do campo de visão ou a pessoa baixa as pálpebras, essa consciência desaparece. Isso se aplica a todos os tipos de consciência.

"Assim como o fogo", explicou o Buda a Sati, "é reconhecido pela condição que o alimenta — fogo de madeira, fogo de capim, fogo de esterco etc. —, assim a consciência se define pela situação particular de que brota." A consciência é um fenômeno súbito, condicionado e passageiro. Não tem o poder mágico de se desvencilhar do campo de acontecimentos que lhe dá origem.

Não há aberturas, nesse campo intricado e fluido, pelas quais possamos nos esgueirar a fim de promover a união com Deus ou passar por uma outra existência após a morte. Nele, somos desafiados a agir: só as ações nos definem. É inútil implorar proteção ou assistência divina. Isso, como Gautama explicou a Vasettha, seria agir como o homem que, desejando cruzar o rio Aciravati, gritou para a outra margem: "Vem cá, outra margem,[8] vem cá!" "Gritos, apelos, exigências ou promessas" nada conseguiriam.

O budismo passou a ser, para mim, uma filosofia da ação e da responsabilidade. Ele fornece um quadro de valores, ideias e práticas que robustecem minha capacidade de escolher um caminho na vida, definir-me como pessoa, pôr-me em ação, aceitar riscos, conceber coisas de maneira diferente, criar arte. Quanto mais aprecio os ensinamentos de Gautama, livres da matriz do pensamento religioso indiano em que foram encaixados, e quanto mais percebo o modo como sua própria vida decorreu no contexto da época, mais consigo discernir um esquema de vida que posso aplicar aqui e agora, neste mundo em processo crescente de secularização e globalização.

Não o ignoro, as passagens para mim mais atraentes do Cânone são aquelas que melhor respondem às visões e tendências de um ocidental leigo. Os críticos me acusaram de "pinçar" fontes budistas para extrair somente as citações que corroborassem minha postura e de ignorar ou esquecer todo o resto. A isso só posso responder que *sempre foi assim*. Toda escola do budismo cujo surgimento a história registra fez exatamente o mesmo. Os adeptos chineses selecionaram os textos que mais lhes convinham como chineses e os tibetanos não ficaram atrás. Se, para você, o budismo é uma tradição dinâmica, à qual recorre a fim de obter instruções sobre como viver o cotidiano e não informações sobre fatos impessoais, como poderia ser diferente? A esse respeito, admito-o, não empreendo um estudo objetivo do budismo e sim o que só posso chamar de *teologia* — embora teologia sem *theos*.

Desde os meus tempos de monge na Suíça, encontro inspiração na obra dos teólogos protestantes liberais. Lendo pela primeira vez um livro de Paul Tillich — acho que foi *The Courage to Be* —, senti uma forte afinidade com o tom e o estilo de sua prosa. Era daquele jeito, pensei, que eu gostaria de escrever. Ali estava um homem decidido a solucionar as mesmas questões, no contexto do cristianismo, com as quais eu me deparava na tentativa de compreender o budismo. Não o li movido por um interesse especial pelas ideias cristãs. O que me atraía era seu *método* teológico, principalmente a maneira como aproveitava a filosofia e a psicologia modernas para articular uma leitura nova e instigante dos textos bíblicos. A obra de Tillich não é abstrata nem especulativa, mas carregada de envolvimento pessoal. O que escrevia era realmente importante para ele. Só quando descobri os trabalhos de Nanavira Thera é que encontrei uma voz budista capaz de operar uma síntese de rigor crítico e paixão existencial do mesmo nível.

Em meados dos anos 1990, ganhei um livro do teólogo anglicano Don Cupitt, intitulado *The Time Being*. Agradou-me logo de começo o caráter incisivo, jocoso e intensamente pessoal de sua escrita. E fiquei atônito ao perceber que ele utilizava sem escrúpulos as fontes budistas, sobretudo Nagarjuna e Dogen, em apoio de sua argumentação. Não tardei a descobrir que Cupitt era uma figura controvertida, se não herética, no mundo cristão. Em 1980, publicara um livro, *Taking Leave of God*, no qual rejeitava explicitamente a ideia de um Deus como realidade metafísica fora da esfera do pensamento e da linguagem humana. Desde então, sua postura foi se tornando cada vez mais radical à medida que ele descartava rudemente as derradeiras consolações da crença religiosa tradicional. Tornei-me profundo admirador de sua obra. Sinto mais afinidade com Don Cupitt do que com qualquer pensador budista vivo.

"Nossas vetustas tradições éticas e religiosas",[9] escreve Cupitt em *The Great Questions of Life* (2005), "se esfumaram e nada pode ressuscitá-las. Por isso uns poucos de nós somos teólogos radicais e não liberais. A nosso ver, a cultura atual é muito diferente de tudo quanto existiu no passado, de sorte que a religião precisa ser reinventada por completo. Infelizmente, o novo estilo de pensamento religioso que estamos tentando introduzir é tão bizarro e inusitado que a maioria das pessoas acha difícil reconhecer nele uma religião."

Muito do que Sidarta Gautama ensinou deve ter parecido a seus contemporâneos igualmente "bizarro" e "inusitado". Com a idade de 80 anos, em seus últimos meses de vida, foi denunciado ao parlamento vajjiano, em Vesali, por um ex-monge de nome Sunakkhatta que fora outrora seu assistente. Sunakkhatta declarou: "O recluso Gautama não tem poderes sobre-humanos,[10] não se distingue pelo conhecimento e a visão que caracterizam os nobres. O recluso Gautama ensina um Dharma modelado pelo raciocínio, nos termos de sua própria linha de pesquisa; e, quando o transmite a uma pessoa, ela só consegue com sua prática a cessação da dor." Informado dessa crítica, Gautama observou: "Sunakkhatta está com raiva e suas palavras refletem o que sente. Pensando desacreditar-me, na verdade me exalta."

Boa parte dos ensinamentos de Gautama estava em franca contradição com a linguagem e o comportamento religioso convencional da época, a ponto de parecer desconcertante até para algumas pessoas que haviam estado muito próximas dele. Assim como o conceito de religião sem Deus parece absurdo e desagradável aos ouvidos dos teístas contemporâneos, do mesmo modo a exposição racional que Gautama fazia do surgir condicionado e das Quatro Nobres Verdades deve ter parecido, a muita gente na época, extravagante e mesmo indigna do nome "religião".

Capítulo 15

A VINGANÇA DE VIDUDABHA

Imagine-se a abrir caminho em meio à selva. De repente, surgem diante de seus olhos as ruínas de um templo há muito abandonado. As únicas estruturas ainda de pé estão cobertas de mato. Blocos de pedra, estatuetas, colunas e pórticos jazem espalhados pelo chão da floresta, alguns ainda identificáveis, outros simples cacos e fragmentos indistintos, envoltos pelo musgo. Então você se depara com um friso esculpido que corre ao longo dos restos de uma parede externa. Algumas partes estão intactas e você consegue identificar o que parecem cenas de uma história. Vasculha os montões de pedras. Ali também encontra placas com cenas adicionais do friso, muitas delas gastas e danificadas, o que dificulta a interpretação. Tudo se acha na maior desordem. Não bastasse isso, você não faz a mínima ideia do que o friso está querendo lhe contar.

Ocorre o mesmo quando lemos o Cânone Páli a fim de descobrir quem foi o homem Sidarta Gautama. Você devora páginas e páginas de discursos edificantes e, às vezes, tediosamente repetitivos. Só vez por outra chega a uma seção consistente de narrativa biográfica. O mais comum é encontrar uma frase ou parágrafo isolado, qual cena esculpida em bloco gasto, que oferece um vislumbre intrigante do mundo de Gautama. Raramente uma cena dessas está inserida num contexto inteligível; raramente ela explica quem são as personagens e em qual período da vida do Buda os acontecimentos que descreve ocorreram. Se, como muitos leitores para os quais esses textos foram escritos, você está mais interessado no Dharma, então tais passagens lhe parecerão no mínimo irrelevantes e, na melhor das hipóteses, meramente decorativas.

Acredito que elas sejam os restos de uma história jamais narrada do começo ao fim. Essa história está há muito obscurecida pelo mito do príncipe que renuncia ao trono, alcança a iluminação, funda uma comunidade para divulgar sua doutrina e morre. Segundo o mito, os conflitos existenciais do homem podem ser resolvidos por um despertar profundo. Ele resume com a maior clareza o conceito budista da salvação, expressa em termos eloquentes, ao alcance de qualquer um. Se você se identifica com o dilema existencial que levou o jovem Buda a abandonar a família, então pode considerar a possibilidade de resolver esse dilema por meio da experiência transformadora do despertar espiritual. Como narrativa inspiradora, porém, a história acaba aqui.

Já a história não contada *começa* com o despertar. Fala de alguém que tem uma visão radical de como a vida humana e a sociedade deveriam ser — e que passa os últimos 45 anos de vida articulando essa visão a fim de fundar uma comunidade onde ela seja cultivada depois da sua morte. Para atingir semelhante objetivo, enfrenta a hostilidade do bramanismo oficial e de outras tradições não ortodoxas; tem de convencer reis caprichosos como Pasenadi a apoiar seu empreendimento; e precisa arcar com as consequências de atos cometidos por membros ambiciosos de sua própria família, como Devadatta e Mahanama. Ao contrário do mito, essa história não pode ser resumida numas poucas frases memoráveis. É uma trama de múltiplos enredos, envolvendo inúmeras personagens e encenada em cidades ou países distantes, muitos dos quais nem mais existem.

Por cerca de quatrocentos anos, antes de assumir forma escrita no Sri Lanka, o Cânone Páli sobreviveu na memória de monges encarregados de preservar os ensinamentos do Buda para a posteridade. A única preocupação desses primeiros compiladores era manter intacto o Dharma pregado por Gautama. Segundo parece, não levaram em conta a ordem cronológica em que ele divulgou suas lições nem as circunstâncias político-sociais da época. Classificaram os discursos conforme fossem longos, não tão longos, ligados pelo assunto ou dados sob forma de lista numerada. Portanto, não houve nenhuma preocupação com a cronologia ou o cenário. Os detalhes históricos que sobreviveram ficaram espalhados como agulhas no volumoso palheiro dos textos. Felizmente, os monges continuaram recitando esses fragmentos junto com tudo o mais que haviam memorizado, quer fizessem sentido ou não. Com o tempo, não há dúvida, alguns detalhes se perderam, foram eliminados ou confundidos com outros, num processo de elaboração e refinamento das passagens doutrinais.

No entanto, quando selecionamos esses cacos de história no Cânone e tentamos juntá-los de novo na ordem em que ocorreram, eles apresentam extraordinária consistência e coerência. Ainda estou para encontrar um fragmento que não lance luz sobre o todo ou se revele incongruente com os demais. À medida que os blocos rachados e gastos vão encontrando seu lugar no friso à volta da parede do templo, a sublime tragédia que foi a vida de Sidarta Gautama começa a se revelar diante de nossos olhos atônitos.

Velhos hábitos, contudo, não morrem facilmente. Em minha busca do Buda histórico, ainda me vejo procurando uma pessoa perfeita, que nunca faz nada de errado, e cujos pensamentos, palavras e atos brotam de uma compreensão infalível. Mas Gautama não pode ser perfeito porque não é Deus. Não se exclui quando diz que tudo é passageiro, doloroso, falível e precário. Sempre tentou reagir da melhor maneira possível às circunstâncias. Para me imaginar no momento presente *dele*, preciso esquecer tudo quanto haja acontecido durante os séculos que separam sua época da minha. O Buda não previa a ampla disseminação do budismo após sua morte. No ambiente turbulento da época, não podia saber sequer se ele, sua comunidade ou seus ensinamentos estariam vivos no dia seguinte.

O príncipe Vidudabha, filho do rei Pasenadi[1] e da "senhora" Vasabha, tinha 16 anos quando conheceu Sakiya, a terra natal de sua mãe. Como convinha a alguém de sua ascendência, o herdeiro do trono de Kosala deve ter entrado em Kapilavatthu no dorso de um elefante, abrindo um cortejo de fidalgos, soldados e pajens. Criança ainda, sem dúvida insistira com Vasabha para visitar seu avô, Mahanama, em Sakiya. Intrigava-o o fato de, ao contrário dos outros garotos da corte de Pasenadi, em Savatthi, nunca receber de presente cavalos ou elefantes de brinquedo do seu avô materno. Vasabha explicava isso alegando que Sakiya era um lugar muito distante, embora, na verdade, estivesse a apenas 120 km a leste, tomando-se pela Estrada do Norte. Mas por fim, ante tanta insistência, ela permitiu a viagem do menino.

Chegando a Kapilavatthu, o cortejo de Vidudabha foi efusivamente acolhido pelo primo do Buda, Mahanama, e alojado na mansão dos hóspedes. O jovem príncipe não entendeu por que, afora o avô, só um tio se adiantara para saudá-lo. Disseram-lhe que todos os fidalgos mais novos haviam ido para o campo. Ainda assim, pelo resto de sua permanência, foi tratado com a máxima atenção e cordialidade. Logo que partiram, um de seus soldados percebeu que esquecera uma espada na casa dos hóspedes e voltou para apanhá-la. Ao entrar, viu uma mulher esfregando com leite a cadeira que o príncipe Vidudabha havia usado e ouviu-a resmungar: "O filho daquela escrava Vasabha se sentou aqui!". Quando o general Karayana, comandante do exército, soube disso, foi um alvoroço. O jovem príncipe, profundamente humilhado e comprometido pela revelação, jurou ali mesmo: "Esses sakiyanos lavam com leite a cadeira onde me sentei; quando eu subir ao trono, vou lavá-la com o sangue de suas gargantas."

O rei Pasenadi, informado do que acontecera, enfureceu-se contra os sakiyanos, destituiu Vasabha e Vidudabha de suas posições, raspou-lhes a cabeça, vestiu-os de saco e devolveu-os à escravidão. Gautama, ao saber do tratamento que Pasenadi dispensara à esposa e ao filho, correu ao palácio para interceder em seu favor. Reconheceu que os sakiyanos haviam agido mal ao enganar o rei, mas ponderou que, em se tratando da rainha e do príncipe, a origem da mãe era irrelevante. "A família do pai", disse ele, "é que determina a posição social." Como Vasabha era filha de Mahanama, nobre e governante, e Vidudabha do próprio Pasenadi, nada mais importava. O rei, que era muito ligado emocionalmente tanto à esposa quanto ao filho, cedeu a essa argumentação e restaurou-lhes os privilégios.

Gautama e Pasenadi deveriam ter por volta de 60 anos a essa altura. Embora o monarca tivesse autoridade para confirmar o príncipe Vidudabha como herdeiro do trono, é duvidoso que os cortesãos — fiéis pela maior parte às tradições dos sacerdotes brâmanes — aceitassem como futuro rei de Kosala um rapaz em cujas veias corria o sangue maculado de uma escrava. Pasenadi compreendeu, por certo, que a sucessão não seria nada pacífica. Quanto a Gautama, seu prestígio em Savatthi deve ter sido severamente abalado pela revelação das artimanhas de Mahanama. Seus inimigos, é claro, consideraram-no, e aos membros de seu círculo íntimo (que incluía os irmãos de Mahanama, Ananda e Anuruddha), cúmplices na traição dos sakiyanos. Dali por diante, parece que os momentos idílicos de Gautama no Bosque de Jeta chegaram ao fim.

Embora seja difícil estabelecer a sequência exata dos acontecimentos, é muito provável que Gautama tenha deixado Savatthi sob uma nuvem negra e regressado a Rajagaha. Aqui também não teve sorte. Quando estava com 72 anos, seu primeiro patrono, o rei Bimbisara,[2] foi obrigado a abdicar em favor do filho, Ajatasattu. Para impedir que o velho monarca tentasse voltar, Ajatasattu mandou prendê-lo e deixou-o morrer de fome. A mãe de Ajatasattu, a rainha Devi, irmã de Pasenadi, caiu doente ao saber do que acontecera a Bimbisara e nunca mais se recuperou. Enquanto isso o primo de Sidarta, Devadatta,[3] que se tornara conselheiro de Ajatasattu, tudo fazia para assumir o controle da ordem monástica.

Depois de, inutilmente, implorar que o Buda se afastasse de seu posto por causa da idade e lhe transmitisse a liderança da comunidade, Devadatta procurou persuadir o primo a impor mais cinco regras aos monges. Estes teriam de: (1) viver nas florestas com (2) as ramagens das árvores por único abrigo, (3) não entrar nas casas dos leigos para comer, (4) não aceitar deles roupas como presentes e (5) só ingerir comida vegetariana. Gautama não instituiu nenhuma dessas regras. Elas não só limitariam excessivamente a mobilidade social dos monges como transformariam a ordem num movimento ascético similiar ao jainismo. Não obstante, Devadatta declarou que ele próprio adotaria essas regras e tentaria convencer os outros a fazer o mesmo. Muitos monges jovens se juntaram a ele, provocando assim um cisma na comunidade. Devadatta e seus seguidores se retiraram então para uma montanha selvagem, perto da cidade de Gaya, a fim de seguir aquele rigoroso regime. Pode ser também que ele ou alguns de seus discípulos leigos tenham atentado contra a vida de Gautama durante essa luta pelo poder.

Por fim, o cisma foi contornado graças à intervenção de dois discípulos de Gautama, Sariputta e Moggallana, que persuadiram os monges renegados a voltar ao aprisco. Não se sabe bem o que aconteceu a Devadatta depois da fracassada conspiração para tomar o poder. Parece que, arrependido, procurou fazer as pazes com Gautama, mas morreu antes de chegar ao Bosque de Jeta. Esse episódio mostra que havia tensões e conflitos no círculo íntimo dos adeptos de Gautama. Talvez Devadatta não tenha sido o único monge mais velho a achar que a comunidade monástica não era suficientemente austera no comportamento. Gautama era então um homem idoso cuja autoridade estava sendo desafiada às claras.

Quando ele chegou a Rajagaha,[4] depois do escândalo de Savatthi, essa pode ter sido a primeira vez que voltava à capital de Magadha desde o cisma. Instalou-se com seus monges num pavilhão circular dentro do mangueiral pertencente a Jivaka, o médico da corte educado em Takkasila, e não no Bosque de Bambus. Isso pode ser um indício de que estava doente e necessitado de assistência médica. Então, numa noite de lua cheia, por sugestão de Jivaka, o antigo patrocinador de Devadatta, rei Ajatasattu, visitou Gautama. O médico aconselhara o monarca a conversar com o Buda para "trazer paz ao coração de Vossa Majestade". Ao que parece, Ajatasattu sentia culpa e remorso pela morte de seus parentes.

O rei, entrando no pavilhão, encontrou Gautama sentado junto a uma coluna central com um grupo de monges à sua volta. "Tenho uma pergunta", foi logo dizendo. "Emprego muitos profissionais:[5] cornacas, cozinheiros, soldados, barbeiros, oleiros, contadores e por aí além. Todos, aqui e agora, gozam os frutos de seu trabalho. Eles não são os únicos recompensados pela habilidade que demonstram, também seus familiares e amigos se beneficiam. Mas que prêmio, visível aqui e agora, podes mostrar-me como resultado da vida errante do monge?"

"Imagina um escravo",[6] respondeu Gautama, "que trabalha para ti sem descanso de sol a sol. Um dia, ele pensa: 'Coisa estranha! O rei Ajatasattu é um homem e eu também o sou. No entanto, enquanto ele vive como um deus, eu vivo como um escravo. E se eu cortasse o cabelo e a barba, envergasse o manto amarelo e saísse para o mundo?' O homem vai então viver na solidão, consciente e satisfeito com pouco. Se alguém te relatasse isso, dirias: 'Aquele escravo tem de voltar imediatamente e trabalhar para mim como antes'?"

"Não", disse o rei, "não diria. Respeitaria e protegeria o tal homem. Dar-lhe-ia roupas, comida, abrigo e outras coisas mais."

"Mas, nesse caso, Majestade, isso não seria uma recompensa, claramente visível aqui e agora, da vida de renúncia?"

Sidarta Gautama não restringia o valor daquilo que ensinava a recompensas espirituais invisíveis, nesta ou numa vida futura. Adotando sua doutrina, as pessoas podiam também libertar-se da indignidade da escravidão, obtendo assim o respeito e o amparo daqueles a quem haviam servido. O ensinamento de Gautama tinha implicações sociais óbvias. Ele via sua comunidade como o microcosmo de outro tipo de sociedade, na qual a posição, a casta e o sexo já não definiam ninguém. Comparava suas lições e práticas a um oceano[7] com cujas águas os rios se confundem, perdendo a identidade. É que, depois de as aceitarmos, não mais nos identificamos com uma classe social. Ao contrário, "assim como o oceano tem o gosto do sal", sua comunidade "tem o gosto da liberdade".

Ao fim da discussão, Ajatasattu se dispôs a revelar aquilo que o pungia: "Para subir ao trono,[8] tirei a vida de meu pai, homem bom e rei justo." Gautama acolheu a confissão do monarca. "Aquele que admite seus erros", disse ele, "e os confessa para ser melhor no futuro progredirá na nobre disciplina." O perdão aparece aqui como o nó que une esses acontecimentos trágicos: Pasenadi perdoou Vasabha e Vidudabha; Ajatasattu perdoou o escravo fugitivo hipotético; e Gautama perdoa o rei parricida. Então Ajatasattu, aliviado e jubiloso pelo que Gautama havia dito, levanta-se da cadeira, saúda e parte. Pelo que sabemos, foi a última vez que os dois homens se encontraram.

O último encontro entre Sidarta Gautama e o rei Pasenadi[9] ocorreu — provavelmente um ano depois — numa cidade chamada Medalumpa, em Sakiya. O rei e seu comandante de exército, general Karayana, estavam alojados na localidade vizinha de Nagaraka, de onde foram de carruagem até o parque onde Gautama morava. Apearam no final da estrada para carros e tomaram o caminho de um bosque onde alguns monges passeavam tranquilamente. Indagado sobre onde se poderia encontrar Gautama, um deles respondeu: "A casa dele, Majestade, é aquela de portas fechadas. Aproxima-te em silêncio, transpõe o pórtico e bate. Ele abrirá." Pasenadi entregou a espada, o turbante, o leque, o guarda-sol e as sandálias ao general e, de cabeça descoberta e desarmado, encaminhou-se sozinho para a cabana.

Entrando, caiu aos pés de Gautama, cobriu-os de beijos e acariciou-os ternamente, repetindo: "Sou o rei Pasenadi de Kosala, venerável senhor, sou o rei Pasenadi de Kosala." Gautama estranhou: "Mas, meu rei, por que me honras dessa maneira? Para que tantas mostras de amizade?".

Pasenadi começou a elogiar o Buda, seus ensinamentos e seus monges. Falava como um homem humilde e caído em desgraça, já sem autoridade e incapaz de impor respeito. Queixou-se de que, como governante, teria supostamente poder de vida e morte sobre seus súditos; mas agora, sentando-se no conselho, não conseguia nem mesmo impedir que as pessoas o interrompessem no meio de um discurso. Porém, quando ouvia Gautama dirigir-se a um vasto público, nenhum dos presentes ousava sequer tossir ou limpar a garganta, receoso de interromper-lhe o discurso. "É magnífico", observou pesaroso, "ver que uma assembleia pode mostrar-se bem disciplinada sem a ameaça da força ou das armas." E concluiu: "E ainda me perguntas o motivo de tantas mostras de respeito e amizade? Faço-o porque és nobre e eu também; porque és de Kosala e eu também; porque tens

80 anos e eu também. Mas agora devo partir. Somos ambos homens ocupados e muito trabalho nos espera."

Quando o rei saiu do casebre,[10] não havia nem sinal de Karayana; só uma criada e um cavalo o esperavam. A mulher contou a Pasenadi que o general pegara a espada, o turbante e os outros objetos a ele confiados — insígnias da monarquia — e agora estava a caminho para coroar o príncipe Vidudabha como rei de Kosala. Em vista do que acabara de contar a Gautama, o velho Pasenadi não podia se surpreender muito com aquele conluio entre o general e o príncipe. Depois de esperar anos a fio, Karayana agarrava a oportunidade de vingar seu tio Bandhula, o ex-comandante de exército e juiz supremo que Pasenadi assassinara com medo de ser deposto por ele. O rei concluiu que sua única opção seria ir para Rajagaha — a mais de trezentos quilômetros ao sul — a fim de pedir asilo ou talvez apoio militar a seu sobrinho, o rei Ajatasattu.

Como, àquela altura, o exército de Kosala já devesse estar reunido na fronteira de Sakiya para invadir Kapilavatthu e vingar o logro de Mahanama, a visita de Pasenadi e Karayana a Sidarta parecia uma artimanha engendrada pelo general a fim de descartar o velho monarca frágil e emotivo. Quando as primeiras tropas, comandadas pelo recém-coroado rei Vidudabha, se aproximaram da fronteira, viram Gautama esperando por elas à sombra de uma pequena árvore. De início, sua presença e autoridade fizeram Vidudabha hesitar, que ordenou a retirada. Mas, depois de três movimentos desses, Gautama percebeu que era impotente para evitar o pior. Assim, também ele, imitando Pasenadi, se retirou para Rajagaha, deixando o exército de Vidudabha livre para invadir Kapilavatthu com ordens de chacinar todos os sakiyanos que encontrasse pela frente, "sem poupar sequer crianças de peito".[11]

Visualizo um Pasenadi vencido e tristonho sobre a sela, com sua serva caminhando ao lado do cavalo em direção a Malla. O sol inclemente, já prenunciando as monções, cai a pino sobre eles sem piedade, enquanto as moscas zumbem em volta e os ventos quentes arremessam a poeira da Estrada do Norte em suas faces cobertas de suor. Sem espada, turbante, leque, para-sol e sandálias, Pasenadi é apenas outro homem cansado empreendendo uma longa jornada na pior estação do ano.

A decisão de se confiar ao sobrinho Ajatasattu de Magadha é um sinal claro do desespero do monarca deposto. Ciente de que Ajatasattu havia condenado seu marido Bimbisara à morte pela fome, Devi, a ex-rainha e irmã de Pasenadi, sucumbira à dor. Para vingar sua morte, Pasenadi declarara guerra[12] ao sobrinho com a intenção de reaver as aldeias estratégicas perto de Baranasi, na margem setentrional do Ganges, que tinham sido entregues a Bimbisara como parte do dote de Devi. Nenhum dos lados, porém, conseguira uma vitória decisiva. Para assegurar a paz, Pasenadi se viu obrigado a dar sua querida filha Vajiri em casamento ao homem que provocara a morte de sua irmã. Pasenadi estava sozinho no mundo. Mallika, a primeira rainha e mãe de Vajiri, falecera anos antes. Não lhe restava escolha a não ser colocar todas as esperanças de sobrevivência nas mãos de alguém cuja fama não era a de se preocupar muito com parentes idosos. O único raio de luz teria sido a perspectiva de rever a filha. Só ela poderia induzir Ajatasattu a apiedar-se dele.

Depois de cruzar o Ganges, Pasenadi deve ter seguido a estrada que Bimbisara havia construído para ligar o porto de Patali à capital interiorana de Rajagaha. Chegou de noite às portas da cidade. Os guardas não quiseram abri-las para um velhote esquálido que se dizia pai da rainha. Cansado da viagem, Pasenadi foi se alojar numa hospedaria ao pé das muralhas. Na manhã seguinte, a criada o encontrou morto.[13] Ao ouvir a notícia, Ajatasattu fez questão de conduzir pessoalmente os ritos fúnebres para seu tio e sogro. Esses ritos foram realizados com grande pompa e solenidade, como convinha à memória de um governante tão notável quanto o rei Pasenadi de Kosala.

Capítulo 16

DEUSES E DEMÔNIOS

Meu amigo Fred Varley faleceu no final de abril[1] ou início de maio de 1975; ninguém sabe ao certo a data e nunca se expediu um atestado de óbito. Era um rapagão de 25 anos do Lancashire com quem eu estivera conversando e rindo, apenas uma semana antes, na casa de chá de Achala, em McLeod Ganj. No dia seguinte, às primeiras luzes, meu colega monge Kevin Rigby e eu atravessamos em silêncio a floresta até a clínica suíça, um conjunto de edifícios muito bem cuidados na encosta íngreme entre Forsyth Ganj e McLeod Ganj. Mesmo naquela hora, o calor que anuncia a monção estava insuportável. O jovem médico, aflito e nervoso, conduziu-nos até uma despensa escura, de teto de zinco, onde o corpo de Fred jazia sob um lençol encardido numa *charpoy* — a cama simples indiana, de cordas. Glenn Mullin puxou o lençol e o cheiro horrível da decomposição invadiu minhas narinas, fazendo meu estômago revirar. Eu nunca estivera antes tão perto de um cadáver. Fred trajava as mesmas roupas de algodão grosseiro com que eu o vira a última vez.

Trijang Rinpoche, o subassistente, jogara ao *mo* (método de divinação com dados) e afirmara que Fred deveria ser cremado imediatamente sem esperar os três dias dos quais, segundo os tibetanos, a consciência precisa para deixar o corpo. Na véspera, ele mandara Geshe Dhargyey à clínica para realizar os ritos extremos de *powa*, um procedimento tântrico que assegura à consciência de um moribundo ou pessoa falecida há pouco um renascimento favorável. Estipulara também que apenas seis amigos de Fred, do sexo masculino, poderiam estar presentes à cremação. Um estrado já fora trazido e posto no chão, junto à *charpoy*. Nossa primeira tentativa de erguer o cadáver só fez provocar outra onda de cheiro nauseabundo. Corri para fora, com ânsias de vômito. Na segunda tentativa, suspendemos a respiração e, de algum modo, conseguimos depositar o corpo no estrado. Cobrimo-lo com o lençol e amarramo-lo com cordas. Glenn e três outros puseram o peso morto de Fred aos ombros e desceram a colina até o local da cremação, entoando "*Om Mani Padme Hum*" — o mantra de Avalokiteshvara, o bodhisattva da compaixão. Na qualidade de monges, Kevin e eu, empunhando varetas de incenso de almíscar tibetano envoltas num *katag* de seda branca, precedíamos os quatro que carregavam o estrado.

Os tibetanos estavam convencidos de que um espírito singularmente maligno andava à solta em Dharamsala naquele verão. Eu soube que um funcionário público se golpeara com uma faca de cozinha em Gangchen Kyishong e que uma velha senhora fora atacada por um enxame de abelhas quando perambulava pela colina onde se erguia a morada do Dalai Lama. Ambos morreram dos ferimentos. E há pouco um dos *injis* caíra doente de súbito: dominado por acessos de loucura furiosa, acabaram matando-o. Ninguém duvidava de que aquelas mortes fossem obra de uma entidade perniciosa, embora invisível. "Armadilhas" — caixas cheias de massa *tsampa* em que se enfiavam cruzinhas encimadas por um novelo de fios brilhantemente coloridos — foram postas nas encruzilhadas e outros pontos estratégicos a fim de desviar o demônio de seu caminho.

Até as rajadas sufocantes de vento que levantavam o pó da rua principal de McLeod Ganj pareciam sinistras. Os tibetanos estavam tomados de uma calma e resoluta certeza quanto à seriedade da ameaça. Aquele espírito destruidor era tão real para eles quanto o teria sido um bando de cavaleiros mongóis a irromper pela aldeia em ataques súbitos e mortais. Sua invisibilidade só confirmava quão formidável e perigoso devia ser. Achei absolutamente impossível resistir ao contágio dessa crença coletiva. Estava aterrorizado, como todos. Ao mesmo tempo, o antropólogo em meu íntimo dava um passo atrás, observando o que acontecia com curiosidade isenta. E outra parte de mim recuava ainda mais, acompanhando o cabo de guerra entre aspectos conflitantes de minha psique.

Alguns dias depois da cremação de Fred, monges de Gyuto, o Colégio Tântrico Superior, especializados em exorcizar espíritos daquele tipo, chegaram a Dharamsala, vindos de Dalhousie, em três jipes cheios de tapetes, rolos de textos em tecido laranja e outros objetos envoltos em brocados. Realizaram seus rituais em segredo. Só o que ouvíamos era um som longínquo de tambores, címbalos e sinos. Então, para franco alívio da comunidade, anunciou-se que o demônio fora metido numa caixa triangular, selada com *vajras*, e agora jazia bem fundo na terra. Uma inglesa que morava perto do local onde foi realizada a cerimônia afirmou ter visto o espírito descer como um raio ziguezagueante para dentro da caixa. Em seguida, estando todos plenamente convencidos de que o inimigo fora derrotado, o mundo voltou à rotina normal. E, naquele verão, não houve mais mortes violentas.

Muitos budistas da Ásia são e sempre foram politeístas. Acreditam numa série de espíritos e deuses cujos mundos se confundem com o nosso. Essas entidades não têm existência meramente simbólica: são seres reais, dotados de consciência, autonomia e ação, podendo dispensar favores quando lisonjeados e castigos quando ofendidos. Andaremos bem se os agradarmos. Mas, como muitos desses espíritos são criaturas volúveis como nós próprios, não se deve, no final das contas, confiar muito neles. Quando aderimos formalmente ao budismo, buscamos "refúgio" no Buda, Dharma e Sangha, renunciando assim à confiança nesses seres — o que, no entanto, significa que espíritos e deuses foram degradados, não abolidos. Continuam desempenhando um papel em nossa vida pessoal e social. Esse é o mundo mental que encontramos no Cânone Páli. Sidarta Gautama não negava a existência de deuses, apenas os punha de lado. Talvez zombasse de sua presunção, mas reconhecia sua presença. Às vezes, eles até o inspiravam a agir.

Posso achar tentador considerar a existência de deuses e espíritos um absurdo fora de época, mas tenho de reconhecer que os alicerces de minhas próprias crenças são igualmente frágeis. Se desafiado, seria incapaz de persuadir quem não compartilhasse meus pontos de vista sobre o universo da vida humana de que minhas crenças a respeito das tais criaturas são verdadeiras. Certa feita, passei duas horas tentando convencer um lama tibetano muito culto e inteligente de que a Terra é redonda — sem grande sucesso. E menos sucesso ainda teria caso lhe tentasse impingir outras crenças que adoto: o *big-bang*, a evolução pela seleção natural ou a estrutura neural da consciência. Creio nessas coisas pelos mesmos motivos que o induziam a crer em deuses e espíritos desencarnados. Assim como aceito sem contestar a autoridade de cientistas eminentes, ele aceitava a autoridade de eminentes mestres budistas. Para mim, aquilo que os cientistas dizem ser verdadeiro é corroborado pela observação e o experimento; para ele, aquilo que seus mestres afirmavam ser verdade podia ser confirmado diretamente pelas revelações obtidas durante a meditação. Tive de aceitar que muitas de minhas pretensões à verdade não eram mais razoáveis que as dele.

Sei de poucas coisas com absoluta certeza. Sei que nasci, que existo e que vou morrer. Pela maior parte, posso confiar na interpretação que meu cérebro dá às impressões chegadas até ele por intermédio dos sentidos: isto é uma rosa, aquilo é um carro, ela é minha esposa. Não ponho em dúvida a realidade dos pensamentos, emoções e impulsos que me ocorrem em resposta a essas coisas. Sei que, se há fumaça na chaminé, há um fogo que a produziu. E guardo na memória uma miscelânea de fatos e números: Borobodur localiza-se em Java; a água ferve a cem graus centígrados (no nível do mar). No entanto, afora essas percepções, intuições, inferências e informações primárias, minha visão das coisas que realmente importam — significado, verdade, felicidade, bondade, beleza — são uma trama muito sutil de crenças e opiniões. Essa visão me permite encarar os problemas do cotidiano, mas não resistiria ao escrutínio de alguém que não a adotasse. Dependendo de quão crucial ela seja para minha integridade e credibilidade, estou pronto a defendê-la com mais vigor e paixão do que a qualquer outra. Vou ao sabor da vida, flutuando numa maré de crenças derivativas vigentes em minha cultura.

Enquanto escrevia isto, um exemplar de um boletim trimestral budista chegou à minha mesa. Na primeira página lia-se o resumo de um texto de Karma Lingpa — o homem que, no século XIV, revelou o Livro Tibetano dos Mortos — traduzido, coincidentemente, por meu velho amigo Glenn Mullin. Dizia, sem papas na língua: "Se, ao morrer, a pessoa agita as mãos para a frente e para trás,[2] murmurando palavras sem sentido, e o calor de seu corpo abandona primeiro a axila direita, então ela renascerá como titã." (Para um crente no renascimento, nada mais razoável: se a consciência "sai" do corpo, então tem de sair por algum lugar.) Esse dado é fornecido como uma descrição real de algo que acontece no mundo. Não há aí um sinal sequer de ironia. Lendo-a, rejeitei-a tão naturalmente quanto um corpo repele um fragmento de tecido estranho. Como poderia semelhante alegação ter sido alguma vez validada ou falsificada? Rejeito-a, não por ser "absurda" ou "incorreta" (como saber?), mas porque destoa de outras visões de mundo que acho verossímeis.

Seguindo o exemplo de William James, John Dewey e Richard Rorty, eu abandonara a ideia de que uma crença "verdadeira" corresponde a algo existente em algum lugar "lá fora", no âmbito ou além da realidade. Para esses filósofos pragmatistas, uma crença é considerada verdadeira quando se revela útil, quando funciona, quando traz benefícios tangíveis aos seres humanos e outras criaturas. As Quatro Nobres Verdades de Sidarta Gautama são "verdadeiras", não porque correspondem a algo de real em alguma parte, mas porque, postas em prática, podem melhorar a qualidade de nossa vida. No contexto da visão de mundo e organização sociopolítica do Tibete medieval, a crença em espíritos funcionava na medida em que fornecia explicações para os eventos naturais. E "funcionava" também por prescrever práticas que, aparentemente, resolviam os problemas causados pelos espíritos. Na época, deve ter sido uma das melhores teorias disponíveis. No mundo secular da Europa e da América do século XXI, essas teorias atraem pouca gente e não funcionam porque é difícil conciliá-las com uma visão de mundo composta de outras crenças que se revelaram eficazes para produzir efeitos desejados na vida das pessoas.

O argumento mais forte contra deuses, espíritos e divinação tântrica está na rede elétrica, na cirurgia do cérebro e na Declaração dos Direitos do Homem. Quer as pretensões à verdade de Newton ou Voltaire correspondam ou não à realidade, elas se tornaram parte de uma compreensão do homem e do mundo responsável por inúmeros benefícios e liberdades que eu, pelo menos, não gostaria de trocar pela vida numa sociedade budista pré-moderna. Não digo que as atuais sociedades liberal-democráticas sejam perfeitas. Longe disso. O sofrimento humano combatido pelo Buda em *O Giro da Roda do Dharma* não é, em essência, diferente hoje do que era há 2.500 anos. O budismo não me atrai por ter uma explicação da natureza da realidade mais plausível que outras religiões e sim por oferecer uma metodologia realmente eficaz na luta contra o sofrimento.

Deixei Dharamsala e fui para a Suíça no outono de 1975. Levava comigo as cinzas de Fred numa lata de leite em pó Amul, que entreguei, juntamente com um *thangka* tibetano (rolo de pergaminho desenhado) a seu pai triste e confuso. Ao tentar consolar aquele homem modesto explicando-lhe algumas crenças budistas que seu filho havia adotado, tomei consciência de quão estranhas e vazias minhas palavras deviam estar soando. Para o sr. Varley, o único consolo foi saber que Fred lhe deixara um neto. Na época da morte do rapaz, sua ex-namorada estava grávida de cinco meses. O bebê nasceu no dia 19 de agosto, pouco antes de eu deixar a Índia para só rever Dharamsala dezoito anos depois.

Voltei a McLeod Ganj em 12 de março de 1993,[3] para um encontro de quatro dias de mestres budistas ocidentais com o Dalai Lama. Tinha então 39 anos e morava em Sharpham. O grupo se compunha de 22 representantes das escolas tibetana, zen e theravada do budismo. Alguns levavam vida monástica ou ostentavam títulos religiosos; e havia também leigos, como Martine e eu. Unia-nos o fato de ensinarmos, em tempo integral, o budismo na Europa e na América. Um ou outro publicara livros. Alguns tinham fundado ou dirigiam centros e comunidades budistas. Ainda assim, aquela era uma amostragem um tanto excêntrica porque muitas escolas budistas com grande número de seguidores não estavam representadas. O Dalai Lama convidara vários lamas tibetanos de destaque, mas apenas três figuras relativamente obscuras compareceram.

Muita coisa havia mudado em McLeod Ganj desde que eu lá estivera pela última vez. O lugar, uma idílica estação de montanha indiana, se transformara numa cidadezinha poluída e congestionada ("Monte de Lixo [Muck Load] Ganj", no dizer de um engraçadinho local). A larga rua central fora dividida ao meio por lojas de quinquilharias tibetanas, o que forçava jipes, caminhões, táxis Maruti Suzuki, motos e pedestres a espremer-se nas pistas estreitas de cada lado. Alojamo-nos num hotel de paredes de concreto de vários andares chamado Surya Resorts, precariamente erguido numa encosta fora da cidade e administrado por empresários indianos. Desde que eu saíra dali, garrafas e sacos plásticos tinham se tornado moda na Índia e agora se espalhavam colina abaixo como seixos.

O Dalai Lama tinha 58 anos. Depois de ganhar o Prêmio Nobel da Paz em 1989, ia se tornando rapidamente um *superstar* espiritual global. Portanto, passava cada vez menos tempo em Dharamsala e viajava pelo mundo ensinando o budismo, sem se esquecer de fazer campanha em prol de mais liberdade e justiça para o povo tibetano. As autoridades chinesas continuavam obstinadas como sempre. O destaque dado ao Dalai Lama na mídia ocidental e a simpatia por sua causa, ocasionalmente alardeada por líderes mundiais, não pareciam alterar muito a situação no Tibete.

Voltando a McLeod Ganj, percebi que o budismo também havia perdido até certo ponto sua inocência. Desde minha primeira visita, vinte anos antes, centros, comunidades e editoras budistas haviam surgido e proliferado por toda a Europa, a América e a Austrália. Isso se devia, em grande parte, aos esforços de ocidentais que voltavam para casa depois de estudar na Ásia e convidavam seus mestres budistas a ir a seus países para ali fundar escolas. A popularidade do budismo estava em alta. Não era mais visto como um bizarro passatempo místico de *hippies* "coroas" e começava a ser absorvido pela cultura ocidental. Mas, o que era inevitável, também se institucionalizava. Em muito pouco tempo, grupos budistas adquiriram vastas propriedades e conquistaram patrocinadores milionários. A estranha mistura de "mestres iluminados", estudantes devotados e grandiosas ambições espirituais pode levar facilmente ao sectarismo e ao abuso de poder. Essas eram as principais questões que aquelas 22 pessoas iam discutir pessoalmente com o Dalai Lama em Dharamsala.

Depois de dois dias de preparação, fomos conduzidos para uma sala gelada, de teto alto, do palácio onde se realizaria a primeira de nossas oito sessões de duas horas com o Dalai Lama. Havíamos selecionado vários tópicos: adaptação do budismo ao Ocidente, tradição *versus* cultura, sectarismo, psicoterapia, monges e leigos — e o monstro que continuava de cabeça erguida, as relações sexuais entre mestres e discípulos.

As conversas foram desajeitadas a princípio, pois ninguém sabia ao certo para onde estava indo ou o que deveria esperar. Ouvindo nossas breves apresentações, o Dalai Lama era todo energia, passando da reflexão profunda à gargalhada esfuziante. Ele nos fitava com tanta simpatia e franqueza que era difícil não desviarmos os olhos. Quando se entusiasmava, sua voz atingia a altura do grito e o metralhar em *staccato* das sílabas inglesas se quebrava numa torrente de tibetano, enquanto as mãos fendiam o ar em gestos cheios de convicção. Em seguida, parava — silêncio —, ria, sorria e encarava jovialmente o interlocutor: "Sim? Ótimo. O próximo."

Chegada a minha vez, desfiei para o Dalai Lama uma breve história do budismo para mostrar como, ao longo do tempo, ele atendeu às necessidades de diferentes culturas asiáticas — mas, entrando em contato com elas, se transformou. Isso parecia óbvio e receei que minha apresentação fosse por demais simplista. No entanto, para minha surpresa, o Dalai Lama ouviu com uma expressão ligeiramente intrigada, como se aquela ideia fosse nova e até dúbia. Pediu alguns exemplos concretos. Observei que, no Japão, a imagem do Buda parece japonesa; e, no Tibete, tibetana. Ele olhou para todos os lados e apontou um *thangka* tibetano às suas costas: "Mas veja este Buda. É *indiano.*" Achei difícil encontrar o que dizer. A tal imagem não parecia, conforme salientou Martine depois, "mais indiana que minha *mémé*" — sua avó de 84 anos de Bordéus.

De novo, vi-me obrigado a reconhecer: por mais inteligente que seja a pessoa com a qual estamos falando, sua visão de mundo se baseia em premissas inteiramente diversas. O que parece óbvio para mim, como ocidental moderno, pode não parecer tão óbvio a um lama tibetano — mesmo àquele que, sob muitos aspectos, aceitou e compreendeu o mundo de hoje. E, se eu achava o estudo da história uma ilustração vívida dos ensinamentos budistas sobre transitoriedade e surgir condicionado, isso não parecia particularmente importante para o Dalai Lama. Percebi, com desagrado, que a "consciência histórica" era um traço peculiar de minha criação e condicionamento, não algo que se devesse tomar por pacífico. Conforme aquele intercâmbio mostrava, alguém com outra formação poderia perceber os mesmos dados sensoriais de maneira muitíssimo diferente.

Na década de 1980, vários escândalos eclodiram no mundo budista ocidental, quase sempre envolvendo relações sexuais entre mestres e discípulos. O Dalai Lama nos contou ter recebido inúmeras cartas de mulheres do Ocidente que alegavam ter sido coagidas a fazer sexo por mestres budistas, com a finalidade, segundo estes, de "purificar seu karma negativo". Ficara alarmado ao ouvir semelhante coisa. Inquietava-o a possibilidade de a atenção dada pela mídia a tais incidentes comprometer a reputação do budismo, diminuindo seu potencial como força para a paz e o bem no mundo. No curso de nossas discussões, ele sempre voltava ao assunto. Logo ficou claro que um dos motivos pelos quais se mostrava tão generoso com seu tempo era o desejo de que nós o ajudássemos a resolver de vez esse problema.

Por fim, sugeriu a redação de uma "carta aberta"[4] resumindo algumas das conclusões a que havíamos chegado durante o encontro. O escriba escolhido fui eu. Depois de trabalharmos em muitos rascunhos, li a carta em voz alta para Sua Santidade. Ele ouviu atentamente e a todo momento sugeria mudanças no fraseado e na ênfase. Pela primeira vez, testemunhei sua aguda inteligência política em ação. No parágrafo crucial sobre a ética dos mestres, escrevêramos: "Cada discípulo deve ser encorajado a tomar medidas responsáveis para combater os aspectos imorais da conduta dos mestres. Se o mestre não der mostras de se corrigir, os discípulos não hesitarão em divulgar qualquer comportamento antiético de que tenham provas irrefutáveis." Esse foi o ponto de que o Dalai Lama mais gostou. Esperava que a exposição pública permitisse às vítimas ser ouvidas, o que cobriria os malfeitores de vergonha e romperia o ciclo dos abusos.

Só depois de semanas o escritório particular do Dalai Lama ratificou o documento. E quando voltou às nossas mãos para ser publicado, apresentava uma única alteração: a frase na qual o Dalai Lama endossava pessoalmente o texto fora eliminada. Ora, sem seu endosso a carta aberta daria a impressão de que 22 mestres ocidentais autonomeados haviam assumido a tarefa de emitir um decreto para toda a comunidade budista. A partir do momento em que ele sugerira o comunicado, eu presumira que estávamos elaborando uma declaração conjunta, a ser assinada por ele e pelo nosso grupo. Eu concordava inteiramente com o conteúdo da carta que publicamos, mas a experiência, de um modo geral, me deixara com a ligeira impressão de ter sido usado. O Dalai Lama conseguira transmitir suas preocupações e propor uma solução; mas, apagando seu endosso da carta, sua equipe o isentara de toda responsabilidade pelo que nela fora dito. Outra vez eu me dava conta de que uma causa aparentemente compartilhada entre tibetanos e ocidentais podia muito bem ocultar intenções e expectativas conflitantes.

O encontro entre o Tibete e os anos 1960 foi como um choque, em pleno ar, de duas séries de desejos opostos. Éramos exilados voando em direções contrárias. Os tibetanos queriam escapar do comunismo chinês; nós fugíamos de lares desfeitos, da Guerra Fria e do complexo militar-industrial. Chocávamo-nos uns com os outros na Índia como partículas num acelerador. Nenhum dos lados entendia ou aceitava as necessidades do outro. Eu esperava dos tibetanos a serena visão budista capaz de calar minhas ansiedades existenciais; eles esperavam de mim apoio para sobreviver como refugiados num mundo hostil e indiferente. Conforme acabei por perceber, meu doloroso conflito com Geshe Rabten girava em torno unicamente dessa questão, tal qual se expressava na crise sempre renovada da submissão ao deus protetor, Dorje Shugden.[5]

Quando, a esse propósito, busquei o conselho do Dalai Lama em 1985, ele me mandou dizer por seu secretário particular que aquele era um problema interno do budismo e não precisava ser ventilado na mídia ocidental. O Dalai Lama continuou a afirmar publicamente que o tal protetor era um espírito maligno e perigoso. Incentivou os tibetanos a trocar esse culto pelo de outro deus protetor chamado Dorje Drakden, que tradicionalmente aconselha o governo por intermédio do Oráculo do Estado. Não bastasse isso, ordenou que as imagens públicas de Dorje Shugden fossem removidas dos mosteiros e templos. Sem chegar a proibir inteiramente o culto, impediu, porém, que os praticantes comparecessem às suas palestras e iniciações.

Comentou-se que os funcionários do governo tibetano no exílio tinham de assinar uma declaração de repúdio ao deus.

A maioria dos tibetanos parece ter seguido as instruções de Sua Santidade, mas alguns lamas mais velhos da escola Geluk, inclusive Geshe Rabten, se recusaram a obedecer. Os discípulos mais próximos de Trijang Rinpoche, o assistente e principal defensor da prática, não queriam comprometer sua lealdade a um mestre que, afinal de contas, fora o mentor do próprio Dalai Lama. A autoridade de Trijang tinha para eles mais peso que a do homem que consideravam seu discípulo. O conflito refletia uma tensão entre o *ancien régime* do velho Tibete, representado por Trijang e seus seguidores, e a nova ordem que o Dalai Lama estava tentando impor à comunidade tibetana pós-diáspora de 1959. O Dalai Lama achou que não seguir seu conselho na questão de Dorje Shugden equivalia a não reconhecer sua liderança do Tibete no exílio e, portanto, a solapar seus esforços em prol da liberdade do país.

O primeiro sinal visível da ruptura entre os dois campos apareceu em 1991, dois anos antes de nosso encontro em Dharamsala, quando Geshe Kelsang Gyatso, o lama com quem trabalhei durante um mês no Manjushri Institute em 1978, por ocasião de minha primeira viagem de volta à Inglaterra, anunciou o advento da New Kadampa Tradition (NKT). Isso provocou realmente um cisma no seio da ordem Geluk, embora não ocorresse entre os exilados tibetanos na Índia e sim nas colinas arredondadas de Cúmbria. Afora Geshe Kelsang, todos os membros da nova escola budista eram ocidentais. As imagens do Dalai Lama foram retiradas de todos os centros e seus livros, de todas as bibliotecas da NKT — que, em vez de fracassar como uma seita excêntrica de descontentes, prosperou. Essa organização alega ter hoje mais de 1.100 sedes espalhadas pelo mundo. Quando o Dalai Lama chegou à Inglaterra para uma série de palestras em 1996, viu-se diante de uma multidão de monges e monjas ocidentais com seus trajes marrons ostentando cartazes onde se lia, por exemplo, "Seus sorrisos encantam, suas ações espantam" e acusando-o de ser um ditador empedernido que reprimia a liberdade religiosa e não respeitava os direitos humanos de seu próprio povo.

Segundo a polícia indiana, na noite de 31 de janeiro de 1997, seis jovens tibetanos saíram de Nova Délhi de táxi e tomaram rumo norte até a cidade de Kangra, onde ficaram hospedados no Grand Hotel por três dias. Na noite de 4 de fevereiro, alguns deles ou todos foram para a vizinha Dharamsala, onde procuraram o Institute of Buddhist Dialectics, localizado a uns duzentos metros da residência do Dalai Lama. Uma vez lá, irromperam pelos aposentos do mestre residente, Gen Lobsang Gyatso, que estava sentado em seu quarto com dois jovens monges. Os intrusos, armados de facas, golpearam várias vezes os três monges, acabando por lhes cortar as gargantas. Durante a luta, Lobsang Gyatso conseguiu arrancar de um dos agressores uma mochila Adidas, que mais tarde o pessoal do hotel reconheceu como pertencente aos rapazes. A mochila continha documentos que ajudaram a identificar dois dos suspeitos, bem como impressos que defendiam o culto de Dorje Shugden.

No dia 17 de fevereiro, o jornal *Independent*, de Londres, revelou: "Uma divindade colérica é o principal suspeito dos três assassinatos em Dharamsala, a capital, no Himalaia, do governo tibetano no exílio." A história foi amplamente explorada pela mídia, de sorte que esse tema, considerado uma questão interna do budismo pelo Dalai

Lama, chamou a atenção de um público global que não estava à altura de compreendê-lo. A polícia indiana não conseguiu prender os suspeitos, Tenzin Choezin, 25 anos, e Lobsang Choedrak, 22. Esses dois jovens eram de Chatreng, região do Tibete conhecida pela fidelidade a Dorje Shugden. Haviam ido para a Índia, anos antes, a fim de envergar o hábito em mosteiros tibetanos do sul do país. Acreditava-se que houvessem conseguido entrar de novo no Tibete via Nepal. Suas fotografias foram publicadas, a Interpol foi acionada, mas a dupla continua solta.

Não conheci bem Gen Lobsang Gyatso,[6] mas encontrei-o em várias ocasiões quando morava em Dharamsala na década de 1970 e, mais tarde, traduzi parte de um livro seu sobre psicologia budista. Ele me pareceu um homem culto e cordial, embora fosse um dos mais ferrenhos aliados do Dalai Lama na questão de Dorje Shugden. Mas quem seriam Tenzin Choezin e Lobsang Choedrak, seus prováveis assassinos? Matadores profissionais enviados, conforme suspeitou o governo tibetano no exílio, pela Sociedade Dorje Shugden, uma organização fundada em Nova Délhi, em junho de 1966, para protestar contra a política do Dalai Lama? Ou apenas um par de cabeças esquentadas, falsos monges decididos a fazer justiça? Seriam acaso agentes chineses enviados à Índia para atiçar a disputa que já dividia a comunidade tibetana no estrangeiro? É provável que jamais saibamos a verdade. Tanto a Sociedade Dorje Shugden quanto a NKT condenaram veementemente os assassinatos e negaram qualquer participação neles.

Em outubro do mesmo ano, voltei ao Tibete[7] para preparar a segunda edição de *The Tibet Guide*. Numa pracinha central da velha cidade de Lhasa, descobri um santuário reaberto recentemente, o Trode

Khangsar, que para minha surpresa era dedicado a Dorje Shugden. Como imagem principal do altar, destacava-se a de Tsongkhapa, fundador da escola Geluk. À sua esquerda postava-se uma nova estátua de Trijang Rinpoche, o assistente júnior, e nichos à direita do recinto alojavam os reverenciados ícones do próprio Shugden. (Uma quadra abaixo do santuário, encontrei a Trijang Labrang, antiga residência do assistente júnior, convertida em apartamentos e escritórios.) Há pouco, visitantes do Tibete notaram uma grande imagem de Dorje Shugden por trás de Panchen Lama, em fotografias oficiais desse jovem protegido pelos chineses. Não é nada surpreendente as autoridades chinesas promoverem a veneração de um deus que "prejudica muito a causa do Tibete e põe em risco a vida do Dalai Lama", segundo as próprias palavras de Sua Santidade.

Pouco antes de eu deixar Dharamsala, Ani Jampa, uma monja budista inglesa, solicitou minha colaboração como intérprete numa entrevista com Ling Rinpoche, o assistente sênior do Dalai Lama. Ela explicou a Rinpoche que logo partiria da Índia a fim de visitar outros países da Ásia e pediu-lhe uma *sung-du* — fita protetora com nós — para se defender da influência dos maus espíritos. Ling Rinpoche sorriu e disse-lhe que bastaria ela se refugiar no Buda, no Dharma e na Sangha (comunidade). Se se confiasse sinceramente a esses três princípios básicos, compromisso comum a todos os budistas, eles seriam suficientes para protegê-la de quaisquer influências prejudiciais com que se deparasse. Fiquei impressionado com essa resposta tão simples, tão direta em comparação com toda aquela conversa sobre espíritos e protetores que punha em polvorosa a comunidade tibetana. Em retrospecto, vejo que esse conselho era bem característico do assistente sênior, o qual sempre se mantinha à margem da discussão em torno de Dorje Shugden.

Essa polêmica assinala outra fase de ruptura e desintegração do Estado tibetano. Os deuses já não interferem. Não importa como se explique o que aconteceu, a verdade é que o *ancien régime* não cumpriu seu dever primário como governo: garantir a integridade do Estado e a segurança do povo. Os lamas achavam que protetores poderosos e invisíveis defendiam o Tibete contra seus inimigos. Geshe Dhargyey, no início dos anos 1970, declarou solenemente em nossa classe, na Biblioteca, que o exército de ocupação chinês em Lhasa quase fora derrotado quando os protetores espalharam uma epidemia de disenteria entre as tropas. Na verdade, porém, o escudo invisível do Tibete de nada valia contra o materialismo dialético e os canhões do Exército de Libertação do Povo. Com poucas exceções, os governantes tibetanos não conseguiram avaliar até que ponto os aspectos geopolíticos na Ásia central haviam mudado ao longo do século XX. Hoje, cinquenta anos depois, a comunidade exilada — com o apoio incondicional de budistas ocidentais — ainda discute qual deus protetor tem maior influência.

No dia 26 de agosto de 1999, voltei ao meu antigo mosteiro de Tharpa Choeling (que atualmente se chama Rabten Choeling) pela primeira vez desde a morte de Geshe em 1986. Subi, com um misto de nostalgia e ansiedade, a íngreme encosta de Le Mont-Pèlerin no bondinho vermelho-vivo que parte da margem do lago de Genebra. Por fim, o mosteiro que Geshe, fundado em 1977, rompeu todos os laços com o Dalai Lama e confirmou sua aliança com o principal mestre de Geshe, o assistente júnior. O centro não aderiu nem à NKT de Geshe Kelsang nem a outras facções pró-Shugden, permanecendo independente. Mas, como se recusara a seguir a linha do Dalai Lama, passou a ser ostensivamente evitado pelo resto da comunidade tibetana na Suíça e outras partes.

Fui muito bem recebido por Gonsar Rinpoche, sucessor de Geshe e diretor do centro, que eu conhecia desde meus primeiros tempos em Dharamsala. Ainda se viam fotos do Dalai Lama nas paredes e seus escritos continuavam disponíveis na livraria. Aparentemente, não havia nenhuma animosidade pessoal contra ele. Depois, apresentaram-me ao jovem tibetano que fora identificado como a reencarnação de Geshe. Rabten Tulku Rinpoche era um menino de 11 anos encantadoramente tímido que parecia tão curioso e embaraçado com o encontro quanto eu próprio. No que me diz respeito, não sabia como me relacionar com aquela criança brilhante e sorridente a quem devia olhar como meu antigo mestre. Mas, a despeito de mim mesmo, fiquei na expectativa de um lampejo de reconhecimento mútuo nos olhos do garoto. Infelizmente, ao longo de toda a nossa conversa, ele não deu mostras de saber quem eu era.

Com a serra dos Dents du Midi desenhando-se na janela às nossas costas, tagarelei e ri com Gonsar durante duas horas, acompanhado por incontáveis xícaras de chá e um grande prato de petiscos tibetanos. Enquanto evocávamos o passado e ele explicava que agora o mosteiro ia muito bem, eu tinha plena consciência do problema que nenhum de nós se atrevia a mencionar.

Até que ponto eu conhecera realmente Geshe Rabten? Olhando para trás e tentando reconstituir o que aconteceu entre nós, coisas que eu não consegui entender na época começaram a fazer mais sentido. Geshe deixou a Índia pela Suíça no outono de 1975, ano da morte de Fred Varley. Foi nessa ocasião também que se manifestou pela primeira vez, em Dharamsala, a crise em torno de Dorje Shugden. Pergunto-me agora se Geshe não se mudou para o Ocidente a fim de ficar longe do Dalai Lama. Posso pensar também numa série de outras razões pelas quais Geshe não tenha querido que seus discípulos ocidentais chegassem muito perto de Sua Santidade durante a visita que ajudei a organizar em 1979. Ele receava talvez que algum de nós, inadvertidamente, levantasse a questão de Dorje Shugden em presença do Dalai Lama, trazendo à luz uma rixa que ameaçava dividir a ordem Geluk, mas ainda não era do conhecimento público. Mais perturbador, contudo, foi descobrir que Geshe Rabten na verdade não confiava em mim.

Em meados de 1978, Geshe foi convidado a visitar Madison, Wisconsin, a fim de ensinar pela primeira (e única) vez nos Estados Unidos. Pediu que três monges ocidentais o acompanhassem e deixou-me na Suíça para ajudar a supervisionar a administração do mosteiro durante sua ausência. Em Madison, conseguiu que os três monges fossem iniciados no culto de Dorje Shugden pelo eminente lama Song Rinpoche, da escola Geluk. Depois da iniciação, explicou a um deles, o venerável Helmut: "Esta manifestação do Buda não tem igual.[8] Se você está mesmo determinado a dominar sua mente, ele lhe dará até o coração para ajudá-lo." Embora Geshe dependesse de meus préstimos, jamais mencionou Dorje Shugden na minha presença — portanto, não me julgava pronto para semelhante prática. Parece que me conhecia melhor do que eu pensava.

Por mais que eu simpatize com as pretensões de Gonsar Rinpoche e do Rabten Tulku em sua solidão de Le Mont-Pèlerin, ao seu mundo impenetrável de deuses e demônios não posso voltar. Desde então, não tive mais contato com o Dalai Lama. E não voltei ao Tibete.

Capítulo 17

É PRECISO SEGUIR O CAMINHO COM CUIDADO

Sem que eu me desse conta, a chave para desvendar as complexidades da vida de Sidarta Gautama estava oculta nas páginas de um livro do qual já ouvira falar, mas que não via razão para adquirir pela quantia de 111 libras (165 dólares). O título do livro era *A Dictionary of Pali Proper Names*, da autoria do diplomata e intelectual cingalês dr. G. P. Malalasekera, publicado pela primeira vez em 1938 sob os auspícios do British Raj. Foi somente em 2004, quando meu colega Andy Olendzki, de Massachusetts, virou-se para tirá-lo de uma prateleira a fim de conferir um detalhe sobre a vida do Buda, que o vi pela primeira vez.

A Dictionary of Pali Proper Names não é bem um dicionário e sim uma alentada enciclopédia, em três volumes de 1.370 páginas, com verbete para cada nome próprio (de pessoa, lugar ou texto) que porventura apareça em algum lugar da literatura páli. No caso de *Pasenadi*, por exemplo, encontramos seis páginas com a biografia do rei, referências a todas as menções que lhe são feitas no Cânone e os nomes, em letras maiúsculas, das personagens às quais está ligado e a quem o "dicionário" reserva um verbete. Essa fonte inestimável me poupou muito tempo. Em vez de percorrer discursos e mais discursos em busca de menção a uma de minhas personagens — Mahanama, Mallika, Bandhula etc. —, bastava-me consultar o verbete no DPPN e ir direto ao texto que me interessava no Cânone. Entretanto, apesar de ter acumulado essa extraordinária riqueza de informações, Malalasekera parece não ter tido interesse algum em organizá-la numa única narrativa cronológica da vida do Buda. Minha tarefa, portanto, seria em grande parte juntar os pontos de Malalasekera numa linha contínua.

A imagem que emerge do homem Sidarta Gautama no Cânone Páli é inconsistente. Em algumas passagens mais antigas desse texto, tem-se a impressão de que Gautama era uma figura solitária, a vaguear "como um rinoceronte"[1] por áreas distantes, cobertas de matas, da planície do Ganges. Em outros lugares, ele nos é mostrado como uma figura pública heroica, reverenciada por reis e rainhas (e financiada por banqueiros), pregando para vastas audiências de devotos e monges com palavras carregadas de imensa autoridade. Às vezes é descrito como o maior de todos os praticantes de meditação, capaz de se absorver à vontade nos mais refinados estados de transcendência. Ou então aparece como operador de milagres, dotado de poderes sobrenaturais[2] como atravessar paredes ou voar pelos céus como um pássaro. Em certas passagens, vemo-lo sob a roupagem do "Grande Homem" messiânico, com sinais físicos sobre-humanos[3] — uma excrescência carnuda no alto da cabeça, rodas de Dharma desenhadas na palma das mãos e sola dos pés, uma língua capaz de lamber ambas as orelhas, um pênis que se retrai para dentro da pelve. Contudo, em alguns lugares, é retratado como um monge de aparência comum, aturdido pelas ambições da família, frustrado pelas disputas entre seus seguidores, que percorre para cima e para baixo, incansavelmente, a Estrada do Norte a fim de divulgar sua mensagem e impedir a fragmentação de sua comunidade.

Gautama tinha também senso de humor. Quando o monge Pukkusati, nobre de Takkasila,[4] chegou certa vez a Rajagaha, foi instalado na oficina de um oleiro. Na mesma noite apareceu por lá outro monge, que perguntou a Pukkusati se poderia dividir com ele o alojamento. Pukkusati acolheu-o bem e os dois passaram boa parte da noite meditando. Na manhã seguinte, o monge perguntou a Pukkusati quem era o seu mestre. Pukkusati respondeu que seguia as lições de Sidarta Gautama, embora até o momento não tivesse tido a sorte de conhecê-lo pessoalmente. "Onde Gautama está morando agora?", quis saber o monge. "Em Savatthi, uma cidade do norte", respondeu Pukkusati. Só então o outro monge revelou que estivera brincando com Pukkusati — pois era o próprio Sidarta Gautama, que então proferiu para o perplexo colega um discurso sobre os elementos da vida.

Deixando sua terra natal de Sakiya pela última vez, o frágil e envelhecido Sidarta Gautama dirigiu-se para o sul, seguindo até Rajagaha ao passos de seu amigo e patrono, o rei Pasenadi de Kosala. Sariputta, seu principal discípulo, parece tê-lo esperado[5] em Vesali, a capital de Vajji. Foi por essa época que o antigo assistente de Gautama, Sunakkhatta, um nobre de Vesali que deixara a ordem monástica, denunciou-o ao parlamento de Vajji como alguém que "não tem poderes sobre-humanos" e divulga uma doutrina "elaborada pelo raciocínio, nos termos de sua própria linha de pesquisa", cujo único resultado é a cessação da dor. "Sunakkhatta está com raiva",[6] disse Gautama a Sariputta. "Pensando desacreditar-me, na verdade me exalta." À luz dos acontecimentos posteriores, contudo, o mais provável é que a denúncia de Sunakkhatta ao parlamento haja contribuído para a perda de prestígio e apoio de Gautama em Vesali.

Gautama e seus seguidores decidiram deixar Vesali e a república vajjiana. Foram para o sul, atravessaram o Ganges de barco até Magadha e, seguindo a Estrada do Norte, chegaram a seu ponto final em Rajagaha. Essa longa jornada de Sakiya a Rajagaha, passando por Vesali, no calor que precede a estação das chuvas, deve ter-lhes custado um mês, se não mais. Perto da capital de Magadha, preferiram alojar-se em cavernas do pico do Abutre, onde encontraram algum alívio do calor opressivo.

Certa manhã, enquanto Ananda, postado atrás de Sidarta, abanava-o[7] com um leque, viram uma carruagem real se aproximando na estrada logo abaixo. Um homem desceu e começou a subir a colina. Já mais próximo, eles o reconheceram: o brâmane Vassakara, primeiro-ministro do rei Ajatasattu. O homem se inclinou, tocou com a testa os pés de Gautama, sentou-se ao lado e disse: "Sua Majestade deseja informar-vos[8] de que atacará os vajjianos, agora muito fortes e poderosos. Quer arruiná-los e destruí-los. Devo fazer-vos este comunicado e voltar para junto dele com a vossa resposta. O rei acredita que um Buda não pode mentir."

Em vez de oferecer ajuda a Gautama ou aos sakiyanos sitiados, Ajatasattu mandou o primeiro-ministro para usar o Buda como interlocutor de seus próprios preparativos de guerra. Ao revelar seus planos de ataque aos vajjianos, diante de cujo parlamento, em Vesali, Gautama acabara de ser ridicularizado, Ajatasattu anunciava que iria desfechar um ataque àquele território além do Ganges. Gautama fugira do violento conflito em sua terra natal apenas para se ver envolvido em outro. Ignorando o primeiro-ministro, voltou-se para seu assistente: "Ananda, não ouviste dizer[9] que os vajjianos promovem assembleias frequentes e regulares? Enquanto fizerem isso e conduzirem seus negócios em harmonia, preservando as antigas tradições, respeitando os anciãos, honrando os santos e não sequestrando viúvas e filhos de outros, sem dúvida prosperarão, evitando a ruína."

O brâmane Vassakara ouviu tudo atentamente e disse: "É verdade. Se os vajjianos se ativerem[10] a esses princípios, continuarão fortes. Nesse caso, não os derrotaremos pela força das armas, mas pela propaganda, jogando uns contra os outros." Levantou-se, cumprimentou e desceu a colina em direção à sua carruagem.

Desvaneceram-se ali mesmo as poucas esperanças que Gautama pudesse ter tido de simpatia e apoio em Rajagaha. Primeiro, ao saber da morte de Pasenadi e, depois, ao receber aquele tratamento cínico por parte de Vassakara. Pediu a Ananda que levasse os monges ainda residentes em Rajagaha para o pico do Abutre, onde se dirigiria a eles pela última vez. Tomando por modelo o parlamento vajjiano,[11] instou os monges a também promover assembleias regulares, preservar a harmonia, respeitar os anciãos da comunidade. Além disso, deveriam valorizar a solidão das moradas silvestres, permanecer atentos o tempo todo, ser educados e benevolentes uns com os outros, dividir as esmolas recebidas e palmilhar o caminho óctuplo. Anunciou então que deixaria Rajagaha pela cidade vizinha de Nalanda. Dali, ele e Ananda tomaram novamente a direção do Ganges, seguindo a mesma estrada quente e poeirenta por onde tinham vindo há pouco.

A sensação de fracasso de Gautama[12] seria reforçada pela morte, mais ou menos nessa época, de dois de seus principais discípulos, Sariputta e Moggallana. Depois de regressar de Vesali com Gautama, o idoso Sariputta sucumbiu à doença em Nalaka, sua aldeia natal vizinha a Rajagaha, no mesmo quarto onde nascera. Duas semanas depois, Moggallana foi espancado até a morte por bandidos (vivia solitário na Rocha Negra, perto de Isigili, um dos montes que rodeiam Rajagaha). Ananda lamentou muito a perda dessas duas figuras de destaque na comunidade, mas Gautama censurou-o por não ter compreendido bem suas lições sobre a transitoriedade e comparou aquelas mortes a grandes galhos[13] que caem de uma árvore portentosa.

Quando Gautama e Ananda chegaram ao porto das balsas em Patali,[14] as primeiras nuvens chuvosas começavam a juntar-se, tornando o calor e a umidade quase insuportáveis. Passaram a noite na casa de alguns adeptos leigos da cidade. Na manhã seguinte, bem cedo, Gautama notou que fortificações haviam sido erigidas ao longo da margem. Disseram-lhe que o primeiro-ministro Vassakara, no momento, supervisionava a construção de uma fortaleza para proteger o local contra os vajjianos. Gautama concluiu que uma nova cidade estava sendo fundada. Logo depois o próprio Vassakara convidou os monges para um banquete no dia seguinte. Ao final da festa, o anfitrião declarou que daria ao portão pelo qual Gautama iria deixar Patali o nome de "Portão Gautama".

Não objetando a que uma obra arquitetônica recebesse seu nome, estaria Gautama reconhecendo tacitamente que a nova localidade talvez fosse a "antiga cidade na floresta"[15] da qual falara, "com parques, bosques, lagos e muralhas, um lugar aprazível" que, uma vez renovado pelo rei, "seria de novo bem-sucedido, próspero e densamente povoado"? Patali se localizava no ponto em que o rio Son,[16] vindo do sul, e o rio Gandak, vindo do norte, se juntavam ao Ganges, tornando o lugar ideal para o comércio, as expedições militares e a administração de um império. Esse lugar logo substituiria, como capital de Magadha, a fortaleza de montanha Rajagaha. Cento e cinquenta anos depois, como Pataliputra (Filho de Patali), tornar-se-ia, sob o comando do imperador Asoka, a primeira capital da Índia unificada.

Isso tudo, porém, jazia no futuro. A preocupação imediata de Gautama era cruzar o Ganges e regressar a Vesali para a estação das chuvas, antes de prosseguir na viagem de volta à sua terra natal, Sakiya.

Quando o sr. Khan e eu chegamos ao complexo do PWD Inspection Bungalow em Vaishali (o atual nome "sanscritizado" de Vesali), o sol, gigantesco orbe avermelhado refletido nas águas de uma enorme lagoa artificial ao lado da estrada, já desaparecia por trás do horizonte de árvores. Um atrapalhado *chowkidar* — recepcionista — sai correndo do prédio, inquieto ante a perspectiva de um hóspede, e voa a preparar um quarto, repetindo: "Rajiv Gandhi dormiu aqui, *sahib*", como se esse mantra fosse capaz de desfazer a má impressão que eu porventura tivesse daquele lugar escuro, úmido, sem eletricidade nem água corrente. Saio. A indústria da peregrinação, com todos os seus mendigos e mascates à espreita, ainda não chegou a Vaishali. Ali, a tranquilidade é maravilhosa. Um monge solitário, do Pagode da Paz japonês, que se ergue do outro lado da lagoa — o único templo da área —, rufa um tambor portátil enquanto caminha à beira da água, entoando "*Nam-myo-ho-renge-kyo!*", que soa como um lamento.

Nada restou da grande cidade da época de Gautama, com sua tríplice muralha. A moderna Vaishali não passa de umas poucas aldeiazinhas e campos lavrados. Escavações trouxeram à luz os alicerces do que se julga ter sido o parlamento vajjiano, bem como a primitiva *stupa* onde se achou o cofre ora no Museu de Patna. Perto, há outro parque muito bem-cuidado, com relva e canteiros de flores, pertencente ao Serviço Arqueológico da Índia. Protegido por grades de ferro, há também um pequeno tanque retangular e restos de *stupas* de tamanhos variados. No centro dessas ruínas ergue-se, intacta, uma coluna ashokana em cujo topo repousa um magnífico leão de pedra. De pé junto à sua base, posso ler o nome "H. W. Finch" gravado na superfície, alguns metros acima de minha cabeça. Quando os britânicos chegaram aqui pela primeira vez, o tanque e as *stupas* deviam estar sob a terra, deixando exposta apenas a seção superior da coluna, na qual oficiais ou soldados, vencidos pelo tédio, entalhavam seus nomes.

Devem ter sido necessários três dias para Gautama ir da margem setentrional do Ganges até Vesali. A notícia de sua chegada iminente precedeu-o na cidade. Ouvindo que ele estava na aldeia de Koti,[17] a cortesã Ambapali saiu-lhe ao encontro em sua luxuosa carruagem. Essa grande dama, outrora amante do rei Bimbisara, de quem tivera um filho, convidou Gautama a alojar-se em seu mangueiral em Vesali e ali tomar suas refeições. Quando ela já estava de partida, um grupo de jovens fidalgos apareceu em Koti com seus carros. Pareciam envolvidos num jogo complicado, talvez erótico, com Ambapali. Cada rapaz estava vestido, maquiado e ornamentado de uma cor diferente: alguns de verde, alguns de amarelo, alguns de vermelho e outros de branco. "Olhai para eles", disse Gautama a seus monges, "os deuses chegaram." Os jovens também convidaram Gautama a comer com eles quando, no dia seguinte, fosse à cidade. "Mas prometi a Ambapali almoçar com ela", desculpou-se Gautama. Em uníssono, os rapazes estalaram os dedos e cantaram: "Derrotado pela mulher do mangueiral! Enganado pela mulher do mangueiral!"

Era uma sociedade mergulhada na decadência e na frivolidade enquanto os exércitos de seu poderoso inimigo se reuniam na outra margem do rio preparando-se para a guerra. Os janotas coloridos parodiavam os vajjianos "agora tão fortes e ameaçadores" que o rei Ajatasattu e seu primeiro-ministro queriam atacá-los e destruí-los. O convite de Ambapali indicava também que Gautama perdera o favor de seus patronos em Vesali, em consequência talvez de ter sido denunciado ao parlamento de Sunakkhatta. Em vez de se dirigir à sua base usual na cidade — a Casa de Empenas na floresta —, ele aceitou o convite de uma cortesã de alta classe para permanecer em seu mangueiral. Chegada a estação das chuvas, Gautama preferiu passar esse tempo sozinho numa aldeia de nome Beluva, fora dos muros da cidade, e disse a seus monges: "Ide aonde quiserdes em Vesali, à casa de amigos,[18] conhecidos ou patronos, e permanecei lá durante a estação chuvosa."

Depois de três estações dessas, Sidarta Gautama foi "atacado por uma doença grave e sentiu dores[19] como se estivesse para morrer". Recuperou-se, mas continuava muito fraco. "Já não tenho forças", disse a Ananda. "Arrasto-me como um carro velho." Ananda instou-o a fazer uma declaração final sobre a ordem monástica. "O que os monges esperam de mim?", redarguiu ele. "Ensinei o Dharma sem distinção entre lições 'exotéricas' e 'esotéricas'. Nunca escondi nada ao pregar. Se alguém estiver pensando 'Vou dirigir a ordem', que faça a tal declaração. Eu não raciocino nesses termos. Ananda, deveis viver como ilhas, para vós mesmos, sendo vosso próprio refúgio, sem mais ninguém como refúgio, com o Dharma como uma ilha, com o Dharma como vosso refúgio, sem mais nada como refúgio."

Em suma: quando tudo o mais falhar, confiai apenas nos valores e práticas que conseguistes trazer para dentro de vossa própria vida. Nem o Buda nem a Sangha (comunidade) vos ajudarão. Estareis sozinhos.

Finda a estação das chuvas, Gautama pediu a Ananda que chamasse todos os monges de Vesali para a Casa de Empenas, onde ele lhes daria adeus. Conclamou-os a "aprender, praticar e cultivar"[20] o caminho óctuplo que descobrira, pois, "se vos compadecerdes do mundo, esse modo de vida persistirá por muito tempo, trazendo felicidade e benefícios a muitos". E concluiu anunciando que só esperava viver por mais alguns meses.

Quando Gautama deixou Vesali, apenas seus primos sakiyanos Ananda e Anuruddha, o "Grande" Cunda, irmão mais novo de Sariputta, e um monge kosalano chamado Upavana o acompanhavam. Como estivesse gravemente enfermo, é provável que alguns monges mais jovens tenham ido com ele, para carregar sua liteira. Rumaram para noroeste, tomando pela Estrada do Norte, na direção de Sakiya, passando pelas aldeias de Bhanda, Hatthi, Amba, Jambu e Bhoganagara, nenhuma delas identificável hoje. Só quando chegaram à cidade de Pava é que os podemos localizar num mapa moderno: em Fazilnagar, 130 quilômetros a noroeste de Vaishali.

Fazilnagar é uma cidadezinha indiana sem nenhum encanto, semeada de edifícios de concreto dilapidados e com uma única rua de lojas e barracas balouçantes que vendem de tudo, de vestidos de noiva a peças de trator. Enveredei por um beco ao lado da rua principal até chegar a um espaço livre dominado por um grande monte de terra. Trechos de paredes são visíveis onde a terra desmoronou. Uma placa enferrujada e torta, contra a qual um búfalo esfrega o pescoço, declara o monte "Monumento Nacional Protegido". Fragmentos de cercas e pilares, já inúteis, podem ser vistos aqui e ali. O monte serve como banheiro ao ar livre; ali, grupos de crianças esfarrapadas se reúnem, enquanto cabras e vira-latas lambem os detritos. Na base, há um santuário muçulmano de cor verde diante do qual se ajoelham três mulheres; elas rezam e choramingam, balançando as longas cabeleiras negras, tomadas pelo que pode ser um êxtase ou um sofrimento insuportável.

Dentro do monte está a *stupa* que assinala o local onde Gautama tomou sua última refeição de carne de porco macia, na casa de um homem chamado Cunda, o Ferreiro. Quando lhe apresentaram o prato, Gautama suspeitou que havia algo de errado com ele: "Serve-me a carne de porco",[21] pediu a Cunda, "e dá as outras comidas aos monges." Finda a refeição, recomendou ao hospedeiro: "Agora, enterra num poço o que sobrou da carne de porco." Em seguida, "foi atacado por um mal grave, com diarreia sanguinolenta, que suportou sem um gemido". Suas únicas palavras foram para Ananda: "Vamos para Kusinara", o que, naquelas circunstâncias, soou como *Saiamos deste lugar*.

Estaria alguém tentando envenenar Gautama? Mas quem? E por quê? Inimigos não lhe faltavam. Pava era uma das duas cidades principais de Malla, a província kosalana fronteiriça a Sakiya. Karayana, o general do exército de Kosala que agora devastava Sakiya, era de Malla, talvez mesmo de Pava — o lugar onde, segundo se dizia, Mahavira, o asceta fundador do jainismo, morrera anos antes, deixando seus seguidores "divididos em dois grupos, brigando, discutindo,[22] lutando e atacando uns aos outros". Ao saber disso, Gautama classificou os ensinamentos de Mahavira de "mal-explicados, pouco edificantes e ineficazes para serenar a mente, visto que seu divulgador não despertara de todo". Presos, os bandidos[23] que haviam assassinado em Rajagaha o discípulo mais velho de Gautama, Moggallana, confessaram ter sido contratados por seguidores de Mahavira. Chegando a Pava em sua derradeira jornada, o frágil Gautama penetrava no que já poderia ter se transformado num santuário de seu principal rival.

Mas o que se ganharia envenenando um velho já às portas da morte? Mais compreensível seria dar cabo daqueles que pudessem transmitir seu legado a futuras gerações. Talvez alguém quisesse punir Gautama por sua aparente cumplicidade na trama de Mahanama para ludibriar Pasenadi, dando-lhe uma escrava como noiva; ou talvez um discípulo pretendesse garantir que as ideias do Buda não sobrevivessem para competir com a doutrina de seu próprio mestre. Em qualquer dos casos, a melhor solução seria matar Ananda, o fiel assistente que guardara na memória tudo quanto Gautama havia ensinado. Insistindo em que só a ele fosse servida a carne de porco, cujos restos deveriam ser enterrados, Gautama impediu que Ananda a comesse. Assim, pode ter apressado a própria morte a fim de garantir a sobrevivência de seus ensinamentos.

Sem que eu o percebesse, uns cinquenta ou sessenta meninos, sorrindo e com olhares inocentes, haviam se reunido à minha volta no alto do monte de terra. Sempre que eu fazia um movimento, aquela multidão, sem pestanejar, se movia também, à maneira de uma enorme equipe que estudasse uma criatura desconhecida, mantendo-a com gentileza, mas também com a máxima atenção, dentro de seu círculo. Quando decidi ir embora, abriu-se uma passagem para mim no círculo e voltei ao beco, acompanhado por alguns dos garotos mais corajosos, que pediam esmolas.

Na orla de Fazilnagar,[24] onde começam as fazendas e plantações, descobri uma grande placa de mármore branco com a inscrição "24º TIRTHANKAR 1008 BHAGWAN MAHAVIRJI", por baixo da qual um texto em inglês explicava: "Historiadores e pesquisadores concluíram que este é o lugar onde o Senhor Mahavira alcançou o Nirvana. Um grande templo foi aqui construído pela sociedade jainista Digambara." Acredita-se — pelo menos entre os membros da rigorosa seita jainista Digambara — que esse seja o lugar onde o contemporâneo e rival do Buda, Mahavira, morreu.

Enquanto eu olhava à volta procurando o "grande templo" mencionado na inscrição, vi-me de novo envolvido pela horda dos meninos da aldeia. Calculei que o edifício deveria estar atrás de um muro alto de tijolos perto da placa de mármore. Caminhei ao longo do muro até encontrar um portão — fechado a cadeado. Só me restou ficar na ponta dos pés — despertando o riso e os aplausos da multidão — e olhar por cima. Afora um prédio solitário e desolado a um canto, não havia mais nada. O que me pareceram materiais de construção jazia espalhado por ali, coberto de mato.

Hoje, quinze quilômetros de estrada em boas condições separam Fazilnagar (Pava) de Kushinagar (Kusinar). Gautama, muito doente, deve ter sido carregado de liteira. Seu pequeno grupo de monges parou para se banhar[25] no rio Kakuttha e o Grande Cunda estendeu um manto na margem para que o mestre repousasse. É provável que tenham passado a noite ali. E não é que, a meio caminho de Kushinagar, o sr. Khan e eu nos deparamos com um rio, agora cruzado por uma ponte de concreto, com uma larga margem coberta de relva e sombreada por árvores? Mas eu desconfiava de rios em planícies aluviais e resisti à inferência de que aquele pudesse ser o Kakuttha e de que ali, em sua margem, o moribundo Gautama outrora houvesse descansado.

Estava eu mais próximo do homem Sidarta Gautama? Ganhara alguma coisa vagueando por aqueles sítios arqueológicos, traçando seu itinerário por Bihar e Uttar Pradesh ou contemplando um cofre de pedra-sabão que supostamente continha suas cinzas? Subindo ao pico do Abutre ou postando-me sobre o monte de terra em Fazilnagar, eu de início experimentara um breve e entusiástico fluxo de associações. Por alguns instantes repassados de emoção, senti como se Gautama estivesse ao alcance de meus dedos. Mas, passada a emoção, voltou a indiferença, para não dizer o desânimo. Fui obrigado a dar àqueles lugares seu devido valor: apenas outro monte de tijolos, outra colina, outro pedaço de terra.

Entramos no pátio do Lotus Nikko Hotel, em Kushinagar. O sr. Khan desliga o motor e um porteiro todo de branco abre a porta do carro. O ar vibra com o canto das cigarras. *É o que resta*: cigarras, esquilos, vacas, corvos, periquitos, cães sarnentos, árvores *neem*, plantações verde-amarelas de mostarda onde mulheres e meninas de sáris multicoloridos trabalham de cócoras. Essas plantas, aves e bichos, que não param de se reproduzir, foram tudo o que sobreviveu. Jamais verei o que Gautama viu, mas posso ouvir as descendentes das mesmas cigarras que ele ouvia, há séculos, ao cair da noite em Kusinara.

Chegando a Kusinara, Gautama pediu a Ananda que o levasse ao bosque de *sal* das gentes locais de Malla, nas cercanias da cidade. Uma vez ali, instruiu-o a preparar um leito entre duas árvores *sal*.

Sabendo que lhe restava pouco tempo de vida, explicou como deveria ser cremado e o que deveria ser feito com seus restos mortais. Aquilo era muito para Ananda, que rompeu em lágrimas. "Não chores nem te lamentes",[26] disse Gautama. "Não te ensinei que todas as coisas aprazíveis e deleitosas estão sujeitas à mudança? Como poderia um composto não se desfazer?"

Ananda nem assim se conformou. "Não morras aqui",[27] pediu ele, "nesta cidadezinha miserável de casebres de taipa, nesta selva dos confins do mundo! Se pudéssemos ir para um lugar como Rajagaha, Savatthi ou Baranasi, teus seguidores que ali moram preparariam um funeral de maneira adequada." Imagino Gautama rejeitando essa proposta absurda com um gesto cansado de mão.

Depois que os habitantes de Kusinara compareceram ao bosque de *sal* para prestar a Gautama suas últimas homenagens, um andarilho chamado Subhadda apareceu e perguntou a Ananda se poderia ver o mestre. Ananda recusou o pedido. Mas Gautama ouviu-os e chamou Subhadda para junto de si. Subhadda perguntou: "Qual dos mestres de nossa época[28] chegou à verdade?" Gautama não levou a pergunta em consideração: "Pouco importa que isso tenha sucedido a todos, a alguns ou a nenhum deles. Eu te ensinarei o Dharma." Explicou-lhe que, onde puder ser encontrado o caminho óctuplo — visão, pensamento, fala, ação, maneira de viver, esforço, atenção e concentração apropriados —, haverá pessoas que passaram por todas as fases do despertar. Em seguida, determinou a Ananda que recebesse Subhadda na ordem dos monges.

Era tarde da noite. Talvez uma luminosa lua de outono brilhasse por entre o dossel de folhas de *sal*. Gautama virou-se para o pequeno grupo de monges presentes e disse: "Se alguém tem alguma dúvida séria[29] sobre o que ensinei, esta é a hora de perguntar." Os monges permaneceram em silêncio. "Se ficais calados por respeito a mim, então perguntai uns para os outros." Os monges não abriram a boca. Gautama prosseguiu: "Então deveis todos estar despertos. Ouvi: as coisas condicionadas se rompem, portanto segui o caminho com cuidado!"[30] E também ele se calou. Foram suas últimas palavras.

Senti-me estranhamente alegre quando, na manhã seguinte, visitei o santuário que marca, em Kushinagar, o local onde Gautama faleceu. Uma estátua em pedra negra do Buda reclinado, envolto num manto amarelo, estende-se por todo o comprimento de uma sala sombria. O santuário, um prático edifício de concreto construído em 1956, é o centro de outro parque bem-cuidado com árvores e canteiros de flores, alicerces de mosteiros e interiores de *stupas* trazidos à luz por escavações arqueológicas. Ali, Gautama deve ter se deitado entre duas árvores *sal*, recebido Subhadda e pronunciado suas últimas palavras. E ali, aqueles que ainda não tinham alcançado a liberdade de espírito "choraram e arrancaram os cabelos,[31] ergueram os braços e atiraram-se ao chão, revolvendo-se e gritando: "Cedo demais! Cedo demais! O Buda se foi!" Mas outros encararam o fato com serenidade, dizendo: "Todas as coisas compostas são passageiras. Para que tanto barulho?"

Capítulo 18

UM BUDISTA SECULAR

Em 1996, descobri a Internet. Dirigia, em Sharpham, o recém-fundado Sharpham College for Buddhist Studies and Contemporary Enquiry, que iniciara um programa residencial de um ano para doze alunos. Um deles trabalhara na indústria de computadores e ensinou-me a usar a Internet como ferramenta de pesquisa. Só por curiosidade, digitei o nome de meu tio-avô, Leonard Craske, a ovelha negra da família, que abandonou a esposa e a carreira de médico para seguir sua vocação de ator e artista nos Estados Unidos.

A busca gerou uma série de referências,[1] a maioria relacionada à estátua de um pescador no cais da cidade de Gloucester, Massachusetts. "O Homem ao Leme", como é conhecida, foi a escultura mais famosa de Leonard. Encomendada pela prefeitura de Gloucester para comemorar o 300º aniversário da fundação da cidade, em 1623, a estátua de bronze foi apresentada ao público e dedicada em 23 de agosto de 1925. Mostra um pescador de três metros de altura, com sua capa de oleado, agarrando o leme do barco e mantendo-o firme em plena tempestade no Atlântico Norte. Todavia, para meus olhos budistas, esse monumento comemorativo do individualismo americano exibia um homem segurando uma Roda do Dharma de oito raios. O pescador de bacalhau se transformara num bodhisattva em busca do despertar, guiando o barco de seu precioso corpo, graças ao caminho óctuplo, pelos mares traiçoeiros do samsara.

Segundo os registros de Ellis Island, Leonard chegou a Nova York em 1913, aos 34 anos de idade. Trabalhou como ator no Copley Theatre, de Boston, durante a Primeira Guerra Mundial, antes de iniciar a carreira de escultor. Viveu e trabalhou em Back Bay, Boston, com um estúdio de verão na colônia de artistas de Rocky Neck, península de Cape Ann, a poucos quilômetros de Gloucester. Era "facilmente reconhecido pelo cabelo prematuramente branco[2] e o rosto vermelho". Não se casou de novo e, ao que parece, morava sozinho. A julgar pelas poses afetadas em fotos suas nos arquivos da Cape Ann Historical Association, pode bem ter sido homossexual. A partir do final dos anos 1920,[3] voltou a atenção para a fotografia colorida e foi um dos primeiros amadores a trabalhar com esse tipo de filme. Morreu em Boston, em 1950, dois anos e meio antes de eu nascer. O obituário do *Boston Herald* citou dele as seguintes palavras: "O dinheiro significa pouco para mim. Faço o que me agrada, de modo que sem dúvida infrinjo os padrões de comportamento de muita gente. Creio mesmo que a maioria das pessoas é excêntrica, não eu. Elas seguem o rebanho. Eu, não. Nunca segui e nunca seguirei."

Assim como meu tio-avô Leonard, sou uma dessas pessoas que precisam fazer coisas. Fico inquieto e irritado quando não estou ativamente envolvido num projeto qualquer. Desde 1995, tenho produzido colagens com materiais descartáveis — papel, tecido, plástico — que encontro jogados pelas ruas, atrás de moitas ou em latas de lixo. Seguindo regras estritas, corto essas coisas sem utilidade e indesejáveis com um estilete e junto-as em mosaicos intricados, simétricos. Não sei por que faço isso. Não tenho uma teoria estética a demonstrar nem necessidade de vender os produtos. Sou livre para seguir as intuições silenciosas que me impulsionam. Posso passar meses procurando os materiais certos e formando um desenho. É bastante satisfatório transformar esses refugos numa composição que transcende os pedaços, mas que não existiria sem cada um deles.

Meus livros, eu os escrevo assim também. Cada livro é uma colagem. Como uma gralha, vou "bicando" ideias, frases, imagens e legendas que por alguma razão me impressionam. Encontro-as mais em fragmentos de conversas do que nas escrituras budistas. Não trabalho metodicamente. Às vezes, descubro o que estou procurando quando abro um livro ao acaso e me deparo com uma frase que salta da página como resposta a uma pergunta. Como não elaboro notas sistemáticas, passo horas tentando me lembrar de uma referência. Em seguida, tenho de reunir todos esses fragmentos e peças em capítulos convenientemente organizados. E dar a impressão de ser um narrador seguro, que sabe desde o começo o que quer dizer e como. Sinto a mesma tensão entre regras formais e conteúdo arbitrário que existe na confecção de uma colagem.

Depois de *Buddhism without Beliefs*, combinei com meu editor escrever um livro que desenvolvesse mais minhas ideias a respeito de uma abordagem agnóstica do budismo. Como sempre, comecei redigindo notas, associando ideias, colhendo citações, lendo livros e artigos importantes, traçando planos de capítulos, experimentando títulos e, de um modo geral, deixando que minha mente vagueasse como bem entendesse ao redor do tema. Em seguida, iniciei a redação. Em uma semana, já punha de lado tudo quanto planejara. O ato de escrever, que segue sua própria lógica inescrutável, conduzira-me ao assunto do livro: o diabo. Em parte alguma de minhas notas preliminares eu mencionara o diabo — ou "Mara", como é conhecido no budismo. Entretanto, sabia de antemão que a origem do livro inteiro estava contida nessa única ideia.

Passei os três anos seguintes redigindo *Living with the Devil*. Isso me levou a outra série de conceitos que permeiam o Cânone Páli, mas contrariam em muitos pontos o núcleo da ortodoxia budista. Para os budistas tradicionais, o Buda foi um homem perfeito. É o exemplo do que um ser humano pode se tornar caso percorra o caminho óctuplo. Diz-se que o Buda extirpou de sua mente os derradeiros vestígios de inveja, ódio e confusão — esses sentimentos foram "cortados pela raiz como um tronco de palmeira,[4] para nunca mais vicejar". Ao mesmo tempo, o Buda teria adquirido uma sabedoria perfeita e uma compaixão infinita. Ele é onisciente e seu amor não tem limites. Tornou-se Deus.

No entanto, as muitas passagens do Cânone Páli que falam das relações do Buda com Mara pintam um quadro bem diferente. Ao alcançar a iluminação em Uruvela, Sidarta Gautama não "venceu" Mara no sentido de destruí-lo literalmente — pois Mara é uma figura que continua se apresentando a Gautama mesmo *depois* do despertar. Reaparece sob diferentes disfarces até pouco antes da morte do Buda em Kusinara. Isso implica que o desejo e outros "exércitos de Mara"[5] não foram completamente eliminados da alma de Gautama. Este o que fez foi encontrar uma maneira de conviver com Mara que despojava o demônio de seu poder. Não mais ser manipulado por Mara equivale a ficar livre dele. A liberdade do Buda está, não em destruir a inveja e o ódio, mas em encará-los como emoções transitórias, impessoais, que desaparecem por si mesmas quando a pessoa não mais as cultiva nem se identifica com elas.

Em páli, *Mara* significa "matador". O diabo é uma maneira mítica de falar sobre aquilo que impõe limites à realização de nosso potencial como seres humanos. Tanto quanto à morte física, *Mara* alude a tudo quanto nos deprime, diminui ou frustra. O desejo é uma espécie de morte interior porque se volta para o que é seguro e conhecido, bloqueando nossa capacidade de palmilhar o caminho. No entanto, outras formas de "morte" podem ser impostas por pressões sociais, perseguição política, intolerância religiosa, guerra, fome, terremotos etc. Mara permeia o tecido do mundo no qual nos esforçamos para alcançar nossos objetivos e realização pessoal. Sidarta Gautama estava tão sujeito a tudo isso quanto qualquer outro ser humano.

Se Mara é uma metáfora para *morte*, então o Buda, seu irmão gêmeo, é uma metáfora para *vida*. Os dois são inseparáveis. Não se pode ter Buda sem Mara assim como não se pode ter vida sem morte. Foi o que aprendi escrevendo *Living with the Devil*. Em vez de perfeição ou transcendência, o objetivo do Dharma de Gautama era aceitar este mundo de sofrimento sem ceder ao medo e ao apego, ao desejo e ao ódio, à confusão e à vaidade que vêm na sua esteira.

Uma explicação de como isso pode ser feito[6] está na parábola da jangada. Gautama compara o Dharma a uma jangada que a pessoa constrói com troncos de madeira flutuantes, galhos de árvore caídos e outros materiais rejeitados. Depois de usá-la para atravessar o rio que barrava nosso caminho, deixamo-la na margem para que outros a aproveitem e seguimos viagem. O Dharma é um expediente temporário. Tratá-lo como objeto de reverência seria tão absurdo quanto carregar a jangada às costas sem ter mais necessidade dela. Praticar o Dharma é como fazer uma colagem. Você recolhe ideias, imagens, percepções, estilos filosóficos, métodos de meditação e valores éticos que vai encontrando aqui e ali no budismo, amarra-os fortemente e lança essa jangada no rio de sua vida. Enquanto não afunda nem se desintegra, podendo levá-lo até a outra margem, ela funciona. É só isso que importa. Não precisa corresponder à ideia que alguém mais porventura faça do que o "budismo" é ou deveria ser.

O Buda morreu, cansado e doente,[7] na companhia de Ananda e Anuruddha, seus primos e compatriotas sakiyanos. Não haviam conseguido chegar à terra natal, situada a uns bons 120 quilômetros a noroeste. Na ocasião, Sidarta Gautama talvez ainda não soubesse o que acontecera a seus patrícios às mãos do exército kosalano. Mas pelo menos tinha alguns seguidores na cidade mallana de Kusinara,[8] onde se deitou para morrer. Entre eles, destacava-se Mallika, a idosa viúva de Bandhula, o comandante militar e juiz supremo assassinado muitos anos antes pelo rei Pasenadi. Sabedores da morte do Buda, os mallanos voltaram ao bosque de *sal* para lhe render as últimas homenagens. Levaram guirlandas e perfumes, contrataram músicos, envergaram suas melhores roupas e, durante sete dias, dançaram, cantaram e tocaram diante do cadáver de Gautama, sobre o qual Mallika estendera seu mais precioso manto constelado de joias.

Quando a pira estava para ser acesa,[9] apareceram uns monges vindos a toda pressa de Pava. Seu chefe, um monge chamado Kassapa, o Grande, insistiu no adiamento da cremação até ele prestar as derradeiras homenagens ao mestre tocando-lhe os pés com a fronte.

O grupo de Kassapa se atrasara alguns dias de marcha com relação ao moribundo Gautama e seu punhado de monges. Segundo parece, esse grupo deixara Rajagaha, após a estação das chuvas, tão logo soube da doença grave de Gautama em Vesali.

Kassapa era um brâmane de Magadha[10] que se tornara monge já idoso, durante os últimos anos de vida de Gautama. Alegava manter um relacionamento especial com o mestre. Durante o primeiro encontro de ambos sob uma figueira, na estrada para Nalanda, Gautama dera a Kassapa seu "esfarrapado manto de cânhamo" em troca do manto de fino tecido de Kassapa. Esse episódio foi visto como uma transmissão de autoridade. Após a morte de Sariputta e Moggallana, parece que Kassapa passou a se considerar a pessoa mais qualificada para suceder Gautama e liderar a ordem dos monges. Na tradição zen, é tido como o "Primeiro Patriarca". Foi ele quem, segundo se conta, sorriu quando o Buda empunhou uma flor, recebendo assim a transmissão "telepática" que transcende palavras e conceitos.

Moribundo, Gautama disse a Ananda: "Talvez penses que, após minha morte, não mais terás mestre.[11] Não vejas desse modo as coisas, Ananda, pois o que te expliquei e ensinei como o Dharma e o adestramento da vontade será, depois de mim, o teu mestre." Quando Devadatta tentou assumir o controle da ordem, Gautama disse a esse seu primo: "Eu não pediria sequer a Sariputta[12] e Moggallana que liderassem a comunidade. Quanto mais a um bajulador como tu!" Gautama não pensava em ninguém para sucedê-lo. Imaginava uma comunidade governada, após sua morte, por um corpo impessoal de ideias e práticas, não por um monge iluminado. Queria para ela o sistema de governo parlamentar que ainda funcionava em Vesali, jamais a autocracia vigente em Magadha e Kosala.

A presença de Kassapa nos funerais do Buda assinala o início de uma luta pelo poder. De um lado, está Kassapa; esse místico e asceta, rígido brâmane dos velhos tempos, cultiva a ideia indiana tradicional ensinada nos Upanishads pré-budistas que preceitua a transmissão da autoridade espiritual de guru a discípulo. Do outro, Ananda; esse fiel assistente, secretário e memorialista, intermediário de Gautama com o mundo e paladino das mulheres, já enveredou pelo caminho, mas ainda não foi libertado da roda dos renascimentos. Os dois representam visões conflitantes daquilo que o legado de Gautama deve ser: outra religião indiana controlada por sacerdotes ou uma cultura do despertar capaz de produzir um novo tipo de civilização.

Depois que as cinzas e os ossos de Gautama foram divididos[13] por seus seguidores de diferentes partes do norte da Índia (com a surpreendente exceção de Savatthi), os monges aceitaram a proposta de Kassapa: um concílio deveria ser reunido para determinar formalmente o que Gautama ensinara. Kassapa escolheria os anciãos[14] que achasse qualificados para a tarefa. Sua lista de candidatos não incluía Ananda, a pretexto de que ele era um "aprendiz" ainda não "plenamente liberto". Só pressionado pelos outros anciãos é que Kassapa cedeu e permitiu a Ananda participar. Decidiram reunir o concílio em Rajagaha, durante a estação chuvosa seguinte. E, afora os designados por Kassapa, resolveram que nenhum outro monge poderia residir na cidade enquanto durassem os trabalhos.

Dirigiram-se, pois, novamente para o sul, refazendo o caminho anterior. Quase 2.500 quilômetros de estradas poeirentas e o rio Ganges se estendiam entre Kusinara e Rajagaha. Era inverno. Teriam de enfrentar a névoa gelada que se levantava todas as manhãs. Pela terceira vez Ananda faria aquela viagem desde que fugira de Sakiya um ano antes. Sem dúvida, iniciou-a de coração opresso. A pessoa que significara tudo para ele estava morta. E agora teria de se submeter à autoridade de um quase recém-chegado, Kassapa. Foi sem dúvida por essa época que compôs os seguintes versos:

Os antigos se foram[15]
E os novos não me convêm.
Abandonada, esta criança se agita no ninho
Como, em dia de chuva, um passarinho.

Ananda se sentia tão desprotegido quanto uma ave implume em seu ninho, quando as primeiras gotas da monção começam a cair. Seu mundo se dividira. Fora cooptado por um grupo de monges com quem tinha muito pouco em comum. Como as cinzas e os ossos do Buda, era agora uma relíquia, um repositório de informações escoltado até Rajagaha para recitar aquilo de que se lembrasse.

A certa altura o grupo chegou a um convento[16] e as monjas convidaram Kassapa a fazer um discurso sobre o Dharma. Kassapa tentou transferir a tarefa para Ananda, o qual, no entanto, deixou claro que as monjas desejavam ouvir a Kassapa. Na manhã seguinte, acompanhado por Ananda, Kassapa se dirigiu ao convento e "instruiu, exortou, inspirou e alegrou" as monjas com sua palestra. Mas, quando estavam saindo, ele ouviu uma das monjas, chamada Tissa, sussurrar: "Como pode Kassapa ter a ousadia de discorrer[17] sobre o Dharma na presença de Ananda? É o mesmo que um vendedor de agulhas pensar em vender agulhas ao fabricante!"

Kassapa chamou Ananda à parte e repetiu-lhe o que acabava de ouvir. "Como é isso então, amigo Ananda? Sou o vendedor de agulhas e tu o fabricante ou o contrário?" Ananda procurou contemporizar. "Sê paciente, Kassapa", ponderou. "Sabes como as mulheres são tolas." Kassapa ficou furioso com essa resposta. Parecia-lhe que Ananda tentava justificar o comentário da monja em vez de condená-lo, ficando assim do lado dela e não do dele. "Cuidado, Ananda", ameaçou. "Não dês à comunidade de monges ocasião para investigar-te mais a fundo." Queria dizer com isso que Ananda defendia a monja por ter-se envolvido romanticamente com ela.

Tão logo o grupo chegou a Rajagaha,[18] Ananda decidiu sair a passeio com alguns monges pela área chamada Colinas do Sul. Conta-se também que um monge de nome Purana[19] vagava pelo local na ocasião. Desse Purana, só sabemos que, completados os trabalhos do concílio, ele se dirigiu a Rajagaha e foi instado pelos anciãos a se "submeter" a seu registro autorizado dos ensinamentos de Gautama. Mas recusou-se. "Só guardarei na memória", disse ele, "as lições que ouvi diretamente do Buda."

Quando Ananda regressou a Rajagaha, foi logo chamado por Kassapa. Este ouvira que, estando Ananda nas Colinas do Sul, trinta jovens monges de seu séquito haviam despido o hábito e voltado à vida secular. "Teus amigos estão se dispersando,[20] Ananda", zombou ele. "Teus seguidores estão indo cada qual para um lado. Não conheces teus limites, garoto."

"Vês estes cabelos brancos em minha cabeça?", retrucou Ananda. "Não tens o direito de me chamar de garoto."

Ao saber disso, a monja Nanda tomou as dores do ofendido. "Como pode Kassapa", desabafou ela, "outrora membro de outra seita, tentar desmerecer Ananda chamando-o de garoto?"

Kassapa se sentiu então obrigado a justificar-se mais minuciosamente. Contou que encontrara o Buda na estrada para Nalanda, fora considerado por ele um discípulo excepcional e recebera o manto esfarrapado do mestre. "Se se pode dizer de alguém que nasceu do peito do Buda, de sua boca, do Dharma, que herdou o Dharma e o velho manto de retalhos", insistiu ele, "esse alguém sou eu (...). Ainda nesta vida entrei e permaneço na libertação impoluta da mente. Negar meu conhecimento direto seria o mesmo que tentar esconder um elefante com uma folha de palmeira." Assunto encerrado. Nanda, a monja que ousara desafiar Kassapa, despiu o hábito e voltou à vida secular.

A tensão entre os seguidores de Gautama começou a suscitar problemas[21] para os altos funcionários e ministros da corte do rei Ajatasattu. Enquanto aguardava o início do concílio, Ananda visitou o escritório de um brâmane chamado Gopaka, onde encontrou o primeiro-ministro Vassakara. Os dois homens lhe perguntaram se havia, na comunidade, algum monge com as mesmas virtudes de Sidarta Gautama. Ananda respondeu: "Não." "E um deles foi escolhido por mestre Gautama seu sucessor?" "Não." "Então, um dos monges foi nomeado sucessor de Gautama pela comunidade e os anciãos?" "Não." "Mas, se não tendes um monge sequer em quem buscar refúgio, como esperais manter a concórdia em vosso meio?" Ananda respondeu: "Temos um refúgio, brâmane. O Dharma é nosso refúgio."

No escritório de Gopaka, Ananda ficou sabendo que as muralhas de Rajagaha estavam sendo fortificadas para fazer frente a um possível assédio das forças do rei Pajjota, governante de Avanti, o reino do oeste. Como Ajatasattu concentrara tropas em Pataliputra para atacar os vajjianos do outro lado do Ganges, Pajjota aproveitara a oportunidade e iniciara uma campanha contra a quase indefesa cidade de Rajagaha, a pretexto de vingar a morte do rei Bimbisara. O mundo conhecido de Ananda, de Sakiya a Magadha, estava prestes a ser engolfado pela guerra.

O concílio se reuniu na Caverna das Sete Folhas, nas montanhas acima da cidade. Hoje, como então, o caminho para essa caverna começa na entrada para as fontes termais do outro lado da estrada do Bosque de Bambus. Sobe-se por uma escadaria íngreme que ladeia piscinas cheias de corpos brilhantes de banhistas a deleitar-se barulhentamente na água tépida que jorra de antigos encanamentos de pedra. Dali, o caminho envereda pela borda que corre ao longo do círculo de colinas à volta de Rajagaha. Depois de pouco mais de meio quilômetro, uma trilha se abre para a direita e vai desembocar numa plataforma rochosa, larga e achatada, quase a pique sobre a planície lá embaixo. A Caverna das Sete Folhas é apenas uma abertura de uns quinze metros no paredão logo atrás. No máximo, cabem umas trinta pessoas lá dentro.

Foi ali, apinhado na caverna ou sob um toldo erigido na plataforma, exposto à chuva e aos ventos da monção, que um grupo de monges idosos escutou atentamente Kassapa convidar Ananda a reproduzir, de cor, tudo quanto ouvira de Gautama.

E assim o budismo iniciou sua vida como religião organizada, a partir do que se chamou o "Primeiro Concílio", reunido na Caverna das Sete Folhas, em Rajagaha, por volta de 400 a.C. Nos 1.500 anos seguintes, o Dharma se espalhou da Índia para o resto da Ásia, fomentando numerosos movimentos e escolas com milhões de adeptos, antes de desaparecer de sua terra de origem após as invasões muçulmanas do subcontinente a partir do século XI. As primeiras informações fidedignas sobre o budismo começaram a aparecer no Ocidente em meados do século XIX, quando os estudiosos tiveram acesso aos textos clássicos e passaram a decifrá-los. Em 1881, T. W. Rhys Davids fundou a Pali Text Society[22] em Londres, que iniciou a tradução sistemática para o inglês dos discursos de Sidarta Gautama e outros escritos preservados em páli, tarefa ainda não terminada.

Só nos primeiros anos do século XX é que europeus[23] viajaram à Birmânia para ser ordenados monges budistas. Até a década de 1960, havia apenas um punhado de budistas ocidentais, alguns vivendo na Ásia como monges, outros integrando pequenos círculos budistas leigos da Europa e América. Então, em 1959, o Dalai Lama e seus adeptos tiveram de deixar o Tibete. A isso se seguiram, pouco depois, as rebeliões culturais dos anos 1960, que permitiram a uma geração de jovens com bastante tempo livre, já sem fé no cristianismo e no judaísmo, viajar para a Ásia — Índia, Nepal, Tailândia, Birmânia, Sri Lanka, Japão, Coreia — e explorar novas possibilidades religiosas, impensáveis para seus pais. Desde essa época, a atração do Ocidente pelo budismo tem permanecido inabalável.

Quando dissolveu a Ordem da Estrela em 1929, o jovem Jiddu Krishnamurti disse a um público de três mil seguidores: "Vocês talvez se lembrem da história do diabo[24] e um amigo a caminhar pela rua. À frente, viram um homem se abaixar, apanhar alguma coisa na calçada, examiná-la e pô-la no bolso. O amigo pergunta ao diabo: 'O que acha que ele pegou?' 'Um fragmento da Verdade', responde o diabo. 'Mau negócio para você, então', observa o amigo. 'De modo algum!', retruca o diabo. 'Vou deixar que ele o transforme numa seita organizada.'"

"Vivo à mercê de monges e monjas",[25] pensou um dia Gautama no mosteiro de Ghosita, perto de Kosambi, "de reis e ministros, de mestres fanáticos e seus discípulos. Sinto-me incomodado, sem sossego. E se fosse morar sozinho, longe da multidão?" Assim, voltando de seu giro de esmoler, varreu a cabana, apanhou o prato e o manto, e, sem dar satisfação a ninguém, partiu para Parileyyaka, onde se instalou solitário numa floresta, sob uma árvore *sal*. Até o Buda, portanto, se sentiu oprimido pela organização que ele próprio criara a fim de preservar e disseminar seus ensinamentos.

Porém, se não houvessem sido organizadas em ortodoxias e instituições, as ideias de Gautama teriam sobrevivido? Por mais que eu simpatize com Ananda em seu conflito com Kassapa, devo reconhecer que, sem a liderança agressiva de um homem como este último numa época tão instável, o Dharma talvez fosse esquecido na geração seguinte à morte do Buda. Se os mosteiros de Sera e Songgwangsa não permanecessem por séculos como baluartes de suas respectivas tradições budistas, teria eu recebido a educação e o treinamento graças aos quais posso hoje escrever sobre o budismo? Duvido muito. Quer goste ou não, o espírito que anima a vida religiosa e a sua organização formal me parecem — como Buda e Mara — inextricavelmente ligados um ao outro.

Trocar a religião organizada por uma "espiritualidade" nebulosa e eclética também não é uma solução satisfatória. Como usuários de uma linguagem, não podemos nos impedir de elaborar teorias coerentes, assim como o estômago não pode deixar de digerir o alimento. Como animais sociais, invariavelmente nos organizamos em grupos e comunidades. Sem um discurso rigoroso e autocrítico, corremos o risco de incidir em lugares-comuns piedosos e generalizações apressadas. E, sem algum tipo de coesão social, ideias brilhantes estão fadadas a desaparecer. A questão não é repudiar todas as instituições e dogmas, mas sim descobrir uma maneira de conviver com elas de forma um tanto irônica, apreciá-las pelo que valem — o jogo da mente humana em sua eterna busca de conexão e significado —, ignorando entidades fora do tempo que precisam ser arduamente defendidas ou violentamente impostas.

"A religião, hoje", diz Don Cupitt,[26] "precisa despojar-se da crença. Não existe nada em que acreditar, nada em que depositar esperança. A religião deve, pois, tornar-se uma maneira imediata e profundamente sentida de nos relacionarmos com a vida em geral e com a nossa própria vida em particular." Esse é o espírito no qual tentei compreender o que o Buda disse há tantos anos. Procurando reaver a humanidade de Gautama e desemaranhar suas ideias das opiniões vigentes na época, gosto de pensar que uma perspectiva semelhante talvez o tenha animado também. Quer você ache ou não minha colagem um retrato convincente do homem e suas ideias, o fato é que ela funciona melhor para mim, como leigo no mundo de hoje, do que qualquer das alternativas propostas pelo budismo tradicional.

Haverá, no ensinamento de Gautama, algo que seja exclusivamente dele? Quatro elementos principais do Dharma não derivam da cultura indiana da época. São eles:

1. O *princípio* da "condicionalidade, do surgir condicionado".
2. O *processo* das Quatro Nobres Verdades.
3. A *prática* da percepção atenta.
4. O *poder* da autoconfiança.

Esses quatro axiomas fornecem as bases para o estilo de vida eticamente comprometido, praticamente realizado e intelectualmente coerente que Gautama antecipou. Constituem a matriz que enquadra sua visão de um novo tipo de cultura, sociedade e *civitas*.

Porém, o Dharma de Gautama é muito mais que uma série de axiomas. Ele tem de ser vivido e não simplesmente adotado como objeto de crença. Pressupõe que a pessoa aceite este mundo com toda a sua contingência e especificidade, ambiguidade e defeitos. Exige que ela seja absolutamente honesta consigo mesma, encare de boa vontade seus medos e anseios mais profundos, tenha a coragem de resistir ao desejo de fugir para um "lugar" seguro imaginário. Em plena luta e confusão, convida-nos a atentar bem para o que está acontecendo, a não reagir segundo os padrões habituais, a responder da perspectiva serena e sadia de nossa "situação".

O Dharma de Gautama postula uma sensibilidade que permeia e transforma nosso relacionamento com os semelhantes. "Quem se preocupa comigo",[27] disse ele, "deveria se preocupar com os doentes." Aceitar o sofrimento leva à identificação com os problemas dos outros. Passamos a sentir a dor deles como nossa. Shantideva, escrevendo mais de mil anos depois do Primeiro Concílio, explora essa postura mais a fundo em seu *Guide to the Bodhisattva's Way of Life* [*Guia para o Modo de Vida do Bodhisattva*]. Se o Buda compassivo via os outros como se fossem ele próprio,[28] afirma Shantideva, então sofria na medida em que houvesse sofrimento no mundo. Ao se "preocupar" com o Buda, a pessoa ouve o "chamado" (como diz Emmanuel Levinas, o filósofo com quem me encontrei em Friburgo há alguns anos) que silenciosamente brota do rosto e dos olhos do semelhante e cujas primeiras sílabas mudas são: "Não me mate."[29]

Em 2000, após quinze anos morando e trabalhando em Sharpham, Martine e eu deixamos a Inglaterra e fomos para o sudoeste da França. Quatro anos antes, compráramos e começáramos a reformar o andar superior da casa da família de Martine numa vila medieval perto de Bordéus. Precisávamos fazer uma escolha. O Sharpham Trust decidira que o Sharpham College, do qual eu era diretor e Martine coordenadora, deveria estabelecer vínculos formais com uma universidade britânica para que seus cursos habilitassem os alunos a acumular créditos com vistas a um diploma. Como não tínhamos interesse nesse projeto nem títulos acadêmicos para levá-lo adiante, resolvemos deixar Devon e ir morar em nossa casa na França, onde gozaríamos de mais liberdade para escrever e estudar, enquanto aceitávamos convites cada vez mais numerosos para promover retiros de meditação e ensinar filosofia budista em várias partes do mundo.

Nossa vida na França logo adquiriu ritmo próprio. E então, durante cerca de seis meses por ano, ministrávamos retiros e cursos pela Europa e pelos Estados Unidos (ocasionalmente, no México, na Austrália e na África do Sul). Passávamos o resto do tempo tranquilos, escrevendo, cuidando da casa e do jardim — e envolvendo-nos nos dramas da família de Martine. Não quisemos fundar um grupo de meditação ou centro de estudos budistas no local. Pela primeira vez em mais de trinta anos, tínhamos uma vida comum em que não éramos definidos como "os budistas" por causa de nossas atividades. Sentíamo-nos estranhamente livres.

Minha mãe, de 96 anos, mora numa casa de repouso em Shropshire. Com o tempo, suas reservas quanto ao meu trabalho foram diminuindo à medida que ele subia em sua escala de sucesso: um guia de viagens premiado, participações em programas de rádio, uma ou outra aparição na TV. Vendo o Dalai Lama se transformar num ícone religioso internacional, mais orgulhosa ela se sentiu por seu filho tê-lo conhecido na Índia, quando ele era um refugiado relativamente obscuro. Mamãe nunca conseguiu ler mais que umas poucas páginas de meus livros ("Complicados demais para mim, querido"), mas já a ouviram dizer que a única religião com a qual sente alguma afinidade é o budismo. Os ásperos conflitos ideológicos com meu irmão, David, serenaram há muito tempo. Hoje ele mora em Londres, onde é artista e escritor. Em 2000, publicou um livro intitulado *Chromophobia*, que se tornou um *best-seller cult*. Seus trabalhos são adquiridos por colecionadores do mundo inteiro, encomendados para edifícios públicos e exibidos na Europa, na Ásia e nos Estados Unidos.

A despeito de minha paixão confessa pelas ideias e práticas do Dharma, não sei bem se posso me descrever como uma pessoa "religiosa". Prostrado diante de uma estátua dourada do Buda, entoando o *Sutra do Coração* de mãos postas ou murmurando o mantra "Om Mani Padme Hum" no meio de uma multidão de budistas fiéis, sinto-me mais ou menos como uma fraude ambulante. No entanto, gosto de visitar velhas *stupas*, pisar o chão que o Buda e seus seguidores outrora palmilharam ou sentar-me tranquilamente dentro de um templo ou santuário, atento à respiração e ao rumor das árvores lá fora. Se a expressão "religião secular" não fosse considerada um paradoxo, eu pressurosamente adotaria esse conceito.

Já não encaro a prática budista unicamente em termos de adquirir proficiência na meditação e buscar conquistas "espirituais". Tal como o entendo, o desafio do caminho óctuplo de Gautama consiste em viver neste mundo de modo a permitir que floresçam todos os aspectos da existência: ver, pensar, falar, agir, trabalhar etc. Cada setor da vida exige um modo específico de praticar o Dharma. Meditação e atenção plena, por si sós, não bastam. Considerando-se que me vejo às voltas com o sofrimento toda vez que abro um jornal, acho indecente esquecer as exigências desta vida em proveito da tarefa "superior" de me preparar para uma existência *post mortem* (ou não existência). Julgo-me um budista secular inteiramente ocupado com as solicitações desta época (*saeculum*), não importa quão inadequadas e insignificantes sejam as respostas que dou a elas. E se, no final das contas, existe mesmo um paraíso ou nirvana em alguma parte, não creio que haja maneira melhor de me preparar para ele.

APÊNDICE 1

O Cânone Páli

O "Cânone Páli" é o conjunto de textos atribuído a Sidarta Gautama e preservado na língua páli. O páli é um dialeto (*pracrítico*) do sânscrito, o idioma no qual foram escritas as obras clássicas da civilização bramânica como os Vedas, o Mahabharata e os Upanishads. O páli está para o sânscrito assim como o italiano falado está para o latim. No entanto, a forma do páli que chegou até nós não é a língua que o Buda falava. Ele deve ter conhecido diversos *pracríticos* — dialetos do sânscrito — a que recorria dependendo de onde e a quem ensinava. *Páli*, que significa simplesmente "texto", é uma versão mais literária desses dialetos; ele evoluiu ao longo dos séculos após a morte do Buda e foi empregado por monges de diferentes regiões da Índia como língua franca na qual o Dharma era recitado e, portanto, memorizado.

O Cânone Páli sobreviveu como tradição oral comum, cultivada por grupos de monges, durante três ou quatro séculos antes de ser posto por escrito no Sri Lanka. Não existe um alfabeto páli: sempre que os textos do cânone eram registrados, usava-se o alfabeto local. No Sri Lanka, ele foi escrito no alfabeto cingalês; na Birmânia, no birmanês e assim por diante. Do mesmo modo, quando passou a ser estudado no Ocidente, a Pāli Text Society transcreveu-o e publicou-o no alfabeto latino.

Os discursos do Cânone Páli foram preservados também na literatura canônica de outras tradições budistas. A coleção mais completa dos discursos é a tradução chinesa de uma versão sânscrita ora perdida. Essa versão, conhecida como Āgamas, está muito próxima em conteúdo e organização do texto páli. Uma comparação entre os dois textos mostra que, embora não sejam idênticos palavra por palavra, constituem sem dúvida recensões dos mesmos materiais originais. Isso aponta para a existência de um corpo comum de antigos textos budistas, um dos quais foi preservado em páli no Sri Lanka e o outro em sânscrito "híbrido" budista, usado no norte da Índia. O fato de os dois conjuntos de textos serem tão parecidos, embora seus adeptos tenham estado separados fisicamente por séculos, sugere que a transmissão oral é mais confiável do que supõem pessoas criadas num mundo onde se cultiva a palavra escrita.

Uma versão completa do antigo cânone budista foi traduzida para o chinês, mas não para o tibetano. O cânone budista tibetano (Kangyur) contém um número relativamente pequeno dos discursos que encontramos no Cânone Páli e no Āgamas. Mas ele traz, em compensação, traduções tibetanas de textos de treinamento monástico (Vinaya) que são, de um modo geral, bastante similares aos encontrados no Cânone Páli.

O Cânone Páli se divide em "Três Cestos" (*Tipitaka*), que são: (1) Sutta, isto é, discursos do Buda, (2) Vinaya, textos de treinamento monástico e (3) Abhidhamma, tratados exegéticos que procuram sistematizar e esclarecer os discursos. Tradicionalmente, os três "cestos" eram aceitos como a palavra do Buda. Hoje, os estudiosos consideram o Abhidhamma um acréscimo posterior.

Os discursos (sutta) encontrados no Cânone Páli foram, pelo que se acredita, proferidos por Sidarta Gautama e, às vezes, por alguns de seus discípulos eminentes, em diversos locais do norte da Índia durante a vida do Buda. Segundo os eruditos, nem todos os discursos são da mesma época, mas a datação das diferentes camadas de texto ainda está por ser feita.

Os discursos do Cânone Páli dividem-se em cinco "Coleções" (Nikāya):

1. Discursos de Extensão Média (*Majjhima Nikāya*)
2. Discursos Longos (*Dīgha Nikāya*)
3. Discursos Conexos (*Saṃyutta Nikāya*)
4. Discursos Numéricos (*Aṅguttara Nikāya*)
5. Discursos Menores (*Khuddaka Nikāya*) — coleção que inclui o *Dhammapada, Udāna, Sutta Nipāta, Versos dos Anciãos* (*Theragāthā* e *Therīgāthā*) e outros textos.

Desde a fundação da Pali Text Society em 1881, todos esses discursos foram traduzidos para o inglês pelo menos uma vez e, em alguns casos, várias vezes. Novas traduções estão sempre sendo feitas. Para se ter uma ideia da extensão do Cânone, a tradução inglesa de todos os discursos cobre aproximadamente 5.500 páginas. Há, porém, incontáveis repetições.

Os textos de treinamento monástico (Vinaya) do Cânone Páli não são tão numerosos quanto os discursos. Afora o *Suttavibhanga*, que apresenta as regras monásticas explicando o motivo de cada uma, existem duas coleções principais: a Divisão Maior (*Mahāvagga*) e a Divisão Menor (*Cūlavagga*). Essas duas Divisões contêm debates sobre a vida monástica, relatos de episódios importantes na carreira do Buda, vários discursos e homilias, histórias dos encontros de Gautama com discípulos e patronos, e muita informação sobre o cotidiano no norte da Índia durante o século V a.C. Juntos, os textos Vinaya chegam a 1.000 páginas na tradução inglesa.

Os discursos e os textos de treinamento monástico do Cânone Páli são as únicas fontes que usei para apresentar o ensinamento do Buda na Segunda Parte deste livro.

Minha reconstituição da vida do Buda também se baseia, até certo ponto, nesses mesmos textos. Entretanto, para alguns episódios — principalmente os acontecimentos que levaram à queda de Sakiya —, tive de recorrer ao *Comentário do Dhammapada* (*Dhammapada¯ṭṭhakatha¯*), em páli. Esse texto curioso toma cada um dos 423 versos do *Dhammapada* — um dos mais apreciados Discursos Menores do Cânone — e acrescenta-lhes um "comentário" que tem apenas uma tênue ligação com o significado do verso. Parece que o *Dhammapada*, sem dúvida aprendido de cor por muitos monges, é usado aqui como recurso mnemônico, cada verso servindo de "cabide" para pendurar um fragmento de prosa frouxamente relacionado. Em comum com outros sistemas de memorização, a recitação do verso serviria de "deixa" para evocar a passagem em prosa. Embora algumas dessas passagens sejam lendas construídas para explicar as circunstâncias nas quais o verso foi ensinado, outras descrevem episódios da vida de Gautama, encontrados em parte nos discursos e textos de treinamento monástico ou inteiramente ausentes deles. Como tais episódios do *Comentá-*

rio do Dhammapada condizem com o resto do material biográfico disseminado pelo Cânone, parece provável que se refiram à mesma história original — fragmentada, suprimida ou esquecida com o passar do tempo.

A coerência e consistência dos fatos biográficos encontrados nos discursos, textos de treinamento monástico e *Comentário do Dhammapada* robustecem minha confiança no Cânone Páli como fonte fidedigna de informação histórica sobre o Buda e seu ensinamento. A explicação mais simples para essa coerência e consistência é que tais passagens aludem realmente a personagens e acontecimentos históricos. Se, por outro lado, não passam de invenções mais tarde acrescentadas ao Cânone, teríamos de responder às seguintes perguntas:

1. No interesse de quem foi acrescentado esse relato humano e trágico da vida do Buda quando a tendência dominante — já evidente até mesmo em alguns suttas — era representá-lo como criatura perfeita, dotada de traços sobre-humanos?
2. Como alguém conseguiu inserir os detalhes dessa história, aqui e ali, em milhares de páginas de texto?

Quando os budistas, mais tarde, compuseram discursos e os atribuíram a Sidarta Gautama, só o que produziram foram textos (os Mahāyāna Sūtras) inteiramente destituídos de senso de realidade histórica, social ou geográfica. Além disso, o Buda que nos mostram proferindo os discursos aproxima-se da perfeição divina, induzindo o leitor a não julgá-lo uma pessoa humana que viveu num mundo de conflitos e incertezas.

Os "cestos" Sutta e Vinaya do Cânone Páli são para o budismo o que o Novo Testamento é para o cristianismo, e o Alcorão e o Hadith para o islamismo. Embora fosse pueril ver nessas seções do Cânone Páli uma transcrição literal do que o Buda disse, elas, não obstante, nos fornecem dados sem os quais nunca nos aproximaríamos tanto do mundo em que Sidarta Gautama viveu e ensinou.

Para mais informações sobre o Cânone Páli e sua organização, ver Richard Gombrich, What the Buddha Thought, *e K. R. Norman,* A Philological Approach to Buddhism. *Muitos dos discursos do Cânone Páli estão disponíveis em tradução inglesa, gratuitamente, no* site *www.accesstoinsight.org. Para as publicações da Pāli Text Society, consultar www.palitext.com.*

APÊNDICE 2

Sidarta Gautama esteve em Taxilā?

Como Sidarta Gautama adquiriu seu tom de voz e elaborou suas doutrinas tão diferentes de tudo quanto havia na cultura indiana anterior — por exemplo, nos Upanishads? Quando começa a pregar, com 35 anos de idade, Gautama parece já distanciado, por sua postura crítica, segura e irônica, das crenças bramânicas e outras vigentes naquele tempo. Desde o início, introduziu conceitos (por exemplo, surgir condicionado, atenção plena, as Quatro Nobres Verdades) sem precedentes nas tradições cultivadas em toda a bacia do Ganges.

O Cânone Páli lança muito pouca luz sobre essa questão. Antes de sair de casa, com 21 anos, não se menciona que tipo de educação ele recebeu, a que trabalhos ou outros deveres se entregou, que perguntas e preocupações o animavam. Há uma lacuna na narrativa: simplesmente não sabemos o que ele fez durante seus anos de formação. E nos seis anos entre o abandono do lar e a iluminação, só somos informados de que estudou com dois mestres, os quais lhe ensinaram as absorções no "nada" e a "nem percepção nem não percepção", respectivamente (isto é, o sétimo e o oitavo *jhānas*), e passou um período não especificado praticando a automortificação — coisas que rejeitou como inadequadas. Ante a incapacidade do ascetismo de resolver seu dilema, lembrou-se de quando estava sentado "à sombra fresca de uma macieira" enquanto "o pai, o sakiyano, estava ocupado", conseguindo então "entrar e permanecer no primeiro *jhāna*, que vem acompanhado do pensamento fixo e sustentado, mais o êxtase e o prazer nascidos do isolamento" (M. 36, i. 246, p. 340). Essa lembrança o induziu a crer que aquele era o caminho para o despertar (embora seja intrigante o fato de alguém que dominava o sétimo e o oitavo *jhānas* não conhecer o primeiro).

O relato canônico pretende que tudo quanto Gautama fez antes do despertar foi aprender e depois repelir dois exercícios religiosos comuns em sua época: a concentração sem forma e a automortificação. Não dá importância alguma aos tópicos filosóficos e religiosos que ele deve ter discutido com seus colegas ascetas, de modo que ignoramos por completo o desenvolvimento de suas ideias. O relato atende aos interesses daqueles para quem o despertar do Buda é uma conquista espiritual de caráter privado, que ultrapassa a tradição upanishádica, mas ainda assim permanece no cerne da experiência mística interior. A visão mística, porém, não explica por si só o tom de voz e as doutrinas exclusivas do Buda. Tradicionalmente, os budistas acreditam que o bodhisattva viveu inúmeras vidas em sua busca do pleno despertar e é mera questão de tempo, para ele, vencer os derradeiros obstáculos e se tornar um Buda. Mas para os que não aceitam a reencarnação ou são agnósticos a respeito do assunto, essa também não é uma resposta satisfatória. Poder-se-ia dizer, igualmente, que o despertar de Gautama foi resultado da graça divina, teoria com o mesmo poder de persuasão.

Se a pessoa não aceitar esses relatos tradicionais, como explicará o tom de voz e as doutrinas inconfundíveis de Sidarta Gautama? Uma hipótese seria que, nos anos anteriores ao despertar, ele esteve exposto a uma cultura superior, não exclusivamente bramânica. Na época, o único lugar onde poderia expor-se a semelhante cultura era a cidade de Taxilā (Takkasilā, em páli). Mas haverá alguma evidência, no Cânone Páli, em apoio dessa tese?

Taxilā

No século V a.C., Taxilā era a capital de Gandhāra, a satrapia (província) mais oriental do Império Aquemênida Persa, a maior potência da época, cujo território se estendia a oeste até o Egito. A cidade se situava a cerca de 1.100 quilômetros, dois meses de jornada em caravana, de Kapilavatthu, onde o Buda nasceu. Na encruzilhada das grandes rotas comerciais da Ásia, era habitada por persas, gregos e outros povos das diversas regiões do Império Aquemênida. Nessa cidade cosmopolita terminava, a oeste, a Estrada do Norte, que partia de Rājagaha, ao sul do Ganges, a capital do reino de Magadha, e cruzava Vesālī, Kusināra,

Kapilavatthu e Sāvathi antes de chegar à fronteira do Império Persa. Mais ou menos na época do nascimento do Buda (*c.* 480 a.C.), soldados indianos de Gandhāra lutaram ombro a ombro com os persas na batalha das Termópilas, a noroeste de Atenas. A despeito dos primitivos meios de transporte, as pessoas queriam e conseguiam viajar grandes distâncias.

Taxilā era também renomada por sua universidade, que a tornou o maior centro educacional da região. Ensinavam-se ali, ao que se sabe, o folclore védico e dezoito "ciências" (*vijja*), embora as únicas mencionadas no Cânone Páli sejam arte militar, medicina e cirurgia, e magia. Ao entrar para a universidade, os estudantes pagavam uma taxa a um professor e iam morar em sua casa. Deviam executar algumas tarefas para o mestre em retribuição pelas lições recebidas, mas é provável que os alunos mais ricos se fizessem acompanhar de criados.

Algumas figuras-chave na vida de Sidarta Gautama estudaram em Taxilā, inclusive três contemporâneos: o rei Pasenadi de Kosala, seu amigo e principal benfeitor, casado com a filha de seu primo Mahānāma; Bandhula, nobre de Kusināra, na província de Malla, ao sul de Sakiya, que chegou a comandante do exército de Pasenadi, mas acabou assassinado pelo rei (foi também em Kusināra que o Buda morreu); e Mahāli, o príncipe licchavi de Vesālī que convenceu o rei Bimbisāra de Magadha a convidar o Buda para sua cidade. Dois outros membros bem conhecidos do círculo de Gautama, educados em Taxilā, foram Angulimāla, filho de um sacerdote brâmane de Sāvatthi que estudou as "artes negras" na universidade e depois tentou matar mil pessoas para pagar a dívida contraída com o professor, e Jīvaka, o médico da corte de Rājagaha que aprendeu seu ofício em Taxilā, cuidou do Buda doente e instalou-o em seu mangueiral quando o mestre estava moribundo.

Se você observar bem o mapa do Apêndice IV, verá, com espanto, que um jovem proeminente da nobreza de todas as grandes cidades ao longo da Estrada do Norte, na planície setentrional do Ganges (Sāvatthi, Kusināra e Vesālī), foi mandado para a universidade de Taxilā — de todas, menos uma. A única cidade importante da qual *não* saiu nenhum nobre para Taxilā foi Kapilavatthu, a pátria de Gautama, situada a meio caminho entre Sāvatthi e Kusināra. É difícil imaginar que Suddhodana, pai do Buda, não considerasse a hipótese de mandar também seu filho tão prendado para a universidade. Ali, ele não só receberia uma boa educação como conviveria com seus pares (Pasenadi e Bandhula), que estavam sendo preparados para assumir posições de destaque no Estado kosalano. A familiaridade entre Gautama e Pasenadi, evidente no tom franco e íntimo de seus diálogos, se explicaria assim pelo convívio dos dois homens desde tenra idade — talvez como colegas estudantes em Taxilā. Ainda que Gautama jamais tenha posto os pés nessa cidade, passou bom tempo na companhia de quem lá esteve e absorveu ideias cultivadas além da bacia do Ganges.

Assalāyana

Não bastasse isso, sabemos, por um diálogo com o estudioso brâmane Assalāyana (M. 93, ii 149, pp. 764-65), que Gautama conhecia bem a região de Gandhāra e seus hábitos sociais. Nesse sutta, vemo-lo travando um debate com Assalāyana sobre a pretensão dos brâmanes a ser uma casta superior. "Que pensas tu, Assalāyana?", pergunta o Buda. "Já ouviste dizer que em Yona, no Camboja e outras terras distantes existem apenas duas castas, os senhores e os escravos, e que os escravos se tornam senhores e os senhores, escravos?" "Yona" é a forma em páli de "Jônia", isto é, a Ásia Menor grega (hoje Turquia); mas, aqui, se refere à região perto de Taxilā habitada por comunidades imigrantes gregas que *precederam* Alexandre, o Grande (talvez fossem exilados devotos do deus Dioniso). O Camboja é provavelmente uma região na mesma área a noroeste da Índia, talvez a Bactriana, no atual Afeganistão. Pode ser que Gautama, tanto quanto Assalāyana, só tivesse *ouvido* falar desses lugares, cujos costumes, porém, deviam ser suficientemente conhecidos para servir de exemplo num debate erudito. No entanto, se houvesse morado em Taxilā e visitado aquelas plagas, conheceria em primeira mão sociedades que não aceitavam a sanção divina das castas, e isso lhe daria uma sólida base empírica para rejeitar semelhante sistema.

A Cidade

Em outra passagem canônica (S. II, 105-07, pp. 603-04), Gautama diz: "Imaginai, monges, que um homem vagueando por uma floresta avistasse um antigo caminho, uma antiga estrada percorrida por muita gente no passado. Ele a seguiria e descobriria uma antiga cidade, uma antiga capital habitada por muita gente no passado, com parques, bosques, lagos e muralhas — um local aprazível." Na continuação da parábola, o homem se dirige ao governante local e propõe que a cidade por ele descoberta na floresta seja reconstruída. O rei aceita a sugestão e recupera a cidade, que se torna "bem-sucedida e próspera, populosa, pronta para crescer e se expandir".

O valor didático de uma metáfora consiste em fornecer um exemplo de algo concreto e familiar que ilustre, por comparação, algo menos familiar e menos concreto. Essa passagem, como a maioria dos discursos do Buda, foi pregada em Sāvatthi, isto é, na planície setentrional do Ganges. Mas, na época, não havia nem estradas nem cidades em ruínas, nas florestas da bacia do Ganges, que os ouvintes do Buda pudessem conhecer. Com efeito, as primeiras cidades da região haviam surgido nas últimas décadas: Sāvatthi, Vesālī etc. Além disso, foram edificadas com material perecível (madeira e tijolos cozidos ao sol), que não sobreviveriam por muito tempo antes de pulverizar-se. Onde e como, então, os ouvintes de Gautama estariam familiarizados com a ideia de imponentes ruínas de antigas estradas e cidades escondidas na floresta? Só há uma resposta possível: em Gandhāra, não muito longe de Taxilā, onde as cidades abandonadas da civilização do vale do Indo ainda podiam ser vistas. Essa civilização floresceu de 2600 a 1900 a.C., embora alguns sítios harapanos ainda pudessem continuar habitados em 900 a.C., isto é, 400 anos antes da época do Buda. Ao contrário dos edifícios da bacia do Ganges, essas antigas aglomerações eram feitas de tijolos cozidos em forno, tecnologia que depois se perdeu na Índia para só ser redescoberta no período Máuria, um século depois da morte do Buda.

O fato de Gautama ter empregado essa metáfora não significa necessariamente que ele ou seus ouvintes conhecessem aquelas ruínas. Mas, como na discussão com Assalāyana sobre as castas, ela implica que as cidades arruinadas eram bem-conhecidas pelas pessoas cultas, podendo então servir como comparação didática. Sugere que os moradores das cidades da planície do Ganges, grosseiramente construídas de taipa, tinham ouvido falar de uma grande civilização desaparecida, a oeste, cujas casas eram feitas de materiais estranhamente resistentes à monção. Mas, evocando uma civilização perdida e comparando-se ao homem que procura, com a ajuda do rei, reconstruí-la, o Buda ressalta o caráter comunitário de seu caminho óctuplo, uma tarefa que, se empreendida, pode conduzir a uma cidade nova, isto é, a uma civilização renovada comparável à do vale do Indo, então em ruínas.

Contudo, se Gautama passou mesmo alguns anos em Taxilā, é possível que, ao empregar essa metáfora, evocasse uma experiência pessoal: de estar na floresta, talvez caçando com os amigos Pasenadi e Bandhula, e deparar-se com uma velha estrada que os conduziu a uma cidade abandonada. O episódio pode ter sido tão marcante para o jovem que, mais tarde, ele recorreu a essa lembrança como recurso retórico para inspirar seus seguidores a produzir o tipo de civilização "bem-sucedida, próspera e populosa" que, esperava, o Dharma pudesse criar um dia.

Māra

Haverá, no ensinamento do Buda, uma doutrina específica nascida fora da esfera das ideias clássicas indianas? Caso haja, e sobretudo se a fonte dessa doutrina estiver a oeste, então talvez Gautama tenha não só morado em Taxilā, mas sido influenciado por conceitos não indianos que ali conheceu.

A doutrina de Māra (o demônio), já encontrada no *Sutta Nipāta*, uma das partes mais antigas do Cânone Páli, poderia ser um desses conceitos. A figura canônica de Māra, como personificação da astúcia e do mal, não tem precedentes nas tradições indianas. Māra não está incluído entre os numerosos deuses da Índia. Só o encontramos no budismo, como o oposto da pessoa desperta que é o Buda. Ao longo da vida de Gautama, Māra sempre lhe aparece como uma espécie de sombra para assustá-lo. No Cânone, há vários diálogos entre os dois, a maioria dos quais se encerra com o Buda reconhecendo Māra pelo que é — o jogo demoníaco de sua própria mente ou do mundo — e com Māra desaparecendo. Embora se diga que Gautama venceu Māra ao tornar-se um iluminado, Māra continua a interagir com o Buda até o fim da vida deste. As duas figuras parecem dançar juntas, simbolizando a luta quase eterna das forças do bem contra as do mal.

Os paralelos entre as concepções cristã de Satanás e budista de Māra têm sido muito estudados. Pode ser que ambas as tradições hajam colhido essa ideia de uma fonte comum, anterior a elas: por exemplo, do zoroastrismo, religião fundada por Zaratustra que ganhou proeminência no império aquemênida persa. Zaratustra ensinou que Ormuzde (Deus) deu vida a gêmeos. Um deles decidiu seguir a verdade, o outro — Arimã (o diabo) — cultivou a mentira. Os textos do zoroastrismo descrevem Arimã como "aquele que destrói (...) o amaldiçoado espírito da ruína, perverso, portador da morte, mentiroso e pérfido". (A palavra *māra* significa literalmente "matador".) A luta de Ormuzde contra Arimã seria a razão de a existência humana enraizar-se numa tensão primordial entre as forças contrárias do bem e do mal, da luz e das trevas. Esse tipo de linguagem é absolutamente alheio à filosofia dos Upanishads, mas lembra muito a descrição das figuras polarizadas do Buda e de Māra. Se, em seu ensinamento, Gautama foi influenciado por essas ideias, onde as encontrou? Como, em sua época, o zoroastrismo se tornara a religião da corte dos imperadores persas, talvez ele as tenha aprendido, ou de quem estivera em Taxilā, ou de mestres que ele próprio conheceu lá.

Conclusão

Nada disso é evidência suficiente para estabelecer, em definitivo, que Gautama residiu em Taxilā. À falta de documentos contemporâneos, não se pode também descartar a possibilidade de que as passagens dos *suttas* aqui citadas tenham sido inseridas no Cânone em data posterior, talvez por monges da região de Gandhāra, onde, conforme sabemos, o budismo subsequentemente floresceu. Não obstante, presumindo-se que remontem à época do Buda ou pouco depois, esses fragmentos de evidência canônica, quando reunidos, apontam para a eventualidade de que, em seus anos de formação, Gautama morasse e estudasse em Taxilā.

Algum tempo de estudo nessa cidade, seguido quem sabe por um período de trabalho em funções militares ou administrativas para o governo kosalano, explicaria também por que Gautama parece ter estado ausente de sua pátria, Sakiya, na quadra nos 20 anos. O Cânone deixa implícito que ele só foi ter seu primeiro filho com cerca de 28 anos, o que é bem tarde pelos padrões de uma sociedade na qual os nobres se casavam na adolescência. Se minha hipótese está correta, então uma nova luz se faz sobre a partida do Buda de Sakiya com 29 anos (um dos poucos fatos a respeito dos quais temos sólida autoridade canônica: D. 16, ii 151, p. 268). A exposição de Gautama ao mundo mais vasto do império persa em Taxilã pode tê-lo incentivado a fazer perguntas sobre a vida humana e a sociedade em termos mais amplos do que lhe seria possível caso houvesse permanecido na terra natal. Seu retorno a Sakiya, nesse caso, se explica pela obrigação de dar um herdeiro à família. É que, pouco depois do nascimento do filho, ele parte novamente, mas dessa vez para sudeste e não para noroeste, a fim de investigar as tradições espirituais dos brâmanes e outros mestres indianos não ortodoxos da área central do Ganges. Portanto, seu despertar não foi uma visão mística atemporal, vinda do nada, mas o coroamento de pelo menos quinze anos de viagens, estudos, reflexões, discussões, meditação e austeridade.

APÊNDICE 3

Este apêndice consiste na tradução que fiz do primeiro sermão do Buda, do qual o Capítulo 12, "Aceitar o sofrimento", é um comentário contemporâneo.

O Giro da Roda do Dharma

Isto foi o que ouvi. Ele estava em Bārānasī, no Parque dos Cervos, em Isipatana, e se dirigiu a um grupo de cinco pessoas:

"Quem quer ir para diante não envereda por becos sem saída. Quais seriam esses becos? Dois: Vaidade, que é vulgar, não civilizada e sem sentido; e Mortificação, que é dolorosa, não civilizada e sem sentido.

"Despertei para o caminho do meio, que não leva a becos sem saída. É um caminho que gera visão e percepção. Leva à tranquilidade, lucidez, despertar e libertação. Tem oito ramificações: visão, pensamento, fala, ação, estilo de vida, esforço, atenção e concentração adequados.

"Isto é sofrimento: o nascimento é doloroso, o envelhecimento é doloroso, a doença é dolorosa, a morte é dolorosa, encontrar quem não nos é caro é doloroso, separar-nos de quem nos é caro é doloroso, não ter o que se quer é doloroso. Esta condição psicofísica é dolorosa.

"Isto é desejo: o desejo é repetitivo, chafurda no apego e na cobiça, sempre indulgente com uma coisa ou outra: desejo de estímulo, desejo de existir, desejo de não existir.

"Isto é cessação: o desaparecimento, sem deixar traços, do desejo, a renúncia ao desejo, a liberdade e a independência do desejo.

"E este é o caminho de oito ramificações: visão, pensamento, fala, ação, estilo de vida, esforço, atenção e concentração adequados.

"Tal é o sofrimento. Pode ser plenamente conhecido e já o foi.

"Tal é o desejo. Pode ser sufocado e já o foi.

"Tal é a cessação. Pode ser experimentada e já o foi.

"Tal é o caminho. Pode ser percorrido e já o foi.

"Assim, brotou em mim a iluminação sobre coisas que antes desconhecia.

"Enquanto meu conhecimento e minha visão não ficaram absolutamente claros quanto aos doze aspectos dessas Quatro Nobres Verdades, não aleguei ter despertado neste mundo de criaturas humanas e celestes, de deuses e demônios, de ascetas e sacerdotes. Somente quando meu conhecimento e minha visão ficaram claros em tudo, declarei ter despertado.

"A liberdade de meu espírito é inabalável. Não haverá mais existência repetitiva."

Isso disse Ele. Inspirados, os cinco ouvintes se deleitaram com suas palavras. Enquanto falava, o olho sem paixões e sem mácula do Dharma se abriu em Kondañña: "Tudo o que começa pode terminar."

Segundo a tradição, Sidarta Gautama pregou seu primeiro sermão, O Giro da Roda do Dharma, *em Isipatana (Sarnath), perto de Bārānasī (Varanasi), a seus antigos companheiros de ascetismo, várias semanas depois de despertar em Uruvelā (Bodh Gaya). Encontraram-se cerca de dezessete versões desse discurso em páli, sânscrito, chinês e tibetano. A tradução acima se baseia no texto fornecido pela Divisão Maior* (Mahāvagga) *dos textos de treinamento monástico (Vinaya) do Cânone Páli (Mv. I, 9-10, pp. 15-7; cf. S. V., 420-24, pp. 1844-845).*

Traduzi O Giro da Roda do Dharma *de acordo com os princípios esboçados neste livro. Tentando recuperar o que é característico no ensinamento do Buda, eliminei do texto todas as passagens que veiculam a diversificada visão de mundo da antiga Índia. As omissões mais notórias são os nomes clássicos para as quatro verdades: "a nobre verdade do sofrimento", "a nobre verdade da origem do sofrimento", "a nobre verdade da cessação do sofrimento" e "a nobre verdade que conduz à cessação do sofrimento". Preferi apresentar cada verdade à luz daquilo que me pareceu, de imediato, mais pertinente a ela: (1) sofrimento, (2) desejo, (3) cessação e (4) caminho. O Buda conclui seu discurso dizendo: "A liberdade de meu espírito*

é inabalável. Este é o último nascimento. *Não haverá mais existência repetitiva."*
Em minha tradução, suprimi a frase "Este é o último nascimento."

APÊNDICE 4

O mapa nas páginas seguintes cobre uma área de mais ou menos 120.000 km^2 no norte da Índia, onde o Buda esteve ativo de *c.* 480 a 400 a.C. O território, hoje dividido entre os estados indianos de Bihar e Uttar Pradesh, é quase do mesmo tamanho do estado americano da Pensilvânia (119.000 km^2) e um pouco menor que a Inglaterra — *não* a Grã-Bretanha — (130.000 km^2). Os picos do Himalaia estão a 130 km ao norte de Kapilavatthu. O Cânone nos diz que o Buda às vezes viajava até as cidades de Kosambã, a oeste, e Campa, a leste, que estão fora dos limites do mapa. Ele tinha também uma pequena comunidade de seguidores na cidade de Ujjeni, dirigida pelo monge Mahākaccana, mas não há registro de que lá tenha ido pessoalmente. Várias figuras mencionadas no Cânone teriam estudado em Takkasilã, na região noroeste, ou ido até lá para se encontrar com o Buda (ver Apêndice II). O *Sutta Nipāta* (v. 977) conta que dezesseis discípulos do brâmane Bāvari percorreram mais de 1.500 km, saindo das imediações do rio Godhāvarã, no sul da Índia (atual Andhra Pradesh), para conhecer o Buda.

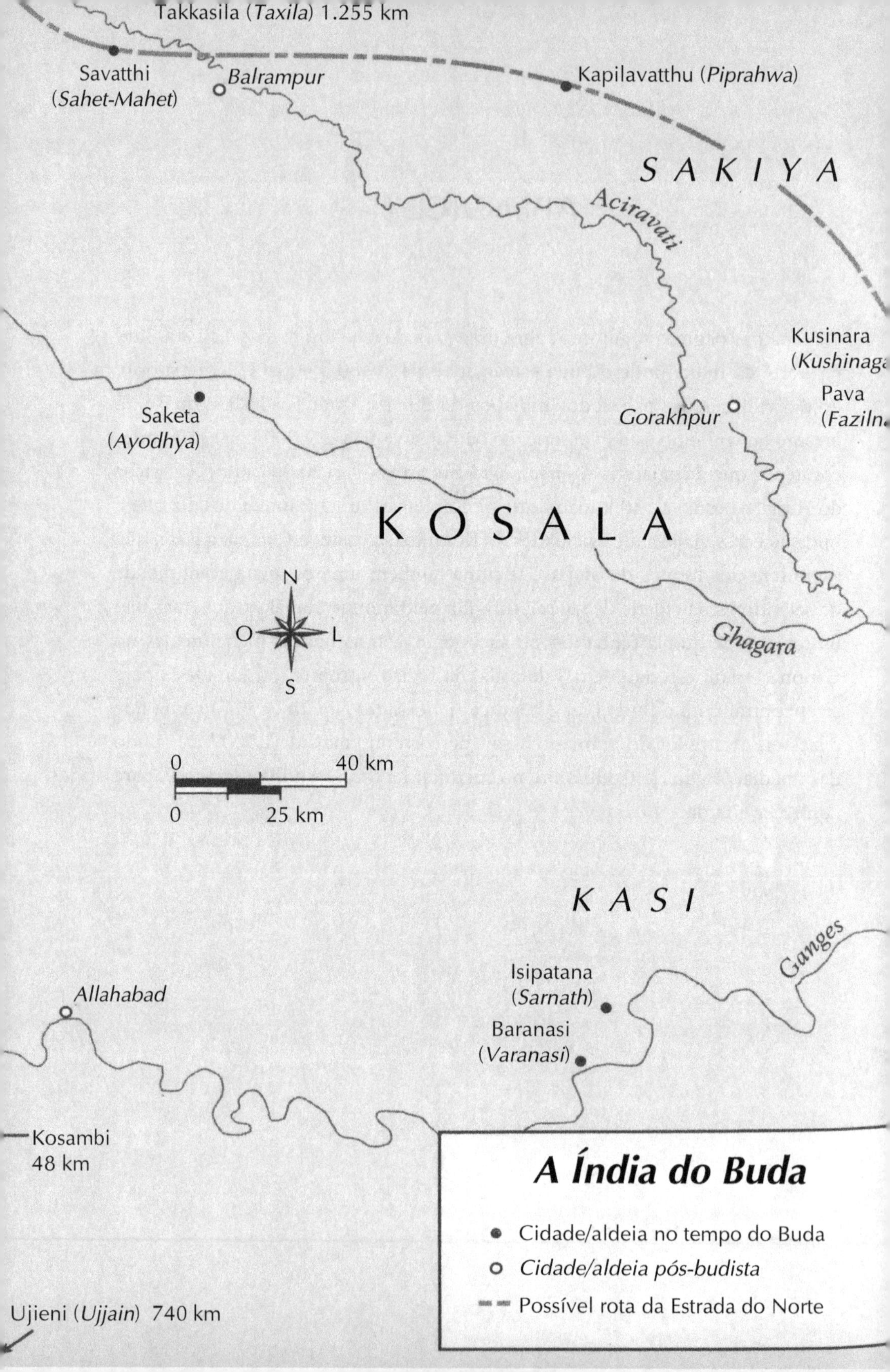
Takkasila (*Taxila*) 1.255 km
Savatthi (*Sahet-Mahet*)
Balrampur
Kapilavatthu (*Piprahwa*)
S A K I Y A
Aciravati
Kusinara (*Kushinaga*
Pava (*Faziln*
Gorakhpur
Saketa (*Ayodhya*)
K O S A L A
N
O
L
S
Ghagara
0
40 km
0
25 km
K A S I
Ganges
Isipatana (*Sarnath*)
Baranasi (*Varanasi*)
Allahabad
Kosambi 48 km
Ujieni (*Ujjain*) 740 km
A Índia do Buda
Cidade/aldeia no tempo do Buda
Cidade/aldeia pós-budista
Possível rota da Estrada do Norte

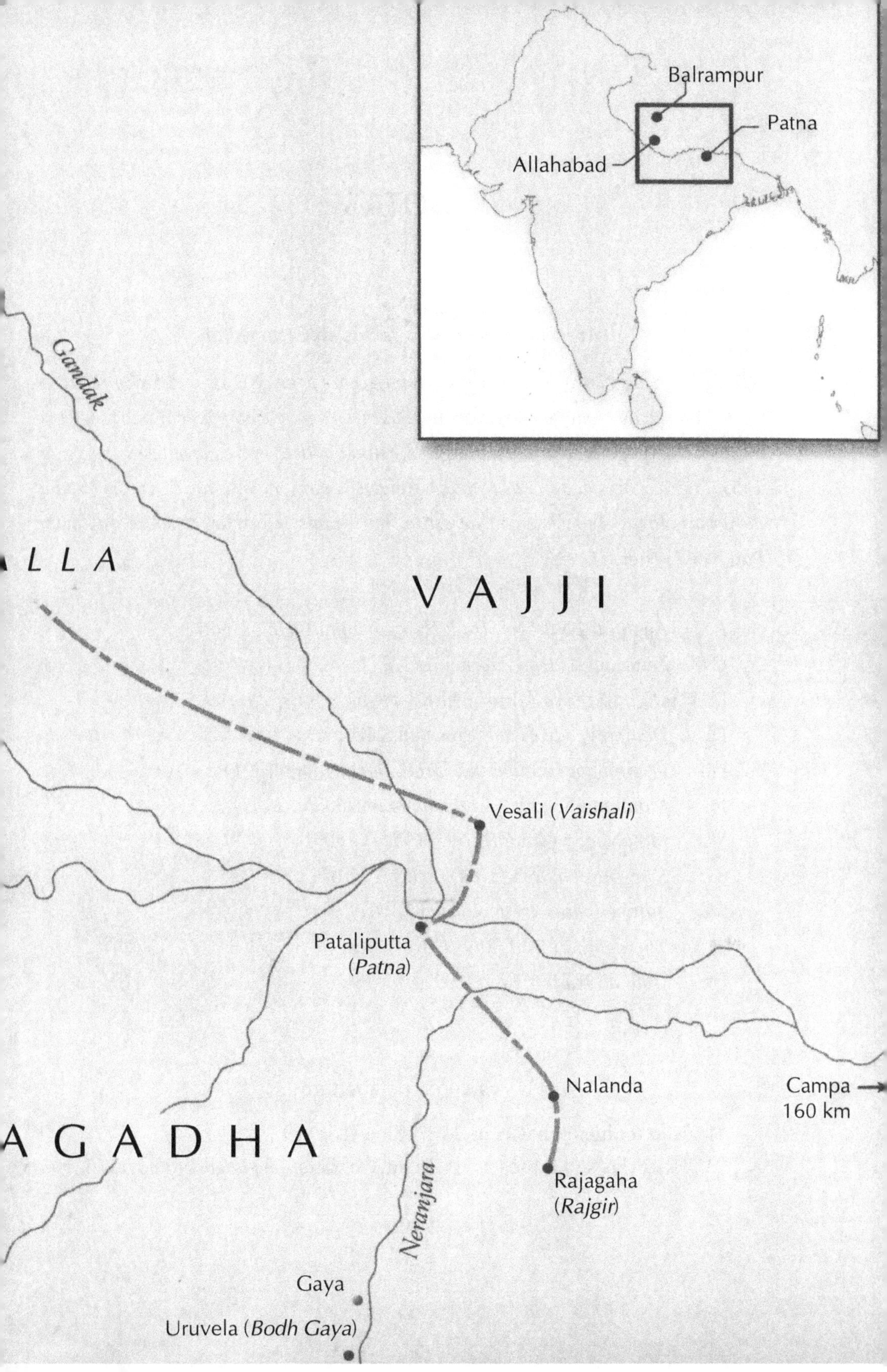
Balrampur
Patna
Allahabad
Gandak
LLA
VAJJI
Vesali (*Vaishali*)
Pataliputta
(*Patna*)
Nalanda
Campa
160 km
AGADHA
Rajagaha
(*Rajgir*)
Neranjara
Gaya
Uruvela (*Bodh Gaya*)

NOTAS

Abreviaturas para os textos do Cânone Páli

NB: As primeiras letras e números que aparecem (p. ex., M. 10, i. 56-63) *referem--se à numeração e paginação do Sutta (Discurso) na edição PTS em páli; segue-se o número de página da tradução inglesa listada abaixo entre parênteses (p. ex., p. 145). Muitas vezes adaptei as traduções inglesas por uma questão de conformidade da terminologia e consistência de estilo. Para mais informações sobre o Cânone Páli, ver Apêndice I.*

A	*Aṅguttara Nikāya (Trad. Nyanaponika/Bodhi, 1999)*
Cv	*Cūlavagga (Trad. Horner, 1952)*
D	*Dīgha Nikāya (Trad. Walshe, 1995)*
Dh	*Dhammapada (Trad. Fronsdal, 2005)*
DhA	*Dhammapadāṭṭhakathā (Trad. Burlingame, 1921)*
M	*Majjhima Nikāya (Trad. Nanamoli/Bodhi, 1995)*
Mv	*Mahāvagga (Trad. Horner, 1951)*
S	*Saṃyutta Nikāya (Trad. Bodhi, 2000)*
Sn	*Sutta Nipāta (Trad. Norman, 2001)*
Thag	*Theragāthā (Trad. Rhys Davids, 1909)*
Ud	*Udāna (Trad. Ireland, 1997)*

Citações de abertura

1. **Não tenho apenas cem** M. 73, i. 491, p. 597.
2. **Histórias são impossíveis** Wim Wenders, *The Logic of Images*, p. 59.

2. Com o pé na estrada

1. **Da cela monacal** As duas estátuas de Budas em pé de Bamiyan foram destruídas pelo Taliban em março de 2001.
2. **na Biblioteca de Obras e Arquivos Tibetanos** www.ltwa.net.

3. O seminarista

1. **Aprendi que a vida humana** Esta e as reflexões que se seguem são características da literatura tibetana *lam rim* (etapas do caminho). Ver, de Geshe Dhargyey, *Tibetan Tradition of Mental Development* (Dhargyey, 1978), uma transcrição editada de palestras proferidas na Biblioteca de Obras e Arquivos Tibetanos no início da década de 1970. Boa parte de seu ensinamento se baseou em *Liberation in the Palm of Your Hand*, de Pabongka Rinpoche (Pabongka, 1991). Geshe Dhargyey também se baseou em *Jewel Ornament of Liberation*, de Gampopa (Guenther, 1970). Para um exemplo dos ensinamentos de Geshe Dhargyey e Geshe Rabten em Dharamsala, ao tempo em que lá estive, ver Geshe Rabten e Geshe Ngawang Dhargyey, *Advice from a Spiritual Friend.*
2. ***Discurso sobre os Fundamentos da Plena Atenção*** M. 10, i. 56-63, p. 145 ss. Para informações sobre S. N. Goenka e sua obra, acessar www.dhamma.org.
3. **Lama Yeshe** O lama Thubten Yeshe (1935-1984) e o lama Thubten Zopa (n. 1946) ministraram alguns dos primeiros cursos sobre budismo para ocidentais no mosteiro Kopan, perto de Kathmandu, e criaram a Preservation of the Mahayana Tradition (FPMT), hoje uma organização internacional com centros no mundo inteiro. Depois da morte do lama Yeshe, Osel Hita (n. 1985) foi reconhecido como sua reencarnação e educado no mosteiro de Sera, sul da Índia. Osel abandonou a ordem monástica e hoje estuda cinema em Madri. www.fpmt.org.

4. Enguia coleante

1. **"Da mesma forma que o ourives avalia o ouro..."** A fonte canônica desse verso tantas vezes citado é desconhecida.

2. **Tharpa Choeling, o mosteiro que esse mestre fundou** Tharpa Choeling foi fundado em 1977, dois anos depois de Geshe Rabten chegar à Suíça. Ao deixar Dharamsala, ele era abade do Instituto Tibetano de Rikon, perto de Winterhur, na região de fala alemã da Suíça. Tharpa Choeling foi rebatizado como Rabten Choeling depois da morte de Geshe, em 1986. Vários outros centros "Rabten" foram desde então fundados na Europa. www.rabten.at/index_en.htm.
3. **da filosofia de Dharmakirti** O melhor livro em inglês sobre Dharmakīrti e sua filosofia é *Recognizing Reality*, de Georges Dreyfus. Para uma apresentação da epistemologia de Dharmakīrti tal qual ensinada por Geshe Rabten na Suíça, ver Rabten, *The Mind and Its Functions*, pp. 19-95.
4. **A crise eclodiu** Para as ideias do Dalai Lama sobre a evidência do renascimento, inclusive a prova de Dharmakīrti citada aqui, ver Dalai Lama, *The Universe in a Single Atom*, pp. 131-33.
5. **Geshe Rabten pedia que submetêssemos os textos** Para outra visão do papel da pesquisa crítica na erudição Geluk, ver Dreyfus, *The Sound of Two Hands Clapping*, p. 267 ss.
6. "**enguia coleante**" Uma das visões errôneas listadas no *Brahmajāla Sutta*. "Existem, monges, alguns ascetas e brâmanes que são Enguias Coleantes. Quando indagados sobre isto ou aquilo, respondem de maneira evasiva e escapam como enguias ..." D. 1, i. 26, p. 80.
7. **Geshe Kelsang Gyatso** Geshe Kelsang Gyatso (n. 1931) foi convidado pelo lama Yeshe para ser professor residente no Manjushri Institute em 1976. Em 1991, fundou a New Kadampa Tradition, que logo se tornou uma organização budista tibetana internacional. Ver Capítulo 16, "Deuses e Demônios", abaixo. www.kadampa.org.

5. O estar-no-mundo

1. **Dora Kalff** Dora M. Kalff (1904-1990). Para seu relato sobre a terapia do jogo de areia, ver Kalff, *Sandplay: A Psychotherapeutic Approach to the Psyche*. Enquanto me submetia a essa terapia, também assisti a palestras no C. G. Jung Institute, na cidade próxima de Küsnacht, e estudei as obras de Jung. Dos livros que li sobre o assunto, um dos que

mais diretamente responderam à minha condição foi *Puer Aeternus*, de Marie-Louise von Franz.

2. ***The Eight Verses of Training the Mind*** Texto Lojong (treinamento da mente) muito conhecido da escola Kadampa do budismo tibetano, composto por Geshe Langri Tampa (1054-1123). Para tradução e comentário: www.buddhadharma.org./Eight Verses.
3. **"A verdade é uma terra sem caminhos"** Essa e a citação seguinte são de *Dissolution Speech*, de Krishnamurti: http://bernie.cncfamily.com/k_pathless.htm.
4. **Geshe Thubten Ngawang** Para mais informações sobre Geshe Thubten Ngawang (1932-2003) e seu trabalho no Tibetisches Zentrum de Hamburgo, consulte: www.tibet.de (*site* em alemão).

6. Grande dúvida

Escrevi sobre minha passagem do budismo tibetano para o coreano em *The Faith to Doubt*, pp. 7-26. Para uma curta história do budismo coreano, um apanhado da vida no mosteiro de Songgwangsa e um esboço biográfico de Kusan Sunim, ver a introdução a Kusan Sunim, *The Way of Korean Zen*, pp. 3-51. Um estudo detalhado da vida monástica zen coreana é Buswell, *The Zen Monastic Experience.*

1. **Kalu Rinpoche** Kalu Rinpoche (1905-1989) foi um dos mais eminentes lamas da escola Kagyu a divulgar o budismo a ocidentais na Índia, na Europa e nos Estados Unidos. O centro de retiro no Château de Plaige hoje se chama Dashang Kagyu Ling, www.mille-bouddhas.com.
2. **"indagar é ser fiel ao pensamento."** Martin Heidegger, "The Question Concerning Technology", *Basic Writings*, p. 317.
3. **"A finalidade da meditação zen..."** Kusan Sunim, *The Way of Korean Zen*, p. 60.

SEGUNDA PARTE: LEIGO

7. Um budista fracassado (II)

1. **Gaia House, um centro de retiro Vipassana** www.gaiahouse.co.uk. Para o Sharpham Trust: www.sharphamtrust.org. Para Green Gulch Farm: www.sfzc.org/ggf/.

2. **Ainda é cedo para dizer se as pressões da modernidade** Decisivo para a renovação do monasticismo tradicional seria restaurar a ordenação *bhikkhunī* (monja) no sudeste da Ásia e Tibete. Hoje, as mulheres só podem receber a plena ordenação monástica budista na Coreia, na China e em Taiwan. A ordenação *bhikkhunī* foi há pouco reintroduzida no Sri Lanka, mas ainda não é totalmente aceita pela hierarquia dos monges. Ver Bodhi, *The Revival of Bhikkhunī Ordination in the Theravāda Tradition.*
3. **O tantra Kalachakra (Roda do Tempo)** Para mais detalhes sobre o tantra Kālachakra, o reino de Shambhala e a iniciação Kālachakra: http://kalachakranet.org/.
4. **o jornal havia publicado uma resenha de *Kindness, Clarity, and Insight*** *The Middle Way: Journal of the Buddhist Society [London]*, vol. 60. nº 1, maio de 1985, pp. 46-7. [*Bondade, Amor e Compaixão*, publicado pela Editora Pensamento, São Paulo, 1989.]
5. **A Dzogchen (Grande Perfeição) é uma prática contemplativa** Em anos recentes, vários livros foram publicados em inglês sobre a Dzogchen, por autoridades como Dilgo Khyentse Rinpoche, Urgyen Tulku e Namkhai Norbu Rinpoche. Para uma introdução abrangente e tradução de um texto clássico Dzogchen, ver Keith Dowman, *The Flight of the Garuda.*
6. **Dilgo Khyentse Rinpoche** Dilgo Khyentse Rinpoche (1910-1991) foi um dos mais eminentes lamas da escola Nyingma que escaparam do Tibete em 1959. Estabeleceu-se com a família no Butão. Ensinou por toda a Ásia, Europa e Estados Unidos. Em 1987, foi nomeado chefe da escola Nyingma, cargo que exerceu até sua morte.
7. Na **verdade, o último capítulo de seu *Bondade, Amor e Compaixão*** O capítulo é intitulado "A União das Antigas e das Novas Escolas de Tradução". Dalai Lama, *Bondade, Amor e Compaixão*, pp. 232-58.

8. Sidarta Gautama

1. **"Convém mesmo que duvideis... kalamas..."** A. III, 65, p. 65.
2. **"Suponhamos que não haja outra vida..."** A. III, 65, p. 67.

3. **O universo é eterno ou passageiro?** Essas perguntas "tácitas" e a parábola do homem ferido por uma flecha estão em M. 64, i. 432-37, p. 537 ss.
4. **Sobrevivemos ou não à morte?** Como essa pergunta é, literalmente, "O *Tathāgata* continua a existir depois da morte ou não?", parece referir-se à recusa de Gautama a especular sobre a sobrevivência ou não de um Buda após a morte física, não do homem comum, não desperto. Essa interpretação suscita inúmeros problemas. (1) Como o termo *Tathāgata* é a palavra que o Buda emprega frequentemente para referir-se a si mesmo, poderia significar simplesmente "eu" ou "alguém". (2) Em *O Giro da Roda do Dharma* e outros lugares, Gautama descreve o efeito de seu despertar com as palavras "este é o último nascimento", isto é, tendo se tornado um *arhant*, ele *não* existirá após a morte — respondendo assim, de maneira decisiva, à pergunta. (3) Em algumas passagens, como por exemplo Ud. 6.4, encontramos "brâmanes e ascetas" não budistas que passam o tempo discutindo questões como "O *Tathāgata* continua a existir depois da morte ou não?" Mas por que não seguidores do Buda debateriam se os Budas continuam a existir depois da morte ou não? (4) No caso dessa passagem [Ud. 6.4] e outras, os próprios Comentários Páli declaram que "Tathāgata" significa apenas *atta*, isto é, "eu" ou "alguém". (5) O contexto das outras perguntas que Gautama se recusa a levar em consideração — "O universo é eterno ou passageiro?" "A mente se identifica com o corpo ou não?" etc. — sugere que ele está abordando os grandes e imponderáveis problemas dos seres humanos em geral, não pontos específicos da teologia budista.
5. **um grupo de cegos que um rei convida** Ud. 6.4, p. 86 ss.
6. **quando chama o primo Devadatta de "parasita"** Cv. VII, 187, p. 264. Horner traduz o páli *kheḷḷāsika* por "vomitado como saliva" e Ñṇānamoli por "uma cusparada". K. R. Norman sustenta que o termo significa mesmo "parasita", "bajulador". Norman, *A Philological Approach to Buddhism*, p. 207.
7. **"Os habitantes de Sakiya são vassalos do rei de Kosala"**, D. 27, iii, 83, p. 409.

8. **"embora a história das quatro visões terríveis seja narrada por Gautama"** D. 14, ii. 21-30, pp. 207-10.
9. **"escravos, servos e operários movidos pelo medo e os castigos..."** S. I, 75, p. 171.
10. **"Mestre Gautama, como podes, tão jovem..."** S. I, 68-70, pp. 164-66.
11. **"um pote de arroz com *curry*"** S. I, 81-2, pp. 176-77.
12. **"Estive no tribunal um dia desses"**, S. I, 74, p. 170.
13. **"uma antiga vereda palmilhada outrora por muitas pessoas"** S. II, 105-07, pp. 603-04.

9. A Estrada do Norte

1. **"A meditação e a fotografia"** e citação seguinte: Stephen Batchelor, "Photographer's Note", *in* Martine Batchelor, *Meditation for Life*, pp. 159-60.
2. **Tijolos cozidos eram coisa desconhecida na Índia daquele período** Embora tijolos cozidos fossem muito usados pela civilização do vale do Indo em Gandhāra, séculos antes, na época do Buda essa tecnologia se perdera. Só foi reintroduzida no período Máuria, cerca de cem anos depois.
3. **"um cofre maciço de arenito em perfeito estado de conservação..."** e citações seguintes: Charles Allen, *The Buddha and the Sahibs*, pp. 274-75.
4. **"À época do nascimento de Gautama (480 a.C.)"** Tradicionalmente, as datas de nascimento e morte do Buda são 563-483 a.C. Estudiosos contemporâneos, principalmente Heinz Bechert e Richard Gombrich, concordam em datas mais tardias: *c.* 480-400 a.C. Ver K. R. Norman, *A Philological Approach to Buddhism*, pp. 50-1. F. R. Allchin afirma que essas datas "combinam melhor com todos os aspectos do registro arqueológico". Ver F. R. Allchin, *The Archaeology of Early Historic South Asia*, p. 105.
5. **Um dos poucos acontecimentos de infância narrados por Gautama** M. 36, i. 246, p. 340.

6. **"suprema e eterna libertação das cadeias"** M. 26, i. 163, p. 256.
7. **"Embora minha mãe e meu pai não o desejassem de forma alguma"** *Ibid.*
8. **"Em casa, a vida se encerra numa atmosfera poeirenta..."** Sn. III, v. 406, p. 50.
9. **"És jovem e sensível, no vigor da sua vida..."** e citações seguintes: Sn. III, v. 420-24, p. 51.
10. **Só sabemos que passou algum tempo nas comunidades de dois mestres** O convívio de Gautama com esses mestres é narrado em M. 26, i. 163-66, pp. 256-59.
11. **"Comia muito pouco"** e citações seguintes: M. 36, i. 245-47, pp. 339-41.

10. Contra a corrente

1. **"Esse Dharma que conquistei"** M. 26, i. 167, p. 260.
2. **"Quando um monge respira fundo"** M. 10, i. 56-7, pp. 145-47.
3. **"quem repousa e se deleita com gosto..."** M. 26, i. 167, p. 260.
4. **"Quem vê o surgir condicionado"** M. 28, i. 191, p. 283.
5. **"Esquece o passado"** M. 79, ii. 32, pp. 655-56.
6. **"O ignorante busca os prazeres deste mundo"** *Katha Upanishad* 2. 1. 2. Ver Max Müller, *The Thirteen Principal Upanishads*, p. 11.
7. **"Assim, enquanto vivemos"** Plato, *Phaedo*, 67 a, p. 13.
8. **"contra a corrente"** M. 26, i. 168, p. 260.
9. **Comparou as pessoas que meditam a carpinteiros... habilidosos** M. 10, i. 57-8, pp. 146-48.
10. **"com pouca poeira nos olhos"** M. 26, i. 169, p. 261.

11. Abrindo caminho

Material abundante sobre Ñāṇavīra Thera, inclusive toda a sua obra escrita, está disponível em www.nanavira.org. Meu estudo anterior da vida e obra de Ñāṇavīra Thera, *Existence, Enlightenment and Suicide: The Dilemma of Nanavira Thera* (primeira edição em Tadeusz Skorupski [org.], *The Buddhist Forum Vo-*

lume IV. Londres: School of Oriental and African Studies, 1996), também está nesse *site*.

NB. Nas notas abaixo, o livro *Clearing the Path* é abreviado como *CTP*. "C. 134" etc., significa Carta Número 134.

1. **"Quão irritantes às vezes parecem os ensinamentos do Buda!"** e citações seguintes: *CTP*, C. 134, p. 458.
2. **"Não *nego* que se possa ter..."** *CTP*, C. 135, p. 459.
3. **"influência, sobre as religiões europeias..."** Evola, *The Doctrine of Awakening*, p. 17.
4. **"inconsistência e vacuidade dos objetivos..."** e citação seguinte: Evola, *Le Chemin du Cinabre*, pp. 12-3.
5. **"Quem pensa 'a extinção é minha'..."** *Ibidem*, pp. 13-4. "Extinção" é a tradução de Evola para "nirvana". A fonte é M. 1, i. 4, p. 87.
6. **"uma iluminação súbita..."** *Ibidem*, p. 14.
7. **"recapturava o espírito do budismo em sua forma original"** *Ibidem*, p. ix.
8. **"o melhor tratado sobre budismo..."** e citações seguintes são da correspondência de Ñāṇamoli com Susan Hibbert, mencionadas em Maurice Cardiff, *A Sketch of the Life of* Ñāṇavīra Thera *(Osbert Moore)*. http://pathpress.wordpress.com/other/a-sketch-of-the-life-of-nanamoli-thera-osbert-moore/.
9. **"desejo de conhecer uma forma definida de prática não mística..."** *CTP*, C. 91, p. 368.
10. **"O ensinamento do Buda é estranho..."** *CTP*, C. 101, p. 390.
11. **"rolava na cama..."** Maugham, *Search for Nirvana*, p. 198.
12. **O pensamento de Nanavira tomou novo rumo** O diálogo entre o Buda e Sīvaka está em S. IV, 229-31, pp. 1278-279.
13. **"um choque..."** *CTP*, C. 149, p. 486.
14. **"Nenhum outro livro páli"** *CTP*, Prefácio, fn. a, p. 5.
15. **HOMENAGEM AO AUSPICIOSO...** *CTP*, nota à C. 1, p. 495.
16. **"eu já não tinha mais nada para discutir..."** *CTP*, C. 99, p. 386.
17. **"alguma coisa de desagradável..."** *CTP*, C. 42, fn. a, p. 255.
18. **"não foram escritas para agradar..."** *CTP*, C. 70, p. 323.
19. **"não levantam a cabeça..."** *CTP*, C. 131, p. 452.

20. **"interessasse ao estudioso do ofício..."** *CTP*, Prefácio, p. 5.
21. **"se disporá a ouvir os ensinamentos..."** *CTP*, Prefácio, p. 11.
22. **"Não consigo me identificar..."** *CTP*, C. 62, p. 310.
23. **"Pressionado por esse mal"** *CTP*, C. 19, p. 216.
24. **"toda esperança de progredir..."** *CTP*, C. 32, pp. 240-41.
25. **"Minha atitude... é e sempre foi..."** *CTP*, C. 60, p. 305.
26. **"Há uma escapatória"** *CTP*, C. 128, p. 444.
27. **"Não pense que acho o suicídio..."** *CTP*, C. 49, p. 279.
28. **"um cavalheiro eduardiano esquálido..."** Peter Maddock, comunicação pessoal, 21 de abril de 2009.
29. **"O homem deve sempre tentar transcender-se..."** Robert Brady a Katherine Delavenay, 11 de novembro de 1965. O texto completo dessa carta está disponível em www.nanavira.org.
30. **"o caminho 'seco' e intelectual..."** e citação seguinte: Julius Evola, *Le Chemin du Cinabre*, pp. 142-43.

12. Aceitar o sofrimento

1. **"Assim como o fazendeiro irriga seus campos"** Dh. v. 80, p. 21.
2. **"Pela ação se é fazendeiro..."** Sn. v., 651-53, p. 84. Tradução de Ñāṇavīra Thera.
3. **"as tarefas mais importantes que um homem possa realizar"** e o exemplo de Alice no País das Maravilhas: Ñāṇavīra Thera, *Clearing the Path*, C. 42, pp. 258-59.
4. **"e a última coisa que disse a seu último discípulo"** D. 15, ii. 151, p. 268.
5. **"Aqueles que veem na disciplina a essência"** Ud. 6. 8, p. 92.
6. **Segundo Nietzsche** "Minha fórmula para a grandeza num ser humano é o *amor fati*: não se deve querer nada de diferente, nada de avançado, nada de recuado, nada de eterno. Não apenas aceitar o necessário, sem escondê-lo — todo idealismo é falso perante o necessário —, mas *amá-lo*." Friedrich Nietzsche, *Ecce Homo: How One Becomes What One Is*, seção 10.
7. **"Se não tendes pai nem mãe..."** Mv. VIII, 301, p. 432.

8. **"Sidarta Gautama se comparava ao homem que...'** S. II, 105-07, pp. 603-04.

13. No Bosque de Jeta

1. **"superara a dúvida e, cobrando coragem..."** Mv. I, 36, p. 49. A despeito do entusiasmo e da generosidade iniciais de Bimbisāra, muito celebrados nas fontes budistas, não parece que o rei haja favorecido mais Gautama que os outros mestres possuidores de bosques e centros de retiro em Rājagaha. Ele apoiou igualmente o contemporâneo e rival de Gautama, Nātaputta (Mahāvīra), o asceta fundador do jainismo. (Hoje, a atual cidade de Rājagaha — chamada Rajgir — é um centro de peregrinação para os jainistas.) Não há, no Cânone, nenhum diálogo entre Bimbisāra e Gautama, como há entre Gautama e Pasenadi. Bimbisāra também não levanta nenhuma questão moral ou filosófica para Gautama responder em forma de discurso. O rei só aparece no Cânone para pedir a Gautama que não aceite em sua comunidade funcionários civis ou ex-presidiários e que os monges se reúnam formalmente em dias fixos a cada mês. Gautama não põe objeções a esses pedidos. Bimbisāra afirma seu direito de determinar como as comunidades sob seu patrocínio devem se conduzir.
2. **"cuspindo fogo"** Mv. I, 41, p. 55.
3. **Então, um belo dia, Anathapindika** A história de Anāthapiṇḍika e da fundação do Bosque de Jeta é narrada em Cv. VI, 154-58, pp. 216-23.
4. **Enquanto isso, Gautama voltara a Kapilavatthu** O retorno de Buda à terra natal e a reconciliação com a família são narrados em Mv. I, 54, pp. 103-04.
5. **E no ano seguinte, vários nobres sakiyanos** Esse episódio é narrado em Cv. VII, 181-83, pp. 256-59.
6. **Em outra visita à pátria, resolveu uma disputa** DhA., iii. 254-56, vol. 3, pp. 70-2. Ver também os versos que o Buda teria declamado na ocasião: Sn. IV, v. 935-39, p. 122.
7. **Muitos sakiyanos quiseram entrar para a comunidade** O relato da ordenação de Pajāpatī e das primeiras monjas está em Cv. X, 252-55, pp. 352-56.

8. **Depois da morte de Suddhodana, o governo de Sakiya** Evidência canônica desse fato é encontrada em M. 53, i. 354, p. 461.
9. **Parece ter conspirado com a mãe** Cv. VII, 179-81, pp. 253-56.
10. **"celas de monges, dormitórios, salas de recepção..."** Cv. VI, 158, p. 223.
11. **A dada altura, vemos os dois observando** S. I, 77-9, pp. 173-74.
12. **Pasenadi costumava espiar a mulher no banho** DhA., iii. 119-20, vol. 3, p. 340. Para confundir tudo, há duas Mallikās, sendo a outra a esposa de Bandhula, o general do exército de Pasenadi que foi promovido a juiz supremo e depois assassinado sob suspeita de tramar um golpe.
13. **Também Gautama era acusado de intemperança sexual** Ud. 4.8, pp. 61-3.
14. **Por fim, a garantia pessoal de Ananda** M. 88, ii. 112-14, pp. 723-24.
15. **Finalmente, Mallika engravidou** S. I, 86, p. 179.
16. **"Se algo lhe acontecesse"** M. 87, ii. 110, p. 721.
17. **O rei Pasenadi precisava de uma nova esposa** A história do casamento de Pasenadi com Vāsabhā e do nascimento de seu filho está em DhA., i. 344-46, vol. II, pp. 36-7.

14. Um ateu irônico

1. **"polêmica civilizada, mas ferozmente conduzida"** Revista *Time*, 13 de outubro de 1997, pp. 80-1.
2. **"Sinto-me desamparado..."** Ñāṇavīra Thera, *Clearing the Path*, C. 144, p. 475.
3. **"Este é o único caminho reto"** e citações seguintes: D. 13, i. 235-44, pp. 187-90.
4. **"Nossa doutrina ensina: este é o Esplendor Perfeito..."** e citações seguintes: M. 79, ii. 32-5, pp. 654-56. Vāseṭṭha e Udāyin reproduzem o *Katha Upanishad*, 2.3, 12, que diz de Deus: "Ele não pode ser alcançado pela fala, pela mente ou pelo olho. Como poderia Ele ser apreendido exceto por aquele que diz: 'Ele É'?". Ver Max Müller, *The Thirteen Principal Upanishads*, p. 15.
5. **No mesmo tom o Buda falava de um monge** D. 11, i. 211-22, pp. 175-79.

6. **"o domínio dos sentidos"** *Katha Upanishad*, 2.3, 11. Ver Max Müller, *The Thirteen Principal Upanishads*, p. 14.
7. **"Insensato, quando me ouviste ensinar..."** e citação seguinte: M. 38, i. 256-60, pp. 349-51.
8. **"Vem cá, outra margem..."** D. 13, i. 244, p. 190.
9. **"Nossas vetustas tradições éticas e religiosas"** Don Cupitt, *The Great Questions of Life*, pp. 11-2.
10. **"O recluso Gautama não tem poderes sobre-humanos..."** M. 12, i. 68--9, p. 164.

15. A vingança de Vidudabha

1. **O príncipe Vidudabha, filho do rei Pasenadi** A história que se segue da humilhação de Viḍūḍabha se encontra em DhA. i. 347-49, vol. II, pp. 37-9.
2. **Quando [Gautama] estava com 72 anos, seu primeiro patrono, o rei Bimbisara** As circunstâncias da abdicação de Bimbisāra são narradas em Cv. VII, 189-90, pp. 267-68. O relato de sua morte só se encontra em comentários posteriores em língua páli.
3. **Enquanto isso o primo de Sidarta, Devadatta** A tentativa de Devadatta de assumir o controle da ordem monástica é relatada em Cv. VII, 187--88, p. 264 e Cv. VII, 196-97, pp. 276-79.
4. **Quando ele chegou a Rajagaha** O encontro de Gautama com Ajātasattu é narrado em D. 2, i. 47-86, pp. 91-109.
5. **"Emprego muitos profissionais..."** D. 2, i. 51, p. 93.
6. **"Imagina um escravo"** D. 2, i. 61-2, pp. 98-9.
7. **Comparava suas lições e práticas a um oceano** Ud. 5.5, pp. 71-4.
8. **"Para subir ao trono"**, D. 2, i. 85, pp. 108-09.
9. **O último encontro entre Sidarta Gautama e o rei Pasenadi** Descrito em M. 89, ii. 118-25, pp. 728-33.
10. **Quando o rei saiu do casebre** Os acontecimentos que se seguem são narrados em DhA., i. 356-59, vol. 2, pp. 42-5.
11. **"sem poupar sequer crianças de peito"** DhA., i. 358, vol. 2, p. 44.
12. **Para vingar sua morte, Pasenadi declarara guerra** S. I, 82-5, pp.177-78.

13. **Na manhã seguinte, a criada o encontrou morto** DhA., i. 356, vol. 2, p. 43.

16. Deuses e demônios

1. **Meu amigo Fred Varley faleceu no final de abril** Mike H. tem um relato da morte de Fred Varley *in* Tomory, *A Season in Heaven*, pp. 67-8.
2. **"Se, ao morrer, a pessoa agita as mãos para a frente e para trás..."** *Snow Lion: Buddhist News and Catalog*, vol. 22, nº 4, outono de 2008, p. 1.
3. **Voltei a McLeod Ganj em 12 de março de 1993** Outro relato do encontro com o Dalai Lama pode ser encontrado em meu ensaio "The Future Is in Our Hands", em www.stephenbatchelor.org/future.html.
4. **Por fim, sugeriu a redação de uma "carta aberta"** Essa carta foi publicada em *Tricycle: The Buddhist Review*, vol. 3, nº 1, outono de 1993, pp. 80-1.
5. **submissão ao deus protetor, Dorje Shugden** Para o pano de fundo da crise de Dorje Shugden, ver Georges Dreyfus, "The Shuk-den Affair: Origins of a Controversy", em www.tibet.colm/dholgyal/shugden-origins.html, e meu "Letting Daylight into Magic", em *Tricycle: The Buddhist Review*, vol. 7, nº 3, primavera de 1998.
6. **Não conheci bem Gen Lobsang Gyatso** Seu manual de psicologia budista é *Rigs lam che ba blo rigs kyi rnam gzhag nye mkho kun btus* (Dharamsala, 1975). A apresentação de Lobsang Gyatso sobre "mente e eventos mentais" nessa obra constituiu a base para a Parte Dois de *The Mind and Its Functions*, de Geshe Rabten, trad. de Stephen Batchelor.
7. **Em outubro do mesmo ano, voltei ao Tibete** Para minha descrição de Trode Khangsar, ver *The Tibet Guide*, 2ª ed., pp. 74-5.
8. **"Esta manifestação do Buda não tem igual..."** www.dorjeshugden.com/articles/HelmutCassner01.pdf.

17. É preciso seguir o caminho com cuidado

1. **a vaguear "como um rinoceronte"** Ver Sn. I, 3, v. 35-75.
2. **ou então aparece como operador de milagres, dotado de poderes sobrenaturais** O texto original no Cânone Páli que os descreve afirma:

"Depois de ser um, tornou-se muitos; depois de ser muitos, tornou-se um; aparece e desaparece; atravessa paredes como atravessa o espaço; mergulha na terra como na água; caminha sobre a água sem se afundar, como se ela fosse terra; sentado de pernas cruzadas, corta os ares como se fosse um pássaro; com a mão, toca e acaricia os poderosos orbes do sol e da lua; o poder de seu corpo chega até o mundo de Brahma." Ver, por exemplo, M. 12, i. 69, p. 165.

3. **com sinais físicos sobre-humanos** Os 32 sinais do Grande Homem são mencionados ao longo de todo o Cânone. Ver, por exemplo, D. 14, ii. 16-9, pp. 205-06.
4. **Quando o monge Pukkusati, nobre de Takkasila** Esse episódio está em M. 140, iii. 237-39, pp. 1087-088.
5. **Sariputta, seu principal discípulo, parece tê-lo esperado** O episódio da denúncia de Sunakkhata pode ser datado do último ano da vida do Buda graças à declaração no final do discurso: "Agora estou velho, sobrecarregado de anos, em idade avançada e já na última etapa da vida: sou octogenário." M. 12, i. 82, p. 177.
6. **"Sunakkhatta está com raiva"** M. 12, i. 68, p. 164. O resto do texto insiste em que Buda, de fato, tem poderes sobrenaturais.
7. **Certa manhã, enquanto Ananda, postado atrás de Sidarta, abanava-o** Essa é a passagem de abertura de D. 16 — o *Mahāparinibbāna Sutta (The Great Discourse on the Passing)* — que fornece um relato cronológico dos últimos meses de vida do Buda.
8. **"Sua Majestade deseja informar-vos..."** D. 16, ii. 72, p. 231.
9. **"Ananda, não ouviste dizer..."** D. 16, ii. 72-5, pp. 231-32.
10. **"É verdade. Se os vajjianos se ativerem..."** D. 16, ii. 75-6, p. 232.
11. **Tomando por modelo o parlamento vajjiano** D. 16, ii. 76-81, pp.233--34.
12. **A sensação de fracasso de Gautama** A morte de Sāriputta é narrada em S. V, 161-62, pp. 1642-644. O relato canônico mostra o Buda no Bosque de Jeta por ocasião da morte de Sāriputta, o que, pelo contexto, parece incorreto. A morte de Moggallāna está em DhA., iii. 65-6, vol. 2, pp. 304-45.
13. **comparou aquelas mortes a grandes galhos** S. V, 164, p. 1645.

14. **Quando Gautama e Ananda chegaram ao porto das balsas em Patali** Esse episódio é narrado em D. 16, ii. 87-8, pp. 237-38.

15. **"antiga cidade na floresta"** S. II, 105-07, pp. 603-04.

16. **Patali se localizava no ponto em que o rio Son** Desde a época do Buda, o curso do rio Son (Sona) se desviou cerca de 40 km para oeste.

17. **Ouvindo que ele estava na aldeia de Koti** Mv. VI, 29-30, pp. 315--18. Extraí o relato do encontro com Ambapāli e os jovens licchavi da versão existente no Vinaya, que nisso difere da fornecida pelo *Mahāparinibbāna Sutta* (D. 16, ii. 95-7, pp. 242-43) apenas quanto aos locais onde se deram os acontecimentos. Em D. 16, o encontro com Ambapāli e os jovens licchavi ocorre em Vesālī.

18. **"Ide aonde quiserdes em Vesali, à casa de amigos..."** D. 16, ii. 99, p. 244.

19. **"atacado por uma doença grave e sentiu dores..."** e citações seguintes: D. 16, ii. 99-101, pp. 244-45.

20. **"aprender, praticar e cultivar"** D. 16, ii. 119-20, p. 253.

21. **"Serve-me a carne de porco"** D. 16, ii. 126-28, pp. 256-57. Ver DhA, i. 125-26, vol. 1, pp. 225-26, que fala de outro (ou seria o mesmo?) Cunda, o "açougueiro de porcos" e seu método de amaciar a carne. Alguns comentaristas atuais (por exemplo, Maurice Walshe, D. 16, n. 417, p. 571) afirmam que a última refeição do Buda consistiu de cogumelos e trufas, não de carne de porco. O termo páli *sūkara-maddava* significa literalmente "porco" (*sūkara*) "macio" (*maddava*). Fica claro, pelo Cânone, que o Buda não era vegetariano. Repeliu a sugestão de seu primo Devadatta para impor o vegetarianismo como regra à comunidade monástica. Não proibia seus monges de comerem carne, desde que não "se visse, ouvisse ou suspeitasse" que o animal fora morto exclusivamente para eles (Cv. VII, 196, p. 277).

22. **"divididos em dois grupos, brigando, discutindo..."** D. 29, iii. 117-18, p. 427. Ver também M. 104, ii. 243-45, p. 853-54. Ambos os textos afirmam que Buda estava em Sakiya quando isso aconteceu.

23. **Presos, os bandidos** DhA., iii. 66-7, vol. 2, p. 305.

24. **Na orla de Fazilnagar** A maioria dos jainistas, porém, considera Pawapur, em Bihar, não muito longe de Nalanda e Rajgir, como o lugar onde

seu mestre fundador, Mahāvīra, morreu. Hoje, Pawapur é um sítio de peregrinação jainista muito importante e bem-cuidado. A palavra *Pawapur* significa "Cidade de Pawa". *Pawa* talvez seja uma variante do páli *Pāvā*.

25. **Seu pequeno grupo de monges parou para se banhar** D. 16, ii. 134, pp. 260-61.
26. **"Não chores nem te lamentes"** D. 16, ii. 144, p. 265.
27. **"Não morras aqui"** D. 16, ii. 146, p. 266.
28. **"Qual dos mestres de nossa época..."** D. 16, ii. 150-51, p. 268.
29. **"Se alguém tem alguma dúvida séria..."** D. 16, ii. 154-55, p. 270.
30. **"... as coisas condicionadas se rompem, portanto segui o caminho com cuidado!"** D. 16, ii. 156, p. 270.
31. **"choraram e arrancaram os cabelos..."** D. 16, ii. 157-58, p. 272.

18. Um budista secular

1. **A busca gerou uma série de referências** "O Homem ao Leme" apareceu no filme *Mar em Fúria* (2000), com George Clooney. O filme se baseou no livro homônimo de Sebastian Junger, um relato dramático da jornada final do *Andrea Gail*, um barco pesqueiro de Gloucester que se perdeu com toda a equipagem durante uma tempestade no Atlântico Norte em outubro de 1991.
2. **"facilmente reconhecido pelo cabelo prematuramente branco..."** De "Fisherman's wife statue — idea hailed then spurned", artigo do *Gloucester Daily Times* por James Shea, 31 de julho de 1971.
3. **A partir do final dos anos 1920** *Ibidem*. Shea diz que Craske possuía "uma notável coleção de *slides* coloridos de Cape Ann e outros cenários". Não consegui achá-los.
4. **"cortados pela raiz como um tronco de palmeira..."** Metáfora comum, encontrada por todo o Cânone. Ver, por exemplo, M. 36, i. 250, p. 343.
5. **"exércitos de Mara"** São o prazer sensual, o descontentamento, a fome e a sede, o desejo, a preguiça e o torpor, o medo, a dúvida, a hipocrisia, a obstinação, a ânsia de lucro, a honra, a fama, o prestígio e o ganho pessoal em detrimento dos outros. Sn. III, v. 436-38.

6. **Uma explicação de como isso pode ser feito** A parábola da jangada, que o Buda conta, está em M. 22. i. 134-35, pp. 228-29.
7. **O Buda morreu, cansado e doente** Da mesma forma que o resto de sua família, o filho Rāhula é mencionado no Cânone duas vezes, sem ser, no entanto, uma figura de destaque. Não se sabe o que foi feito dele. Sua esposa Bhaddakaccānā teria se tornado monja, mas o Cânone não diz mais nada sobre ela. Seu primo Mahānāma, líder dos sakiyanos, foi poupado e aprisionado durante a limpeza étnica de Sakiya promovida por ordem de seu neto, o rei Viḍūḍabha. Enquanto era levado para Sāvatthi (a fim de ser submetido a julgamento?), pediu permissão para tomar um banho. Seu desejo foi atendido e ele cometeu suicídio por afogamento. Viḍūḍabha voltou com o exército para Sāvatthi. Antes de entrar na cidade, acampou com as tropas no leito seco do rio Aciravatī. Mas as águas irromperam de repente e ele também se afogou. (Ver DhA., i. 357-60, vol. 2, pp. 44-5.) Ignora-se o destino da "senhora" Vāsabhā, mãe de Viḍūḍabha e filha de Mahānāma com a escrava Nāgamundā. Pelo que sabemos, os primos do Buda, Ānanda e Anuruddha, passaram a resto da vida como monges.
8. **Mas pelo menos tinha alguns seguidores na cidade mallana de Kusinara** D. 16, ii. 159-61, pp. 273-74. A história de Mallikā estendendo seu manto cravejado de pedrarias sobre o corpo do Buda não está no Cânone. Aparece no *Sumangalavilasini* de Buddhaghosa, seu comentário ao *Dīgha Nikāya*, ii. 597.
9. **Quando a pira estava para ser acesa** A chegada de Kassapa, o Grande, e seus seguidores: D. 16, ii. 162, p. 274.
10. **Kassapa era um brâmane de Magadha** Uma série de discursos relacionados a Kassapa e seus adeptos está em S. V, 194-225, pp. 662-81.
11. **"Talvez penses que, após minha morte, não mais terás mestre..."** D. 16, ii. 154, pp. 269-70.
12. **"Eu não pediria sequer a Sariputta..."** Cv. VII, 187, p. 264. No entanto, Sn. III, v. 556-57 insinua que o Buda, no início de sua pregação, talvez considerasse Sāriputta seu sucessor.
13. **Depois que as cinzas e os ossos de Gautama foram divididos** D. 16, ii. 164-66, pp. 275-77.

14. **Kassapa escolheria os anciãos** Cv. XI, 284, pp. 394-95.
15. ***Os antigos se foram*** Thag., v. 1036. O comentário ao *Theragāthā* explica que Ānanda compôs esse verso ao saber da morte de Sāriputta.
16. **A certa altura o grupo chegou a um convento** Esse episódio está em S. II, 214-17, pp. 674-76. O texto informa que ocorreu no Bosque de Jeta, em Sāvatthi, mas isso não condiz com o contexto.
17. **"Como pode Kassapa ter a ousadia de discorrer..."** e a sequência: S. II, 215-17, pp. 675-76.
18. **Tão logo o grupo chegou a Rajagaha** S. II, 217, p. 676.
19. **Conta-se também que um monge de nome Purana** Cv. XI, 288-89, pp. 401-02.
20. **"Teus amigos estão se dispersando..."** e a sequência: S. II, 218-19, pp. 677-79.
21. **A tensão entre os seguidores de Gautama começou a suscitar problemas** O episódio no escritório de Gopaka está em M. 108, iii. 7-10, pp. 880-82.
22. **a Pali Text Society** www.palitext.com.
23. **Só nos primeiros anos do século XX é que europeus** O inglês Allan Bennett foi ordenado como venerável Ānanda Metteyya em Rangoon, em 1901, seguido em 1904 pelo alemão Anton Gueth, que se tornou o venerável Ñāṇatiloka — fundador do Island Hermitage no Ceilão e preceptor de Harold Musson (Ñāṇavīra) e Osbert Moore (Ñāṇamoli). Ver meu *The Awakening of the West*, pp. 307-08.
24. **"Vocês talvez se lembrem da história do diabo..."** Krishnamurti, *Dissolution Speech*: http://bernie.cncfamily.com/k_pathless.htm.
25. **"Vivo à mercê de monges e monjas..."** Ud. 4.5, pp. 58-9.
26. **"A religião, hoje", diz Don Cupitt** Don Cupitt, *The Great Questions of Life*, p. 18.
27. **"Quem se preocupa comigo"** Mv. VIII, 301, p. 432.
28. **Se o Buda compassivo via os outros como se fossem ele próprio** Shāntideva, *A Guide to the Bodhisattva's Way of Life*, VI: 126. Simplifiquei o texto aplicando-o apenas ao Buda histórico, enquanto Shāntideva fala em "os compassivos" e "os budas", no plural.
29. **"Não me mate"** Ver o capítulo "The Face" em Emmanuel Levinas, *Ethics and Infinity*, pp. 85-92.

GLOSSÁRIO

Aciravatī (páli) Rio a cujas margens situava-se a cidade de Sāvatthi na época do Buda.

Ajātasattu (páli) Filho do rei Bimbisāra de Magadha e da rainha Devi (irmã de Pasenadi); depois da abdicação de Bimbisāra em seu favor, rei de Magadha; discípulo de Devadatta.

Ānanda (páli) Primo em primeiro grau do Buda (pelo lado paterno); irmão de Mahānāma e Anuruddha; atendente do Buda nos últimos 25 anos de vida do mestre; monge célebre por memorizar tudo quanto o Buda ensinou.

Anāthapindika (páli) Rico mercador de Sāvatthi que doou o Bosque de Jeta ao Buda.

Anuruddha (páli) Primo em primeiro grau do Buda (pelo lado paterno); irmão de Mahānāma e Ānanda.

Arhant (páli) "Aquele que tem valor": santo budista que alcançou a plena libertação do ciclo de morte e renascimento.

Ātman (sânscrito) Literalmente, "eu"; na tradição bramânica não budista, refere-se à consciência pura que é o núcleo do verdadeiro ser da pessoa; idêntico, em natureza, a Brahma (Deus).

Avalokiteshvara (sânscrito) O Bodhisattva da Compaixão no budismo Mahāyāna.

Bandhula (páli) Nobre de Kusināra; general do exército do rei Pasenadi; juiz supremo de Kosala; assassinado com seus filhos por Pasenadi.

Bimbisāra (páli) Rei de Magadha; marido de Devi (irmã de Pasenadi); pai de Ajātasattu; doou ao Buda o Bosque de Bambus em Rājagaha.

Bodhisattva (sânscrito; páli = *bodhisatta*) Aquele que fez voto de despertar em prol de todas as criaturas sencientes; aquele que aspira a ser Buda.

Bosalnim (coreano) Mulher leiga budista.

Brahma (sânscrito) O Deus impessoal e transcendente da tradição indiana védica e upanishádica; o criador do mundo e natureza essencial do eu mais profundo da pessoa (*ātman*).

Chuba (tibetano) Vestimenta longa, formal.

Dacoit (híndi) Membro de uma quadrilha de ladrões ou assassinos.

Dāna (páli) Literalmente, "dar" ou "presente"; tradicionalmente, oferendas de comida, roupas e outros artigos dos leigos budistas aos monges e monjas.

Deva (páli) Um deus; no sentido mundano, ser celestial que habita uma das esferas superiores do samsāra; no sentido supramundano, um Buda que assume forma divina (no budismo Mahāyāna e Vajrayāna).

Devadatta (páli) Primo em primeiro grau do Buda (pelo lado materno); tentou substituir o Buda como chefe da ordem dos monges.

Dhamma (sânscrito = Dharma) O ensinamento do Buda; as verdades e práticas a que aludem as lições do Buda.

Dharmakīrti (sânscrito) Monge erudito indiano do século VII (aprox.), conhecido por suas obras fundamentais sobre lógica e epistemologia.

Djukpi (coreano) Chocalho de madeira usado para informar as horas nos mosteiros zen coreanos.

Dorje Shugden (tibetano) Controvertido deus protetor da escola Geluk do budismo tibetano.

Dzogchen (tibetano) Literalmente, "grande conclusão": meditação sem forma de percepção primordial ensinada na escola Nyingma do budismo tibetano.

Gandhāra (páli) Na época do Buda, país a oeste do subcontinente indiano que fazia parte do império persa; sua capital era Takkasilā; territorialmente, equivale mais ou menos ao moderno Paquistão.

Geluk (tibetano) A ordem do budismo tibetano fundada por Tsongkhapa no século XIV; escola em que o Dalai Lama foi educado.

Gho (butanês/tibetano) Manto tradicional à altura dos joelhos usado pelos homens no Butão.

Hīnayāna (sânscrito) O "Pequeno Veículo" do budismo; termo pejorativo cunhado pelos seguidores do Mahāyāna para descrever o caminho egoísta do *arhant* em contraste com o caminho altruístico do bodhisattva.

Ibseung Sunim (coreano) Monja ou monge nomeado líder de uma sala de meditação, responsável pelo tempo e pela disciplina da sessão.

Inji (tibetano) Termo de gíria para "ocidental", corruptela de "English" (inglês).

Jhāna (páli) Absorção meditativa; tradicionalmente, há oito jhānas: as quatro primeiras são alcançadas pela concentração num objeto formal e as restantes, pela concentração num objeto sem forma.

Kagyu (tibetano) Escola do budismo tibetano fundada no século XI por Marpa, Milarepa, Gompopa e seus seguidores.

Kālachakra (sânscrito) Literalmente, "Roda do Tempo": divindade Vajrayāna de múltiplos membros associada ao reino mítico de Shambhala.

Kangyur (tibetano) Literalmente, "traduções da palavra": a seção do cânone budista tibetano que contém os discursos atribuídos ao Buda.

Kapilavatthu (páli) A principal cidade da província kosalana de Sakiya, onde o Buda foi criado; a atual aldeia de Piprahwa.

Kassapa (páli) Também conhecido como Mahākassapa (Kassapa, o Grande); eminente discípulo do Buda que convocou o Primeiro Concílio após a morte de Gautama.

Katag (tibetano) Lenço de seda branca, de oferenda, usado como saudação respeitosa.

Kira (butanês/tibetano) Vestimenta tradicional, à altura dos tornozelos, usada pelas mulheres no Butão.

Kosala (páli) Reino indiano ao norte do Ganges, na época do Buda; sua capital era Sāvatthi e seu rei, Pasenadi.

Kusināra (páli) Uma das duas principais cidades de Malla (a outra era Pāvā); o feudo de Bandhula; o lugar onde o Buda morreu; hoje se chama Kushinagar.

Madhyamaka (sânscrito) A filosofia do vazio do "caminho do meio" budista, criada por Nāgārjuna no século II; adotada também por Shāntideva e Tsongkhapa.

Magadha (páli) Reino indiano ao sul do Ganges, na época do Buda; sua capital era Rājagaha e seu rei, Bimbisāra (depois, Ajātasattu).

Mahānāma (páli) Primo em primeiro grau do Buda (pelo lado paterno); irmão de Ānanda e Anuruddha; chegou a governador de Sakiya; pai de Vāsabhā.

Mahāyāna (sânscrito) O "Grande Veículo" do budismo, que estimula a aspiração do bodhisattva a tornar-se Buda em prol de todos os seres; termo polêmico que se opõe a Hīnayāna.

Malla (páli) Província oriental do reino de Kosala, ao sul de Sakiya; suas principais cidades eram Kusinārā e Pāvā.

Mallikā (páli). 1. Primeira esposa do rei Pasenadi de Kosala; mãe de Vajīrī, que se casou com Ajātasattu; 2. Esposa de Bandhula.

Mañjushrī (sânscrito) O bodhisattva da Sabedoria no budismo Mahāyāna.

Māra (páli) O demônio no budismo; literalmente, "o assassino", isto é, tudo aquilo que obstrui o caminho para o despertar.

Maru (coreano) Passadiço de madeira erguido diante das portas dos edifícios coreanos tradicionais.

Moggallāna (páli) Com Sāriputta, um dos dois primeiros discípulos do Buda. Era um brâmane de Magadha e se tornou famoso pelos poderes meditativos e psíquicos.

Moktak (coreano) Pequeno tambor de madeira percutido com uma baqueta curta; frequentemente usado para marcar as horas durante os cânticos e rituais budistas.

Mudrā (sânscrito) Gestos de mão simbólicos de figuras como o Buda, em estátuas e pinturas iconográficas.

Nirvāna (sânscrito; páli = nibbāna) O "extinguir-se" dos "fogos" da cobiça, ódio e ilusão.

Nyingma (tibetano) A "antiga" escola do budismo tibetano fundada no século VIII, durante a primeira fase de disseminação da doutrina no Tibete.

Pāli (páli) Idioma indo-ariano médio usado para registrar os ensinamentos do Buda tais quais encontrados na literatura canônica da escola Theravāda.

Pasenadi (páli) Rei de Kosala durante a vida do Buda.

Pātali (putta) Porto de balsas na margem sul do Ganges, em Magadha; no final da vida do Buda, transformava-se numa cidade fortificada; futura capital do imperador Ashoka; a atual Patna.

Pāvā (páli) Uma das duas principais cidades de Malla (a outra era Kusinārā); o lugar onde o Buda tomou sua última refeição; e também onde Mahāvīra, fundador da religião jainista, teria morrido; a moderna Fazilnagar.

Pūjā (sânscrito) Literalmente, "oferenda": serviço religioso formal, às vezes em grupo, com cânticos.

Rājagaha (páli) Capital de Magadha; a atual Rajgir.

Sādhana (sânscrito) Prática do budismo Vajrayāna que exige a recitação diária de um texto ritual ligado a uma divindade tântrica.

Sakiya (páli) Província oriental do reino de Kosala, onde o Buda nasceu; sua capital era Kapilavatthu.

Samsāra (páli) O penoso e repetitivo ciclo de morte e renascimento.

Sāriputta (páli) Com Moggallāna, um dos dois primeiros discípulos do Buda; era um brâmane de Magadha, célebre pela inteligência e sabedoria.

Sarīra (páli) Relíquias carnais de um eminente mestre budista; muitas vezes encontradas entre os restos cremados na forma de pequenas gotas cristalinas.

Sāvatthi (páli) Capital do reino de Kosala; o Bosque de Jeta se localizava nas imediações; a moderna Sahet-Mahet/Śrāvastī.

Shāntideva (sânscrito) Monge indiano do budismo Mahāyāna (século VIII); autor de *A Guide to the Bodhisattva's Way of Life* (*Bodhicaryāvatāra*).

Sidarta Gautama (páli) Nome pessoal do Buda, o "Desperto".

Sonpang (coreano) Sala de meditação.

Stupa (sânscrito) Montículo funerário onde eram guardadas as relíquias dos monges cremados; mais tarde, evoluiu para o conhecido símbolo arquitetônico do budismo.

Suddhodana (páli) Pai do Buda.

Sunim (coreano) Monge ou monja; usado como forma de tratamento polida nos mosteiros.

Sutta (páli) Discurso proferido pelo Buda ou, às vezes, por um de seus discípulos mais eminentes.

Takkasilā (páli) Taxilā, capital de Gandhāra e maior centro educacional na época do Buda.

Tengyur (tibetano) Literalmente, "tradução de comentários", isto é, a divisão do cânone budista tibetano que contém os comentários aos ensinamentos do Buda encontrados no Kangyur.

Theravāda (páli) Literalmente, "o ensinamento dos antigos": a escola do budismo encontrada hoje no Sri Lanka e no Sudeste Asiático, inspirada no Cânone Páli e nos comentários de Buddhaghosa.

Tsampa (tibetano) Farinha de cevada moída e torrada, tradicional alimento básico no Tibete.

Tsongkhapa (tibetano) Monge tibetano, erudito e yogue (1357-1410), que fundou a escola Geluk do budismo tibetano.

Upanishad (sânscrito) Tipo de literatura religiosa e filosófica não budista que explora as maneiras de obter a união com Brahma (Deus); também conhecido como Vedanta, isto é, o "fim" ou "culminação" dos Vedas.

Uruvelā (páli) O lugar, em Magadha, onde o Buda despertou; hoje, Bodh Gaya.

Vajji (páli) A última república sobrevivente no tempo do Buda, localizada ao norte do Ganges e ao sul de Malla; sua capital era Vesālī.

Vajra (sânscrito) Cetro provido de cinco ou nove pontas, usado nos rituais tântricos.

Vajrayāna (sânscrito) O "Veículo do Diamante": o caminho do budismo tântrico que surgiu na Índia por volta do século III; emprega mantras, visualização e exercícios de yoga; é muito praticado em todas as escolas do budismo tibetano.

Vāsabhā (páli) Ou Vāsabhākhattiyā, isto é, "Senhora Vasabha", filha de Mahā nāma e da escrava Nāgamundā; segunda esposa do rei Pasenadi; mãe de Viḍūḍabha.

Veda (sânscrito) Classe de literatura religiosa bramânica, não budista, composta principalmente de hinos aos deuses; a mais antiga expressão da cultura ariana na Índia, anterior aos Upanishads.

Vesālī (páli) Capital de Vajji; a atual Vaishali.

Viḍūḍabha (páli) Filho do rei Pasenadi e de Vāsabhā; reinou por pouco tempo em Kosala, após a queda de Pasenadi.

Vihara (páli) Mosteiro ou convento.

Vinaya (páli) Literalmente, "disciplina": as regras morais e códigos de conduta dos monges e monjas budistas; o corpo de literatura no Cânone Páli que descreve a vida e a prática monásticas.

Vipassanā (páli) Literalmente, "percepção". A meditação budista que investiga a natureza da experiência, opondo-se a *samatha* ("tranquilidade"), isto é, o ato de serenar a mente por meio da concentração num único objeto.

Yamantaka (sânscrito) Divindade colérica, de cabeça de touro e múltiplos membros do budismo Vajrayāna.

BIBLIOGRAFIA

Allchin, F. R. *The Archaeology of Early Historic South Asia: The Emergence of Cities and States*. Cambridge: Cambridge University Press, 1995.

Allen, Charles. *The Buddha and the Sahibs: The Men Who Discovered India's Lost Religion*. Londres: John Murray, 2003.

Bailey, Greg e Ian Mabbett. *The Sociology of Early Buddhism*. Cambridge: Cambridge University Press, 2003.

Batchelor, David. *Chromophobia*. Londres: Reaktion Books, 2000.

Batchelor, Martine. *Meditation for Life*. Londres: Frances Lincoln, 2001.

_____ e Son'gyong Sunim. *Women in Korean Zen: Lives and Practices*. Syracuse, N. Y.: Syracuse University Press, 2006.

Batchelor, Stephen. *Alone with Others: An Existential Approach to Buddhism*. Nova York: Grove, 1983.

_____ . *The Tibet Guide*. Londres: Wisdom Publications, 1988.

_____ . *The Faith to Doubt: Glimpses of Buddhist Uncertainty*. Berkeley, Calif.: Parallax, 1990.

_____. *The Awakening of the West: The Encounter of Buddhism and Western Culture*. Londres: Aquarian, 1994.

_____. *Buddhism without Beliefs: A Contemporary Guide to Awakening*. Nova York: Riverhead, 1997.

_____. *Living with the Devil: A Meditation on Good and Evil*. Nova York: Riverhead, 1997.

Bodhi, Bhikkhu, trad. *The Connected Discourses of the Buddha (Samyutta Nikāya)*. Somerville, Mass.: Wisdom Publications, 2000.

_____. *The Revival of Bhikkhunī Ordination in the Theravāda Tradition*. Penang, Malaysia: Inward Path, 2009.

Buber, Martin. *I and Thou*. Trad. de Walter Kaufmann. Edimburgo: T. T. Clark, 1979.

Burlingame, Eugene Watson, trad. *Buddhist Legends (Dhammapada Commentary)*. 3 vols. Oxford: Pali Text Society, 1995. [Publicado pela primeira vez em 1921.]

Buswell, Robert E. *The Korean Approach to Zen: The Collected Works of Chinul*. Honolulu: University of Hawaii Press, 1983.

_____. *The Zen Monastic Experience*. Princeton: Princeton University Press, 1992.

Cupitt, Don. *The Time Being*. Londres: SCM Press, 1992.

_____. *The Great Questions of Life*. Santa Rosa, Calif.: Polebridge Press, 2005.

Dalai Lama. *Kindness, Clarity, and Insight*. Ithaca, N. Y.: Snow Lion, 1984. [*Bondade, Amor e Compaixão*, publicado pela Editora Pensamento, São Paulo, 1989.]

_____. *Freedom in Exile: The Autobiography of the Dalai Lama of Tibet*. Londres: Hodder and Stoughton, 1990.

_____. *The Universe in a Single Atom: The Convergence of Science and Spirituality*. Nova York: Morgan Road Books, 2005.

Dawkins, Richard. *The God Delusion*. Londres: Bantam, 2006.

Dhargyey, Geshe. *The Tibetan Tradition of Mental Development*. Dharamsala, Índia: Library of Tibetan Works and Archives, 1978.

Dowman, Keith, tradutor e compilador. *The Flight of the Garuda*. Boston: Wisdom Publications, 1994.

Dreyfus, Georges B. J. *Recognizing Reality: Dharmakīrti's Philosophy and Its Tibetan Interpreters*. Albany: State University of New York Press, 1997.

_____. *The Sound of Two Hands Clapping: The Education of a Tibetan Buddhist Monk*. Berkeley e Los Angeles: University of California Press, 2003.

Evola, Julius. *The Doctrine of Awakening: A Study on the Buddhist Ascesis*. Trad. de H. E. Musson. Londres: Luzac, 1951. [Reeditado por Inner Traditions, Rochester, Vermont, em 1996.]

_____. *Le Chemin du Cinabre*. Milão: Arche-Arktos, 1982. [Publicado pela primeira vez, em italiano, em 1972. Uma tradução inglesa, *The Path of Cinnabar: An Intellectual Autobiography*, foi publicada em 2009 pela Integral Tradition Publishing, de Londres.]

Fronsdal, Gil, trad. *The Dhammapada*. Boston e Londres: Shambhala, 2005.

Gombrich, Richard F. *How Buddhism Began: The Conditioned Genesis of the Early Teachings*. Londres: Athlone, 1996.

_____. *What the Buddha Thought*. Londres/Oakville, Conn.: Equinox, 2009.

Grimmett, Richard e Tim Inskipp. *Birds of North India*. Princeton e Oxford: Princeton University Press, 2003.

Guenther, Herbert V., trad. *Jewel Ornament of Liberation*. Londres: Rider, 1970.

Harris, Sam. *The End of Faith: Religion, Terror and the Future of Reason*. Nova York: Norton, 2004.

Heidegger, Martin. *Being and Time*. Trad. de John Macquarrie e Edward Robinson. Oxford: Blackwell, 1962.

_____. *Basic Writings*. Org. por David Farrell Krell. Londres: Routledge, Kegan and Paul, 1978.

Horner, I. B., trad. *The Book of Discipline, Vol. IV (Mahāvagga)*. Oxford: Pali Text Society, 1951.

_____, trad. *The Book of Discipline, Vol. V (Cūlavagga)*. Oxford: Pali Text Society, 1952.

Ireland, John D., trad. *The Udāna and the Itivuttaka*. Kandy, Sri Lanka: Buddhist Publication Society, 1997.

Junger, Sebastian. *The Perfect Storm: A True Story of Man Against the Sea*. Londres: Fourth Estate, 1997.

Kalff, Dora. *Sandplay: A Psychotherapeutic Approach to the Psyche*. Santa Monica, Calif.: Sigo Press, 1980.

Kusan Sunim. *Nine Mountains: Dharma-Lectures of the Korean Meditation Master Ku San*. Seung Ju Kun, Korea: Songgwangsa Monastery, 1976.

_____. *The Way of Korean Zen*. Boston e Londres: Weatherhill, 2009. [Publicado pela primeira vez em 1985.]

Levinas, Emmanuel. *Ethics and Infinity*. Trad. de Richard A. Cohen. Pittsburgh: Duquesne University Press, 1985.

Ling, Trevor. *The Buddha: Buddhist Civilization in India and Ceylon*. Londres: Temple Smith, 1973.

Macquarrie, John. *An Existentialist Theology*. Londres: Pelican, 1973.

Malalasekera, G. P. *Dictionary of Pāli Proper Names*. 3 vols. Oxford: Pali Text Society, 1997. [Publicado pela primeira vez em 1938.]

Marcel, Gabriel. *Being and Having: An Existentialist Diary.* Trad. de Katherine Farrer. Gloucester, Mass.: Peter Smith, 1976.

Maugham, Robin. *Search for Nirvana.* Londres: Allen and Unwin, 1975.

McEvilley, Thomas. *The Shape of Ancient Thought: Comparative Studies in Greek and Indian Philosophies.* Nova York: Allworth Press, 2002.

Müller, F. Max, trad. *The Thirteen Principal Upanishads.* Revisto por Suren Navlakha. Ware, U. K.: Wordsworth, 2000.

Nakamura, Hajime. *Gotama Buddha: A Biography Based on the Most Reliable Texts.* 2 vols. Tóquio: Kosei Publishing, 2000 e 2005.

Ñaṇamoli, Bhikkhu. *The Life of the Buddha.* Kandy, Sri Lanka: Buddhist Publication Society, 1978.

Ñaṇamoli, Bhikkhu e Bhikkhu Bodhi, trads. *The Middle Length Discourses of the Buddha (Majjhima Nikāya).* Boston: Wisdom Publications, 1995.

Ñaṇavīra Thera. *Clearing the Path: Writings of Ñāṇavīra Thera (1960-1965).* Colombo, Sri Lanka: Path Press, 1987.

_____. *Notes on Dhamma (1960-1965).* Nieuwerkerk a/d Yssel, Holanda: Path Press Publications, 2009.

Norman K. R., trad. *The Group of Discourses (Sutta-Nipāta).* Oxford: Pali Text Society, 2001.

_____. *A Philological Approach to Buddhism.* Lancaster, U. K.: Pali Text Society, 2006.

Nyanaponika Thera. *Great Disciples of the Buddha: Their Lives, Their Works, Their Legacy.* Org. por Hellmuth Hecker e Bhikkhu Bodhi. Somerville, Mass.: Wisdom Publications, 2003.

Nyanaponika Thera e Bhikkhu Bodhi, trads. *Numerical Discourses of the Buddha: An Anthology of Suttas from the Anguttara Nikāya.* Walnut Creek, Calif.: Alta Mira Press, 1999.

Pabongka Rinpoche. *Liberation in the Palm of Your Hand.* Org. por Trijang Rinpoche. Trad. de Michael Richards. Boston: Wisdom Publications, 1991.

Plato. *Phaedo.* Trad. de David Gallop. Oxford: Oxford University Press, 1999.

Rabten, Geshe. *The Life and Teaching of Geshe Rabten.* Trad. e org. de B. Allan Wallace. Londres: Allen and Unwin, 1980.

_____. *Echoes of Voidness.* Trad. de Stephen Batchelor. Londres: Wisdom Publications, 1983.

_____. *The Song of the Profound View*. Trad. de Stephen Batchelor. Londres: Wisdom Publications, 1989.

_____. *The Mind and Its Functions*. Trad. e org. de Stephen Batchelor. Le Mont--Pèlerin: Éditions Rabten Choeling, 1992. [Publicado pela primeira vez em 1978.]

_____ e Geshe Ngawang Dhargyey. *Advice from a Spiritual Friend*. Trad. e org. de Brian Beresford, Gonsar Tulku e Sharpa Tulku. Somerville, Mass.: Wisdom Publications, 1996. [Publicado pela primeira vez em 1977.]

Rhys Davids, Caroline A. F. *Psalms of the Early Buddhists*. Oxford: Pali Text Society, 1980. [*Theragāthā* foi publicado pela primeira vez em 1909; *Therīghāthā*, em 1937.]

Schettini, Stephen. *The Novice: Why I Became a Buddhist Monk, Why I Quit and What I Learned.* Austin, Tex.: Greenleaf Book Group Press, 2009.

Schumann, H. W. *The Historical Buddha: The Times, Life and Teachings of the Founder of Buddhism*. Trad. de Maurice Walshe. Londres: Arkana, 1989.

Shāntideva. 1. *A Guide to the Bodhisattva's Way of Life.* Trad. do tibetano de Stephen Batchelor. Dharamsala, Índia: Library of Tibetan Works and Archives, 1979. 2. *The Bodhicaryāvatāra*. Trad. do sânscrito de Kate Crosby e Andrew Skilton. Oxford e Nova York: Oxford University Press, 1996. 3. *A Guide to the Bodhisattva's Way of Life*. Trad. de Vesna Wallace e B. Allan Wallace do sânscrito e tibetano. Ithaca, N. Y.: Snow Lion, 1997.

Thomas, Edward J. *The Life of the Buddha as Legend and History*. Londres, 1927.

Tillich, Paul. *The Dynamics of Faith*. Nova York: Harper and Row, 1958.

_____. *The Courage to Be*. Londres: Fontana, 1962.

_____. *Systematic Theology*. 3 vols. em 1. Chicago: University of Chicago Press, 1967.

Tomory, David. *A Season in Heaven: True Tales from the Road to Kathmandu*. Londres: Thorsons, 1996.

Von Franz, Marie-Louise. *Puer Aeternus*. Santa Monica, Calif.: Sigo Press, 1970.

Walshe, Maurice, trad. *The Long Discourses of the Buddha (Dīgha Nikāya)*. Boston: Wisdom Publications, 1995.

Wenders, Wim. *The Logic of Images*. Londres: Faber, 1991.